U0958580

《走近科学》精选丛书

探秘中国巨龙阵

郭之文 主编

上海科学技术文献出版社
Shanghai Scientific and Technological Literature Press

图书在版编目（CIP）数据

探秘中国巨龙阵 / 郭之文主编． —上海：上海科学技术文献出版社，2019 (2021.8重印)
（《走近科学》精选丛书）
ISBN 978-7-5439-7970-3

Ⅰ．① 探… Ⅱ．①郭… Ⅲ．①科学知识—青少年读物 Ⅳ．① Z228.2

中国版本图书馆 CIP 数据核字 (2019) 第 168478 号

策划编辑：张　树
责任编辑：付婷婷　曹　惠
封面设计：合育文化

探秘中国巨龙阵
TANMI ZHONGGUO JULONGZHEN
郭之文　主编
出版发行：上海科学技术文献出版社
地　　址：上海市长乐路 746 号
邮政编码：200040
经　　销：全国新华书店
印　　刷：常熟市文化印刷有限公司
开　　本：720×1000　1/16
印　　张：15.5
字　　数：227 000
版　　次：2021 年 8 月第 2 次印刷
书　　号：ISBN 978-7-5439-7970-3
定　　价：65.00 元
http://www.sstlp.com

目录 CONTENTS

油炸厉鬼

这天，林小芳正在家里为侄子小波的病犯愁，邻居马奶奶带着一个神秘的客人来到了她的家里。这是一个五十来岁的中年妇女，黑黑的，穿着黑马甲，戴着金项链、金耳环，头发盘得高高的，看着挺精神。

林小芳非常恭敬地把客人请到了屋里，在侄子小波的床前停了下来。客人上下端详了一下还在昏睡的小波，说出了小波的病因：“鬼缠身了”。

1. 路遇“鬼火”

原来，这个神秘的中年妇女是一个跳大神的神婆。林小芳为什么要找她来给侄子看病，躺在床上的小波患的又是什么病呢？林小芳对此的说法是，小波准是经过坟地的时候让“鬼魂”给吓着了，缠上了。

3 天前，林小芳的侄子小波走了几千米的山路到家里来玩，在离林小芳家的村子还有一两千米远的时候天就黑了，不知不觉中小波走进了一片坟地。由于这块坟地是到姑姑家的必经之路，小波只能壮着胆子往前走。突然，小波的右前方跳出了一团蓝色的火焰，与此同时，他隐约看到一个穿着长裙的人影向他靠近，好像是一个披着长发看不见脸的鬼。这可把小波吓出了一身冷汗，他

坟地是到姑姑家的必经之路，
小波只能壮着胆子往前走。
突然，小波发现在他的右前方
跳出了一团蓝色的火焰……

拼了命地往村里跑。

这天，林小芳吃过晚饭后正在灯下做针线活，由于爱人在外地打工，平时只有她一个人待在家里。侄子小波的突然出现让林小芳非常惊喜，于是做了小波平时最喜欢吃的炸油尖。可是在小波吃饭的时候，小芳却发现他的两只眼睛总是盯着门外。当时，林小芳对小波的举动没有太在意，等他吃过晚饭之后就让小波上床睡觉了。可是到了半夜，小波却做起了噩梦，梦里大声叫嚷着：“有鬼，别过来”。小芳拉开灯一看，什么也没有，可小波还是一个劲儿地在叫喊。看着小波惊恐的样子，林小芳的心里也有些紧张起来。她猜想，小波一定是路过坟地的时候被吓着了。她轻轻地安抚着小波，让他的情绪慢慢安定下来。就这样小波迷迷糊糊地又睡着了。

仙姑一见到小波就说他是被“鬼魂”缠上了

第二天早晨，太阳已经升得很高了，小波还没起床，林小芳进屋一看，原来小波正在发高烧。她连忙给小波找了些药吃。看着小波昏睡的样子，她心疼地守候在床边。街坊邻居都说小波是路过坟地的时候让“鬼魂”给吓着了，建议林小芳找人给他叫叫魂儿。林小芳小时候一生病，奶奶就背着她去叫魂儿，拿着她的衣裳边走边叫：“回来，回来吧……”，然后就认为魂被招回来了。邻居的话似乎让林小芳一下子看到了希望，等邻居走了之后，林小芳就拿着小波的一块手绢，模仿着小时候奶奶的样子，到门口为小波叫魂儿，她一边走一边喊：“小波回来……”一连叫了三回，可是却不管用。林小芳心里琢磨，小波上我家待两天了，他的病老是不好，可怎么向他爹妈交代？

转眼间，小波发高烧已经连续3天了。这3天里，林小芳虽然也想了一些办法，可是小波的烧就是不退，这让林小芳感到非常蹊跷。这天在街上，林小芳把侄子小波生病的事告诉了邻居马奶奶，马奶奶一听，说小波肯定是被坟地里的“鬼魂”给缠上了，要想好恐怕得找人驱鬼才行。马奶奶说：“东庄有个仙姑，她这个人可绝了，给不少孩子叫过魂，也驱赶过‘鬼魂’。她挺灵的，不妨请她来试试。”

邻居们都说小波是被鬼给缠住了，也有人说小波就是被那天坟地里看到的“鬼火”里的鬼给缠住了。那这个“鬼火”是不是真的就是“鬼魂”呢？当然不是。世界上到底有没有“鬼火”呢？专家给了我们一个合理的解释：很多人都不太了解，其实人体内含有一千克左右的磷，这些磷足够做几千个火柴盒。尸体在腐烂的过程中，这些磷的化合物在细菌的分解作用下会变成磷的一些氰化物，这些物质很不稳定，在空气中能够自燃，会发出蓝绿色的火花，这就是人们传说中的“鬼火”。这种现象其实并不是“鬼神”在游荡，而是一种自燃现象。

既然“鬼火”不是什么鬼魂，也就不会有小波被鬼缠上之后会发烧的说法了。

小波到底为什么会发烧呢？专家解释说："小波持续发烧不退有几方面的原因，第一，儿童神经系统不够健全，发育不太成熟，神经系统受到外界刺激以后，可能出现一些如惊厥、发烧的情况；第二，小波发烧可能和外感风寒有关系，因为孩子经过坟地，害怕、紧张，再加上一路小跑，出了一身汗，可能受凉了，这可能是引起发烧的一个主要原因。"

按照医生的分析，小波就是因为受到了惊吓，加上外感风寒，于是连续发烧几天不退，稍微有点医学常识的人都知道，吃点解表的中药就可以康复。但是小波的姑姑心里特别着急，不知道该怎么办，听邻居们都说小波是被鬼给缠了，于是她失去了理性的判断。这时候邻居马奶奶说找一个跳大神的来跳跳神就能驱鬼除邪，小波的病自然就能好，她也就信了。

2. 白骨收"鬼"

再说何仙姑来到林小芳家之后，一见到小波就说他是被"鬼魂"缠上了，可接下来仙姑却连连摇头表示不愿意为小波驱鬼。她说："这个鬼魂道行不小，得耗费我不少功力，我不想治。"这可急坏了林小芳："你要不给治怎么办？我兄弟就这么一个孩子，要有什么闪失，我怎么向他交代。"由于林小芳担心不赶紧把"鬼魂"除掉，小波的生命会有危险。于是她连忙恳求仙姑，并且答应除掉"鬼魂"后给仙姑300元作为酬谢。这正中仙姑的下怀，仙姑总算勉强答应了林小芳，四下张望着向隔壁虚掩的门走去，这时只听她叫道："鬼火！"小芳一推开门看见墙角有一团火光在来回跑，吓得一下子蹦了出来。看到自己家里出现了一团飘忽不定的"鬼火"，林小芳顿时惊出了一身冷汗。而仙姑并不怠慢，一个箭步冲进屋里，挥动着宝剑向"鬼火"猛砍。可是那个火光好像是有意躲避她似的，她来回在屋里追它。仙姑口中念念有词，也听不懂她说什么，林小芳站在旁边不敢动，她也没见过这个东西。站在门边的林小芳，心惊肉跳地看着眼前发生的这一切。经过一番较量，那团"鬼火"突然在几块骨头旁消

仙姑手握铜铃重新摆开了阵法

失了。仙姑一看，又拿出了神符和铜铃重新摆开了阵法，最后她将那张黄纸压在了白骨上面。黄纸一下子扎在上面了，仙姑说“鬼魂”收在骨头里面了，这张黄纸是一道符，“鬼魂”一时跑不出来，但她只是把这个“鬼魂”刺伤了，要是不收拾，时间长了它还得出来。

仙姑用黄纸符把“鬼魂”镇压在白骨里以后，非常疲惫地坐在沙发上。看样子，经过刚才一阵“厮杀”，已经消耗了她不少的精力：“不行了，消耗了大半的功力。”仙姑又说：“没想到那个‘鬼魂’比我想象的还要厉害，刚才虽然已经把‘鬼魂’收在了几块白骨里，可是要除

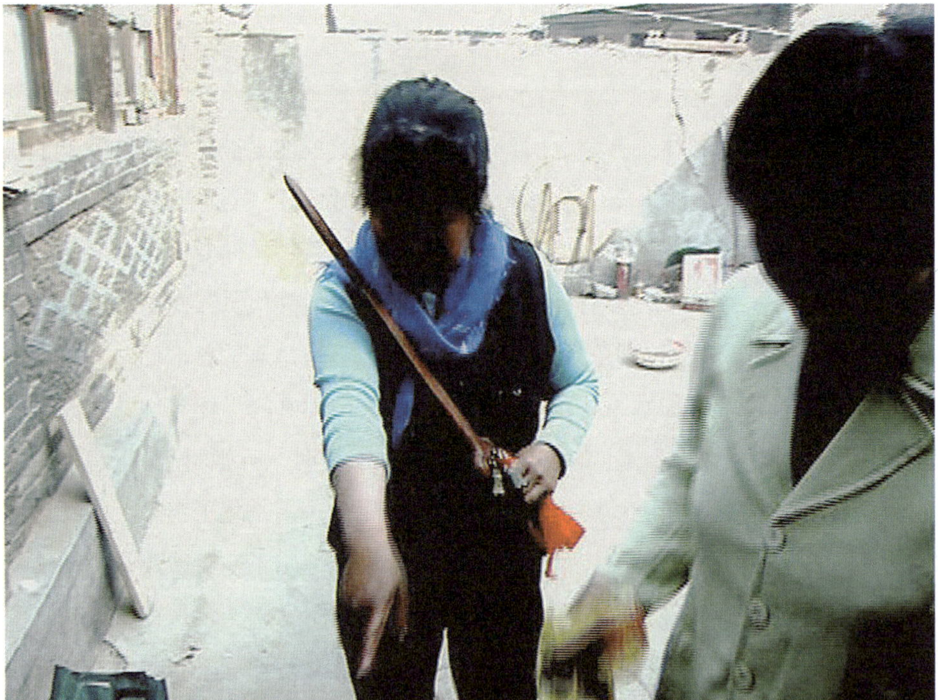
仙姑挥动着宝剑一下一下地向鬼火猛砍

掉它却非常困难。”此时仙姑再次流露出打退堂鼓的意思。林小芳不知其中是计，为了给侄子小波治病,她无奈之下只能答应再增加400元。

仙姑乘人之危，多要了400元，这是因为小芳既然能把仙姑请到家里，说明她对这种事情多少是相信的，所以仙姑要什么她就会给什么。可事实上林小芳这么做既破了财又免不了灾。那为什么在小芳家里会出现“鬼火”呢?其实这也是仙姑捣的鬼、做的手脚。

仙姑竟然将手伸进了翻滚的油里

3．手探油锅

原来，仙姑和助手来到小芳家后，助手趁人不注意，悄悄溜进了旁边的屋里，将磷粉撒在了地上，同时还把随身带来的几块骨头也放在旁边作为标记。仙姑看见助手重新回到了屋里，知道助手已经做好了准备，于是佯装找鬼，一步步来到放了磷粉的杂物间。由于磷的燃点很低，再加上人在屋内来回走动引起空气流通，导致磷粉自燃而出现磷火。跟在后面的小芳哪里知道，这些都是仙姑做的手脚。而仙姑见林小芳果然上当了，于是又假装说“鬼魂”的法力高强，迫使林小芳增加了400元的酬金，这时候她才吩咐林小芳架起油锅，准备用油锅炸鬼。可是，就在林小芳架起油锅，往灶里添柴火的时候，她又被叫进了屋里。仙姑说要想把这个“鬼魂”彻底地收服，心不灵不成，她让林小芳跟着她跪着，求天神帮忙，说单凭她个人的力量不行。听说要请天上的神仙帮助才能除掉“鬼魂”，小芳也就学着仙姑的样子跪在地上，默默祈祷着除掉“鬼魂”，让侄子小波的病赶快好起来。过了一会儿，助手进来悄悄告诉仙姑说油锅准备好了。等林小芳跟着仙姑再次回到院子里的时候，油锅已经烧开了。这时，只见仙姑将手伸进了翻滚的油里，说是要想试试油温。

仙姑四下张望着向隔壁虚掩的门走去

林小芳回忆说："油锅开着，她的手却在里边搅动，我一看惊呆了。咱们平时炒菜溅个油点还嫌烫，仙姑把整只手伸进油锅里却像没事似的。看来这仙姑确实有点本事。"

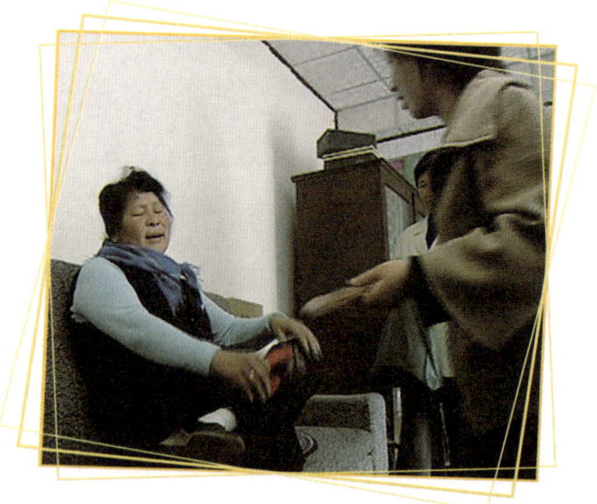

林小芳答应除掉鬼魂后给仙姑300元钱作为酬谢

何仙姑的这个动作让林小芳惊出了一身冷汗。过了一会儿，仙姑把手从油锅里拿出来，她手上还嘀嗒嘀嗒滴着油，可她脸上什么表情也没有。等仙姑试过油温后，她吩咐助手把那几块白骨扔进了滚开的油里。

面对滚滚的油锅，仙姑居然敢把手伸进去，难道她真的不怕烫吗？其实这并不是一锅真正的油，一锅油沸腾以后，温度会达到两三百摄氏度，肯定会对人造成伤害。而这锅油里面一定会有其他的东西，一般情况下会是醋，因为醋的密度比较大，所以放入锅中会沉在油的下面。从表面看上去就像是一锅油，看不到醋。加热以后，因为醋的沸点低，所以会首先沸腾，气泡就会鼓到油面上来，看上去像是油开了，但实际上这个时候的温度只有 60 摄氏度左右，并不会对人造成很大伤害。如果想进一步降低锅中“油”的温度，还可以向锅中加入碳酸钙或者是硼砂之类的化学物质，这样同样会产生气体，气泡也会鼓到油面的上方，看上去油也像开了，而这个时候的温度会更低，更不会对人造成伤害，仙姑就可以放心大胆地施展她的“法术”了。

锅里的油是林小芳亲自倒进去的，那毫无疑问，醋和硼砂是仙姑自己放进去的。那她又是什么时候动的手脚呢？当林小芳准备油锅的时候，何仙姑和她的助手正从门缝里窥视着她。等林小芳点燃了柴火之后，仙姑佯称要林小芳和她一起请天神，这样助手就有充分的时间在油锅里做手脚了。助手从随身带来的口袋里拎出了一瓶醋倒进了油锅里，随后，她又在油锅里放进了一些硼砂。等这两样东西放完之后，她才回到屋里告诉仙姑，才有了前面那一幕有惊无险的表演。可林小芳却因为给侄子治病心切，完全被那两个神婆蒙骗了。

当林小芳看着油锅里的白骨翻滚时，她便彻头彻尾地相信了，所以心甘情愿地为她们送上钱财。林小芳损失的

仙姑非常疲惫地坐在沙发上，看样子，刚才的“厮杀”已经消耗了她不少精力

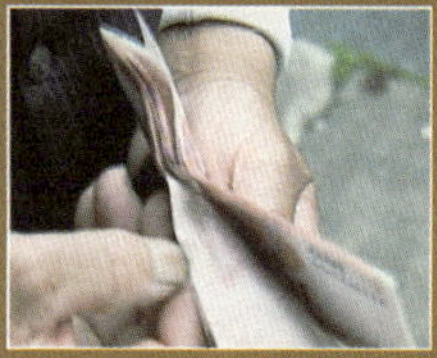

林小芳为了给侄子小波治病，无奈之下答应再增加400元钱

仙姑吩咐林小芳架起油锅，准备用油锅炸鬼

仙姑默默祈祷着除掉鬼魂

仙姑说请天上的神仙帮助除掉鬼魂

何仙姑的动作让林小芳惊出了一身的冷汗

小芳学着仙姑的样子跪在地上

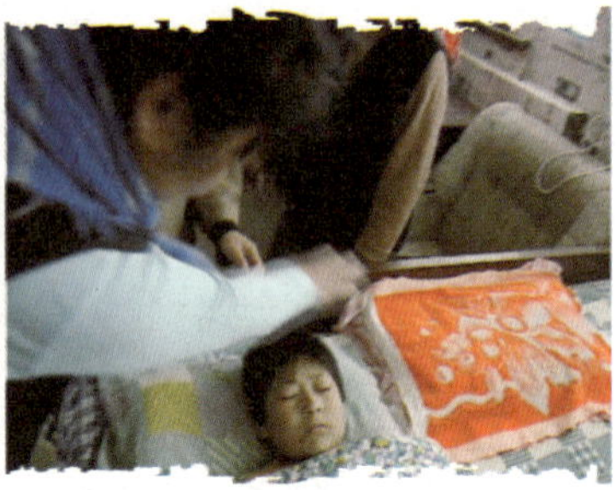

小波看病的时间就这样被耽误了

不仅仅是钱，更重要的是她因此耽误了给小波看病的时机，也许这场发烧可能给小波带来终身的疾患，甚至可能会让他失去性命。所以生活中的很多事情都要以科学的态度去分析、看待，千万不要相信那些迷信的东西。

（刘斯宏）

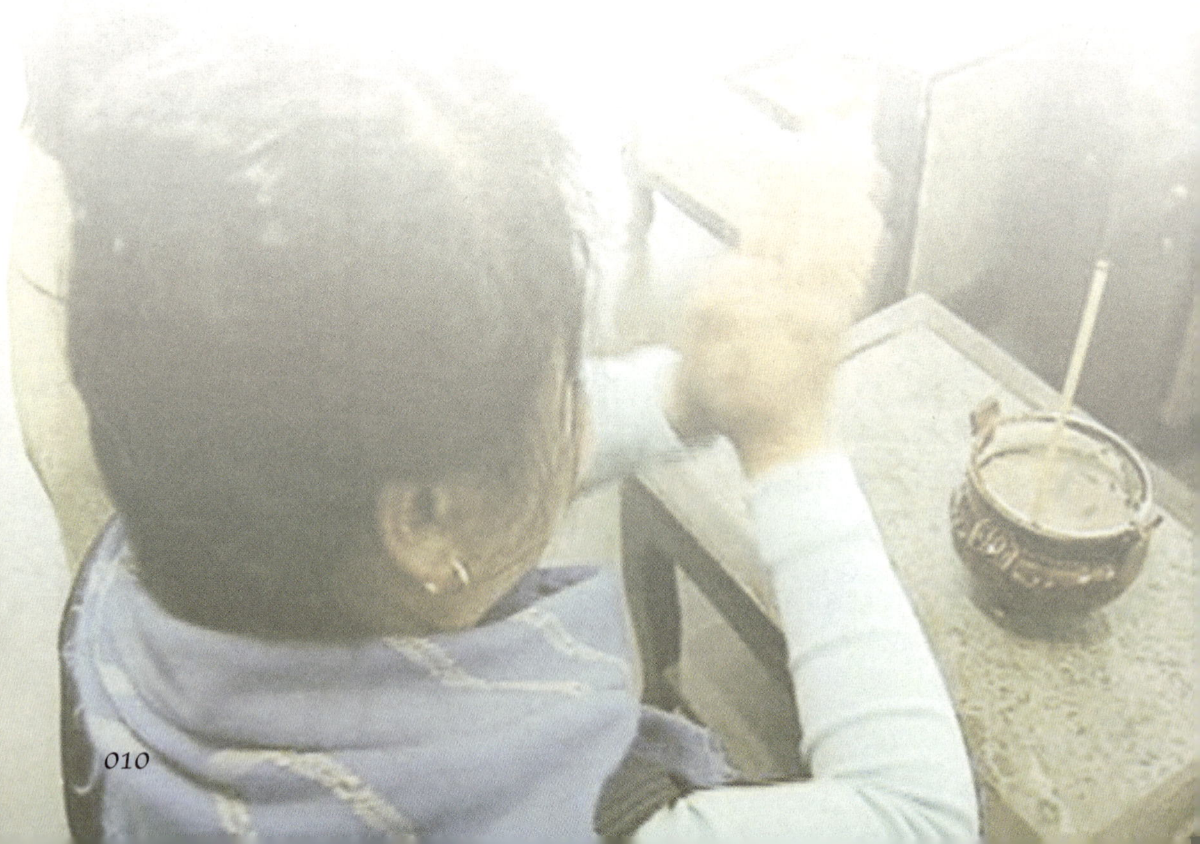

天降横祸

这天晚饭过后，何老汉的老伴突然昏倒，半个身子都不能动了，这一下可急坏了老何。他急忙找来了周围的乡亲们，七手八脚地把他的老伴儿背出门外，想办法送到医院去治疗。其实老何的老伴儿得的是一种比较常见的老年心脑血管病，也就是脑溢血，这种病必须及时到医院进行抢救，病人可能还要经过一个较长时间的恢复期。但是老何很着急，看着自己厮守一生的老伴儿就这么躺在床上，心里实在着急，于是他到处打听各种偏方、验方，都在老伴儿身上试。可是试来试去，老伴儿的病情似乎总没有起色。这一晃就是7年，老伴儿的病仍然没有好转，说话、行动都变得非常迟缓，老何一直在家里悉心地照顾她。

1. 狐狸显形

老何把凑来的400元钱交给“大师”

这个时候村里人都议论开了，说该不会是老何家这个地方有什么不对？或者是招惹了什么不太干净的东西，所以他的老伴儿才得了病。老何对这个说法也是将信将疑。恰恰就在这个时候，村子里来了一个人。这个

这天晚饭过后，何老汉的老伴突然昏倒，
半个身子都不能动了，这下可急坏了老何……

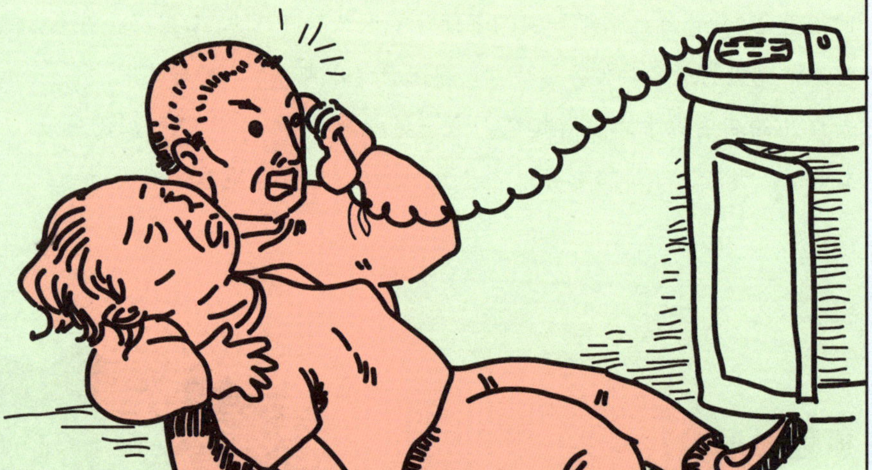

“大师”不住地打量着老何的老伴儿

自称是夏庄来的人站在老何的院子里四处张望，看得老何心里直发慌。老何见这人在院里看看这儿、看看那儿，来回地看，便说：“你进来吧。”那人说：“是不是你们家里有病人啊？”老何很奇怪，问：“你怎么知道？”那人又说：“我是五台山上的人，我的师父把我派下山来。师父说你们家里有病人，让我直接上这儿来。”他这么一说，老何心里就犯嘀咕：这是怎么回事，他怎么就知道我们家里有病人？那人又说：“你这宅子阴气太重啊。”老何很惊讶，这个人不仅一眼就看出他们家里有病人，还说出了他这几天的心里话，于是连忙把他请进屋里。那人进屋以后，老何说：“你赶紧给我看看，是什么给我家庭造成了这么不好的影响，你可一定要给我看好了。”

到了屋里，来人不住地打量着坐在床边的老何的老伴儿，并十分关心地询问起她得病的情况。提起老伴儿的病，老何止不住有一肚子的苦水要倒：“我是一心一意地想治好她，治好以后还可打理我的家庭。不管怎么样，花多少钱我都不在乎，花多少钱我都给她治。”他不止一次地听人说过，老伴儿的病可能有些来头，他自己也怀疑，难道老伴儿犯了什么神鬼吗？

来人又打量了一下老何和他的老伴，说：“我看你的家人那病可不好治，你要有真心的话我就费点力。”于是，他还真的“指点”起来。他似乎很了解老何家里的情况，告诉老何如果不及时驱除罩在他家的阴气，将会有更大的麻烦。此时老何心动了，眼前这个人如果真有些办法，真能治好老伴儿的病，那整个家就会好起来。

于是老何给来人沏上茶，那人一边喝着茶一边继续查看老何的家，并说：“我给你破解破解。”那人查看了一阵，说：“你老伴儿的病情太厉害了，那是因为你家宅院有东西在干扰着你。去端碗水来，我给你看看吧。”老何赶紧找来一个碗，满上水，只见来人从兜子里边掏出一张纸片放入水中，对老何说：“你看看这里边有什么东西？”老何定睛一看，白纸上真的出现了异常的变化，一个狐狸图形逐渐显现出来。就在老何感到万分惊讶的时候，那人又说：“你看这是什么？这是狐狸。我们在山上就已经给你查出来了，就是它把你们的家庭祸害成这样的，你不相信不行啊。”老何这时候已经完全相信了他的话，赶紧说道：“你该怎么破解就怎么破解吧。”

“大师”点香

如果一开始老何还是半信半疑的，那他此时已经是绝对相信了，而且是信得心服口服，人家真的在自己家里抓出只大狐狸精来啊，这多可怕啊。其实，明眼人一看就明白，这不摆明了是骗人上当吗？而且这个骗术实在太简单了：找点明矾，也就是硫酸铝钾，把它溶化以后在白纸上面画出狐狸的形状，画得越重越好，等白纸干了之后，看起来就跟普通白纸没什么区别。到用的时候，往水盆里一泡，

碗里纸片上逐渐显现出狐狸图形

别的地方都湿了，就是画有狐狸形状这个地方的纸湿不了，一看就有一只狐狸在上面漂着的感觉。一般的骗子先使这种看起来很低级的小把戏，为的是投石问路，看被骗的人懂不懂行。要是懂行的话，骗子转身就开溜；要是不懂行，他就该下狠手了。老何不懂行，已经完全信服了，骗子准备真正地下一个重手，狠宰老何一刀。

“大师”继续上香

2．洗出血手印

来人非常肯定地认为老何家有狐狸精，而且老伴儿得病都与这只狐狸有关，如果不好好地破解一下，家里其他的人肯定还会遭难。为了让老何更加相信自己，来人耍了一套把戏。他问老何：“你们家有针没有？”老何说没有，来人就说：“你给我买7根针去。”于是老何去买了7根针回来，又拿出线来，来人把这7根针都穿上，放到碗里来回晃悠，一边晃一边说：“我已经用法术让这7根针镇住了狐狸在你家散发出的阴气。”他还告诉老何，这只狐狸一般人都治不了，五台山派他来，就是专门来拿这个狐狸的，别人谁也治不了。老何听着听着就动心了，说：“你给我想法治一下，家里的病人我恨不得让她一下子好了呢。”

经过“大师”的指点，老何选择了自家院子里的一个地方，将7根针埋在地下不到1尺深的地方。来人告诉老何，这个地方跟谁也不能说，就是你知我知天知地知。老何说：“你只要给我们家里治得好好的，以后我们安安全全地过日子，我怎么着都行。”回到屋里后，“大师”告诉老何，那只狐狸精被他镇住了。此时老何把希望完全寄托在这个通神的“大师”身上，但是来人说，狐狸精还在，还要捉住它。来人叫老何跟他一起烧了香，又冲着香磕了3个响头。这时，“大师”开始念咒语，告诉老何他要捉狐狸精了，他让老何给他弄了盆水，洗了手，又要了一张白纸，老何说没有白纸，他就拿出自己带来的纸说："使这个吧，这纸一般人都不给使，这是从山上带下来的。"紧接着这位"大师"十分细心地观察老何家里的情况。这时，他似乎发现了什么，连追带赶，仿佛将那只狐狸逼进了桌子上的白纸，然后说必须洗过手以后才好捉住它。"大师"洗过手以后往白纸上一拍，白纸上马上显出一个红手印来了。老何怕得够呛，心想这只狐狸在家里十来年了，"大师"猛地这么一拍就出来，他觉得真是太邪乎了。

这时候的老何心里特别不是滋味，因为他本来就信这些东西，这个所谓的"大师"又在他家里捉出只狐狸，本来就心惊肉跳的，现在又是一片血糊糊的，他心里肯定不好受。那个血手印是怎么来的呢？其实那张纸也是"大师"处理过的，事先用酚酞泡过了，而他所沾的水里面也放了一些化学物质，就是家里面做馒头用的面碱——碳酸钠，碳酸钠溶液是碱性的，他的手沾了碱性的水一拍，那张纸上的酚酞遇碱就显出血红色来了。

虽然说大家都知道这是骗子玩的一个很简单的小把戏，但当时的确把老何吓得够呛，而且他已经认定了，自己家里肯定是有一个狐狸精，要不然老伴儿为什么得这个病，这么多年都好不起来呢？血手印出来后，老何心里还是不踏实，因为家里的这只狐狸精仍然没被捉住。此时"大师"又说了一句话："有真心没真心？你要有真心，就拿出 1 000 元来。"老何说："我有真心，可是我没这么多钱，刚给老伴儿治病花了好几万，哪儿来这么多钱？"那时候老何手里还有 300 元，"大师"说不行，得拿 1 000 元，看老何的确拿不出这些钱，他又说，如果没有这么多，要 500 也行。可是老何说 500 也没有，"大师"又提出要 400 元，老何不敢怠慢，急忙从邻居家借了 200 元，凑足 400 元交给"大师"。

"大师"用线穿上7根针，在碗里来回晃悠

老何把7根针埋在了自家院子里的一个地方

拿到钱的“大师”，再一次显示了他的法术，他让老何把家里的箱子翻开。老何家一共有两个箱子，打开以后老何把里面装的衣裳都放在一边，“大师”说狐狸精就在这里边。正说话间，“大师”突然冲了过去，从箱子底部抓出一团碎布块，并说受伤的狐狸精就在这里面，让老何赶快找一根细管子。老何就去找了一截铜管给了他，“大师”用管子一口一口地向那团碎布里吹气，他说这是用真气破解妖气。

这“大师”还真是灵，也没见他点火，就这么一吹，碎布就着火了，这下老何可吓坏了。碎布着了火以后，“大师”仿佛松了一口气，说：“看见没有，这狐狸道行太深啦。”老何百思不得其解，难道真的是狐仙在家里作怪吗？

“大师”从箱子里拿出一块布，然后对着它使劲吹气，吹着吹着这块布就着火了，看起来挺神的，其实那也是他事先做了手脚的。就是在老何收拾箱子

老何恭恭敬敬地磕了3个响头

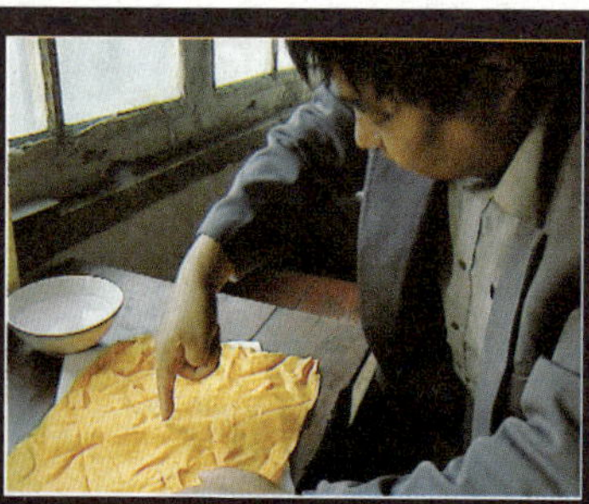

“大师”仿佛将那只狐狸逼进了桌子上的白纸

的过程中，“大师”偷偷地把一些过氧化钠包在那块碎布里面，过氧化钠性质非常特殊，能够和水起反应，也能够和二氧化碳起反应，并在反应过程中释放出大量的热。在吹气的过程中，呼吸出来的水蒸气和二氧化碳都能够和过氧化钠反应，同时还放出氧气，释放出大量的热，使得温度升高，于是这块布就着火了，看起来又是着火，又是冒烟的。

3．送魂归山

此时的老何却觉得自己命好苦啊，家里住着一个狐狸精，自己这么多年都不知道，把老伴儿害成这个样子，他更加着急求大仙帮忙，老何也就这样一步一步走入了骗子精心设计的陷阱。当那团碎布很快化为灰烬时，老何对“大师”的法术已经深信不疑了。他说：“原来我家没病人的时候，我从来不相信这一套，但从我老伴儿有了病以后，我就相信了。不相信也没办法，我怕再出点别的毛病就更不好弄了。”

老何觉得“大师”似乎找到了他老伴儿的病根儿，但是他不知道这个鬼魂到底能不能被驱走，因为那个血手印还在。“大师”解释说：“这只狐狸我已经给你逮住了，它也受了伤，现在已经出血了……”老何又央求“大师”再帮他破解破解，但是“大师”说什么也不干了，如果老何要继续让他施法术捉住狐狸精，还要再拿点香火钱。此时的老何把家里仅有的100元送到“大师”面前，但“大师”告诉他香火钱一分也不能少，没办法老何只有一条路，那就是继续借钱。当“大师”接过老何握得有点发热的那几百块钱时，才答应继续为他驱除鬼魂。

“大师”接过钱，又让老何给他端盆水来。“大师”亲自动手往盆里倒水，一边倒水一边念念有词。他说的什么老何也听不懂，后来就见“大师”把这盆水放到桌子上，还让老何看着。“大师”指着那个血手印说，狐狸精虽然受伤了，但是它还有灵魂，他还有一手绝活儿，就是送魂归山。在“大师”的咒语声中，老何看着盆子里的那个血手印慢慢消失了，没有了。“大师”对老何说，这回你家里边是彻底没狐狸精了。当时老何心里想，这个大仙真是了不起。

老何想，捉到了狐狸精，老伴儿的病一定能好起来了。当老何要送“大师”出门时，这个“大师”却一口回绝，坚持不让送出门，还叮嘱老何两个小时内别接电话，什么人也别见。为了能让“大师”的法术彻底发挥作用，也为了一家人能平平安安地过日子，老何乖乖地听了“大师”的话，一整天都没出门。

仔细回顾一下这个骗子的种种把戏：他一进门就先说，你们家是不是有病人，其实这一点不奇怪，在农村街坊邻居都走动得很密，谁家有病人大家都知道，这都是骗子事先打听好的。这样一来就让老何半信半疑，再加上实施一些看起来好像很玄妙的“法术”，就让老何越陷越深了。每到关键时刻，骗子还少不得要装腔作势，让老何乖乖地把钱拿出来，孝敬给“大仙、高人”，让他帮忙去捉鬼，捉狐狸精。其实说到底，这个骗子就是抓住了老何要给自己的老伴儿看病的这种迫切心情。至于那个血手印怎么会就消失了呢？说起来也挺简单的。酚酞遇碱要变成红色，遇酸就会褪色，骗子就是利用了这个简单的化学反应，先把酚酞喷到一张白纸上，晾干了，看起来还是一张好端端的白纸，做法的

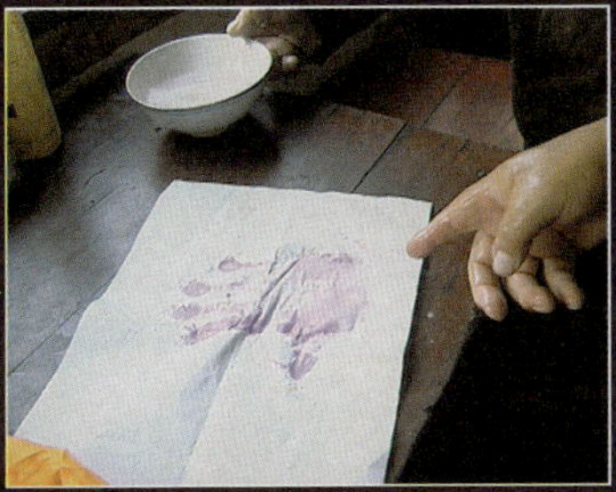

纸上出现了红手印

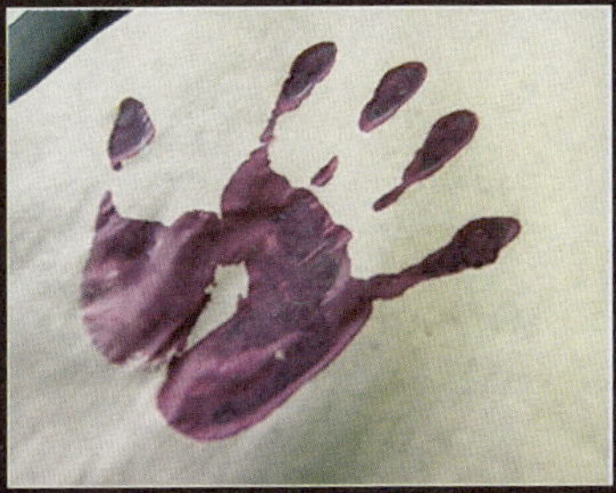

手印一片血糊糊

"大师"用一截铜管一口一口地向那团碎布里吹气

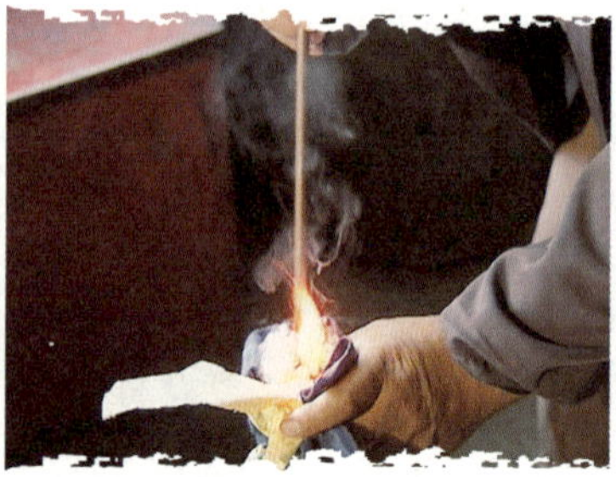
布着火了

那团碎布很快化为了灰烬

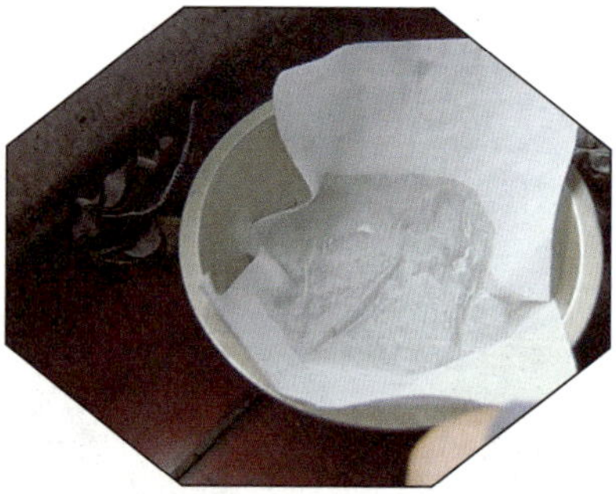
血手印消失了

时候，手上沾点碱水，往纸上一拍，于是出现一个血手印，把纸放到水盆里的时候，水是骗子自己加的，里面可以兑点稀盐酸、白醋，酚酞遇酸自然就褪色了，血手印也就没有了。

（刘海忱）

水鬼上门

郑亮是一个普普通通的农民，平时特别喜欢唱上两句，而他又很偏爱神话故事中的角色，时间一长，偶尔也会分不清生活与唱戏的区别，用他妻子的话说，他总把日子过得像唱戏一样。郑家村是深山中一个很小的村落，全村几十户人家，郑亮夫妇已经在这个小村子里生活了几十年，日子虽然不太富裕，但也平静安稳。如今儿女都已长大成人，离开这个村子到外面去生活了，没什么牵挂的他们，就打算这么平静地生活下去。

1. 大门过期了

这天一大早，郑亮料理完自己的庄稼地后回到家里，刚放下锄头，就听到有人在敲门。打开门后，一个人从门后挤了进来，说："我是收古董的，你家有古董吗？"郑亮说："什么年头了还有古董？"于是，给来人弄口水喝，想打发他离开。可这个收古董的陌生人根本没有转身走的意思，不住地打量着郑亮家的

收古董的陌生人不住打量着郑亮夫妇家的院子

以前郑亮也曾听老人说过，
大门过期就意味着驱妖辟邪
的功能减弱，会给主人带来危害。

院子，看得郑亮夫妇俩心里直纳闷儿，他究竟看什么呢？来人说："我看你们这院子有点问题。"郑亮夫妻吃了一惊："怎么了，有什么问题？"来人又说："这大门的年头不短吧，得有十几年了，按照行话说，你这大门有点儿过期了。"郑亮一下子糊涂了，问："过期了？过期是什么意思？"来人说："要不及时地修改修改，近期你们家恐怕得出点儿事儿。"

郑亮两口子按照吩咐跪在地上，连着磕了3个响头

以前郑亮也曾听老人说过，大门过期就意味着驱妖避邪的功能减弱，会给主人带来危害。见郑亮有点动心，来人又说："这门朝向也不好，对着那个山头很不好，前边还有条路。"郑亮家的老房子正对着山，出门就是小路，用郑亮的话来说，出了门去哪儿都很方便。路两旁还有多年的老树，年年春天都有喜鹊飞来搭窝。郑亮一直都觉得那是好兆头。不过这个古董商的一席话，弄得郑亮一家人心里很是别扭，这让他想到了不久前村子里发生的一件事。

那天早晨，正准备到地里去干活的郑亮刚一出门，就碰到两个街坊在吵架，原来是村里修路需要拆老张家门前的一个台阶。张大爷死活也不让拆，还说道："今儿个有我在，你们就拆不了！"老伙伴儿都劝他想开一点，可张大爷说："常言说得好，穷不扒坟，富不改门，你们把我的大门拆了，破了我的风水了。"

这件事对郑亮影响很大，他说："张大爷说得不是没道理，他干了几十年，一直都挺好，按照迷信说法，就是人也旺，财也旺，家里的日子挺好，万一给人家风水动了怎么办？"那一次郑亮沉闷了一天，他怎么也想不通，为什么拆个台阶儿，老人就那么反对呢？难道这里有什么玄机吗？他平时就爱看些阴阳八卦的书，对这些东西多少有点相信。现在有人说自家大门过期了，心里总是感到别扭。

倘若在平时，有人说大门过期了这样的疯话，郑亮是不会信的，可是偏巧最近出了张大爷为了动一个台阶而闹得面红耳赤这件事，对他触动很大，他也第一次听说"穷不扒坟，富不改门"这样一个说法。风水是我国古代的一门学问，叫作堪舆学，虽说其中有封建迷信的东西，但也不乏科学的一面。它牵涉到民居规划、城市规划等内容，所以古人非常讲究风水，正巧这个骗子借助了郑亮当时的心理，给他灌输了这种思想，于是郑亮就真的相信了。

2. 点不着的黄纸

古董商的话确实刺激了郑亮两口子。郑亮开始表示不相信有这回事，可是他媳妇儿相信这个，两口子为此还吵了一架。古董商似乎看出了他们的心思，就问他家门前是不是出过事。郑亮一琢磨，去年那儿是轧死过小鸡。古董商赶紧说："你别看轧死小鸡，俗话说祸不单行，过两年你们家准出事，还得出大事！"

郑亮听得心里直打鼓。既然他话说得这么有把握，是不是真看出什么了？这下可把郑亮两口子搞懵了。郑亮生活的小村子处于大山深处，不但交通不便，信息也相对闭塞。郑亮是个老实人，虽然听过不少这样的事情，可他从没想过，这件事居然会落到自己头上。郑亮两口子想，自己家又不能破门，也不能改道，只能听那个古董商有什么高招了。

这时，古董商让郑亮搬出一张桌子来，又让他拿了凳子，还让他准备香火。郑亮家没有香火，他准备去买点，古董商说："别费事了，我这儿有。"古董商从包里拿出香来，郑亮心里嘀咕着，一个收古董的怎么还带着香呢？这时候就听古董商招手大喝一声："你俩过来一下，跪下磕头！"两个人吓了一跳，半信半疑，只好按照他的吩咐跪在地上，连着磕了3个响头。这一下两口子眼前真是有点冒金星了，这时古董商又拿出了一张纸，用打火机点燃，可那张纸怎么也点不着。古董商故作惊讶地说："真点不着，你们家鬼

古董商又拿出了一张纸

难道真的是自己的院子有问题

气太重了，你们俩现在是魔鬼缠身。因为你家的门太破，它已经跟上你们了，在你们这儿时间不短了。”

大家可能觉得有些奇怪，这黄纸怎么拿打火机点不着啊？其实，这太简单不过了，郑亮两口子跪在那儿磕头，从他们那个角度看过来，分不清楚远近。火苗和纸离得很近，可并没有贴到纸上，当然点不着了。这个骗子还懂得一点心理学，他这个时候及时大喝一声：“磕头！”一下就把郑亮夫妇吓了一大跳，赶快连续磕几个头，晕头转向，就更容易上当了。

郑亮的心里有点儿发毛，却想不明白是怎么回事儿，难道真的是自己的院子有问题吗？他的妻子急忙起身回屋拿钱，打算让这个“通大仙”的人好好给他们整治整治。他们那儿有个习惯，有人给看这种东西得给点钱，而且少不了，得弄个三四百元给他压那儿。

古董商说大门太破，鬼气太重

古董商随即掏出一个罗盘，说这个地方出过大事

古董商从包里拿出一块白布

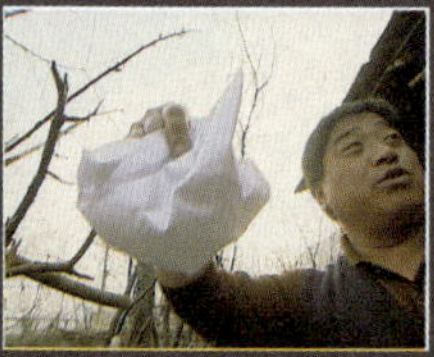

古董商拿着白布走到院子里的小水槽旁边

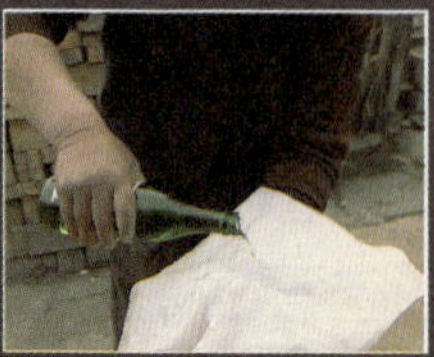

古董商在手绢上倒上点酒

郑亮一心想着破财求平安，可古董商却告诉他们把钱压在香炉下面，再把香案挪开，这样就可以捉鬼了。亲眼看见黄纸点不着火之后，这会儿他说什么郑亮都相信了，这时又听古董商说 ：“你们家里这鬼跟水有关系。”郑亮心里有点儿纳闷，他们这儿连水都没有，哪来的水鬼？古董商似乎看出了他的疑惑，随即掏出一个罗盘，说他们这个地方出过大事，曾经死过人。郑亮这时想起来，一两年前一个要饭的死在小溪沟那个地方。他一说出来，古董商连忙应道：“你看怎么样，我就说你们这村有水的地儿死过人。”郑亮说：“我们这儿没水。”古董商说：“不对，怎么叫没水？溪就是带水，沟也带三点水，这就跟水有关系，这就是犯水。你家这种情况就是被淹死的人跟上了，他在你们家折腾，你们家就得出事。”此时的郑亮一家人全没了主意，只是觉得眼前这个人真是有点神。

溪、沟犯水其实是一个很简单的文字游戏，古董商为了蒙骗郑亮就说溪水里面曾经淹死过人，郑亮一下觉得他太神了，那么早的事情都知道。其实在古董商进村子后他就四处打听，很可能就有人会说，我们这儿溪水别看干净，但是以前淹死过人，挺忌讳的，于是他就记住了，他再说给郑亮听，郑亮就上当了。

3. 不透水的白布

这时郑亮已经对这个古董商的话深信不疑了，他甚至想，看起来他们家的确是要大祸临头了。古董商手里拿着罗盘又在院子里转了几圈，一边指指点点，一边念念有词，似乎在找什么东西。在郑亮两口子眼里，这时的古董商无疑就是一个本领高深的神人。古董商走到水池边，问：“这是你们家水池子吧？”得到肯定的答复后，他又说：“你看，水池子在这儿，这里边还有水。水池子这个位置，按你家房子的方位，对你们家是一点好处都没有。”郑亮赶紧说：“那我给你点儿钱，你给我们想法儿破破。”古董商摇着头，不满地说：“钱？谈不上收钱，给钱也是给大仙，不能给我，给我一点用也没有。是大仙给咱们保平安。”

古董商似乎已经找到了水鬼的藏身之处，但这一次他并不急于捉鬼，而是把再次送来的红包又压在了香炉底下。这时他提出了一个要求，他让郑亮给他拿些白布来。郑亮家找不出白布，古董商有些为难地说：“我想办法吧，看看我兜子里有没有。”他翻腾来翻腾去，真还翻腾出一块白布来。只见古董商拿着白布走到院子里的小水槽旁边，用白布兜水，这时，奇怪的事情发生了，平平常常的一块白布居然把水给装起来了，而且滴水不漏。古董商连声惊呼：“你们这儿水鬼多厉害，这水都不漏！”郑亮一看，都恨不得跪下给他磕头了，一个劲儿央求他给破解一下。

古董商掏出一张带符号的纸贴在布上

古董商迅速地走到水池边

古董商将布扔进水槽后捞起，在院子里走

古董商戴上头巾，让郑亮给他找点酒，又往白布上倒酒，用打火机点火。这时郑亮看到酒着了，可白布始终都不着。古董商又说：“你家这鬼太厉害，我还得想点办法。”只见他掏出一张带符号的纸贴在布上，并迅速地走到水池边，将布扔进水槽后又再捞起，口中说道：“厉鬼我烧死你！”这回他再点火，白布着了。这时古董商说：“行了，你家这鬼破了，也跑了，没事了。”

白布怎么不透水呢？其实道理很简单，用白矾加点鸡蛋清给它抹匀了，抹在白布上，晾干以后中间的缝隙都被堵上了，自然就不漏水了，再给它倒上点酒精，它是肯定不会着火。因为酒里面含有大量的水，加热后形成了水蒸气，带走了大量的热量，白布自然就着不起来了。可后来白布怎么又能着

白布着火了

院里烟雾腾腾

古董商拿起红包做起了法

了呢？这也很简单，把它放在水里，白矾、鸡蛋清全融化了，捞出来之后再扔到火里，自然也就着起来了。

郑亮担心水鬼是否真的被赶走，古董商说，驱邪全靠远方的大仙法力指点，必须在门前和附近的龙王庙烧烧香、做做法，这时古董商希望再添一些香火钱，借神仙的力量才能保证他们的平安。拿到红包后他又做起了法。又一番折腾，郑亮夫妇总算彻底放下心来，千恩万谢之后，恭恭敬敬地把他送出门去。

当他们回家之后，发现本来给古董商的红包还在桌子上。郑亮说，他也不要钱，也不拿钱，这师父不赖。他把红包拿给媳妇儿说，你把这钱拿回去吧，结果他媳妇儿打开一看，纸包里全是空的。

此时的郑亮夫妇疑惑了，这钱到底是被神仙拿走了，还是被这个古董商拿走了呢？面对着变得空空如也的红包，他们细细回想这一天所发生的事情，仍然没醒过味儿来。郑亮觉得自己就像是在舞台上唱了一出戏，热热闹闹地折腾了一通，可是两口子辛辛苦苦攒下来的钱却没有了，而他的门还是那个门，门前的路依然还是那条路……

（刘海忱）

命悬一线

张玉老汉得病了，而且病得很严重。这天他家的亲戚从外村请来了一位叫佟半仙儿的神秘人物。据说这个佟半仙儿很有本事，只要他一出面，肯定是手到病除。

1. 荒地中邪

张老汉 60 多岁，是远近闻名的兽医，靠着自己的好本事以及辛勤劳动，他跟老伴儿的日子过得有滋有味。但是最近张老汉却突然一病不起，不仅他自己觉得这个事情非常蹊跷，就连周围的村民们也觉得这事儿挺怪的。张玉老汉是杨村这一带颇有名气的兽医，村里大到牲口小到家禽有个灾有个病，都会找他帮助看看，劁个猪、治个鸡瘟，他都行。但是近来有一件事情却使他非常着急，他家里好好的一只大母羊，无缘无故地丢了，全家人在坡里翻上翻下，哪儿都找遍了，却怎么也找不着。可别小看这只羊，羊在当地就是老百姓的小银行。找

张玉决定在太阳底下的大青石上睡上一觉再继续赶路

“立立筷，给你整整哪的鬼；
立立筷，看看是哪儿的鬼跟着你。”

不到这只母羊，老两口十分着急。这天他们发现了一个线索，他们听说有一家的羊和他家丢失的母羊长得一模一样，都缺了一颗牙。于是，张老汉去把羊牵了回来。找到羊以后，张玉总算是松了一口气，他将失而复得的羊送回羊圈后，顺着山路往家走去。

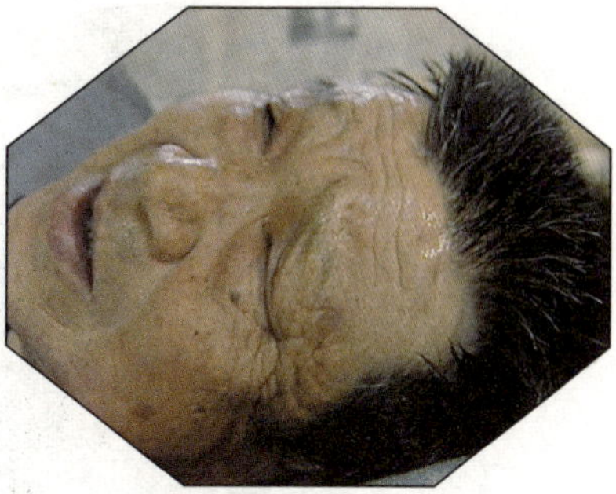
张玉的腰开始疼痛难忍

这时已过中午，走得太急的张玉觉得有些累，他决定在太阳底下的大青石上睡上一觉再继续赶路，没想到这一觉竟睡到了太阳落山。醒来以后已经是傍晚了，山道上变得昏暗起来，张玉突然感到身上飕飕冒凉风，头发也立了起来。他也不是头一回走这条山路，可从来没遇到过这种情况，这是怎么回事呢？张玉觉得奇怪。

张玉觉得浑身无力，腰也不听使唤了。这时山风刮起来，张玉不禁打了个冷战，看到周围的山黑压压的，顿时觉得脊骨发凉，腿脚也不大利索了。他定了定神，便急急忙忙地回家。好不容易回到家，腰却开始剧痛起来。就这样，张玉病倒了。十几天过去了，虽然有老伴照顾，但张玉的病仍不见好，腰痛一天比一天厉害，后来就连翻身都感觉十分吃力了。

老伴儿和周围邻居说起张玉得病这事儿，也都觉得有些不对劲儿。邻居们都说："东坡大石板过去是个很脏的地方，能招邪、招鬼，平时一般人都不愿意从那儿过，特别瘆人。"可是张玉找羊必须从那儿经过。

张玉相信有病乱投医的想法，他让老伴儿通过亲戚请来了一个据说会点正骨按摩的人为他治腰病。这个人看了张玉的情况后，把他从炕上拉下来乱捏了一气，还夸下海口，保证手到病除，但是没想到张玉的病却越来越重了。

全家人都为张玉的病着急，四处打听治病的良方，老伴儿的心里也有些害怕，难道真的是碰见了什么不干净的东西了？否则张玉怎么总是治不好呢？

得知张玉得了病，一个远房的亲戚赶来探望。那是张玉的侄媳妇，听说张玉的事情后，她说自己认识一个阴阳先生，能驱鬼神。最初张玉的老伴儿也怀疑，这阴阳先生行吗？可是一想到张玉吃药老也不好，又没有别的办法，想想也就

虽然有老伴照顾，但张玉的病仍不见好

同意了。其实张玉也反复琢磨自己的病，是不是自己真的在荒地里撞见了鬼，中了邪了呢？听老伴说请阴阳先生的事以后，他觉得这还真是个办法，心想：找个阴阳先生看看也好，这病好就好了，不好就还这么着呗。

容易上当受骗的人总有这样一种心态：不行先试试，试到半截儿觉得不行再掉头往回跑也不会有什么损失。骗子往往就是利用人们的这种心态，事先设下一个套等着人往里钻，上套以后再一步一步把绳子勒紧。张玉老汉和他的老伴儿就是出于这种想法，但是没想

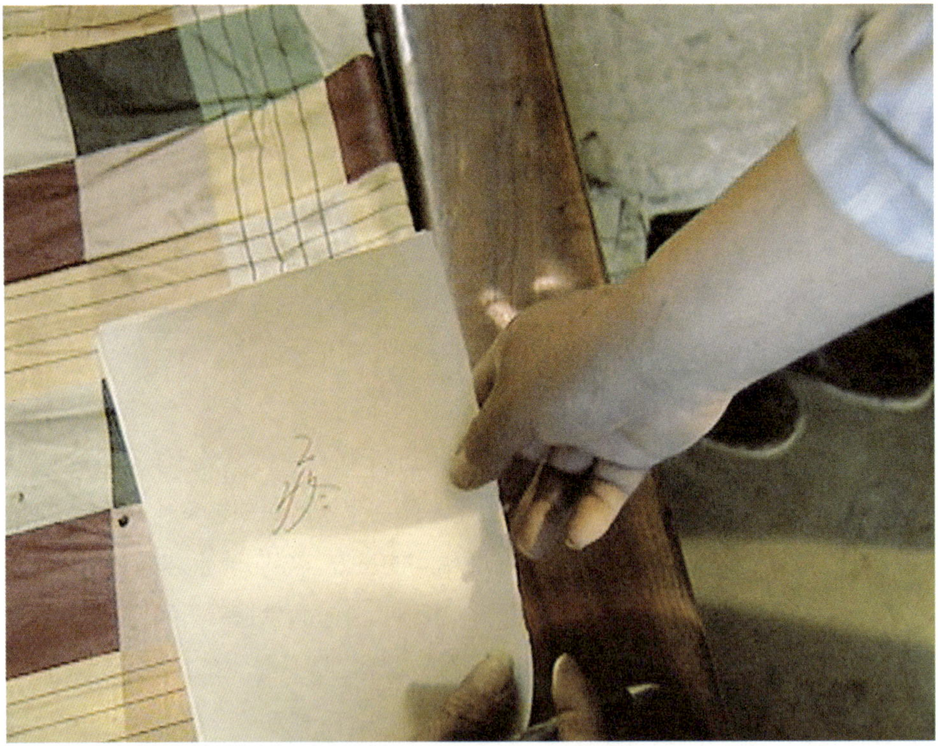

张玉写了个“疼”字，“大师”说鬼在东边

到骗子利用了他们身边最熟悉最不容易引起怀疑的东西来当作行骗的道具，这样一来就由不得张玉老汉不相信了。

“大师”告诉张玉家人，过了今天，他的病会再加重

2. 水中立筷

没过两天，张玉的亲戚真的将那个叫佟半仙儿的阴阳先生请来了。

这佟半仙儿的确不凡，一进家门，张玉一家就感觉到他有些不一般。

佟半仙儿查看了张玉的病情，又听张玉讲了患病的经过，掐指算了算，故作神秘地说：“你这面色在别处触犯了什么……”他说话的声音越来越小，直到后来几乎听不见了。佟半仙儿的一席话说得张玉和老伴儿心里一个劲儿地打鼓。这位佟半仙儿似乎对张玉的病了如指掌，经过他的指点，一家人觉得他说得还真挺有道理。接着佟半仙儿又说出了一个严重的问题，他对张玉说：“你那个病不得了啊，很严重！”张玉吓了一跳，心里想，自己也就是觉着腰疼，没什么别的不好。可佟半仙儿接下来又说道：“腰通肾，肾通命门，要不赶快治，小命都难保！”张玉一听就害怕了。

佟半仙儿认为张玉确实是撞上了什么晦气的东西，为了查出是哪路鬼神，他拿出一张纸，让张玉在上面随便写一个字。张玉因为腰疼，就随手写了一个“疼”字。佟半仙儿解道：“‘疼’字是一个‘病’字加一个‘冬’字，这说明你是在东边出的事，躺的时候一打冷战、一撒尿，触犯了东边的鬼神，所以你的身体越来越糟糕。”张玉吓得又出了一身冷汗，只听佟半仙

“大师”拿碗放点水，立筷子

儿接着说道：“东边的鬼上了你的身，再不除可就来不及了。”最后，这位佟半仙儿告诉张玉家人，如果过了今天，他的病还会再加重。佟半仙儿的话，对张玉和家人刺激很大，这时候他们对他已是奉若神明。

佟半仙儿见张玉上了钩，便点燃一炷香，开始煞有介事地做起了法事。只见他拿了个碗，碗里放点水，口中念念有词：“立立筷，给你整整哪儿的鬼；立立筷，看看是哪儿的鬼跟着你。”可是，普普通通的筷子怎么能立起来呢？虽然张玉家人拿来了碗筷，但他们心里并不十分相信。然而奇怪的事发生了，佟半仙儿真的把筷子给立了起来，并说：“从香火上一查就给你查出来了。”

张玉一下子惊呆了，心想，莫非我真的是招了鬼了？这时候又听佟半仙儿说：“你要是有诚心，就得拿个香火钱，烧烧香。这钱是给人家神仙买香的，可不是我要。”张玉问给多少，佟半仙儿说：“少说也得拿个千儿八百的，你这是瞧病，上医院你得花多少钱？现在我给你求了神，给你送了病，在家就给你治好了。”

普普通通的筷子真的立起来了

“大师”说筷子立住了，鬼也就查出来了

大仙在做法事

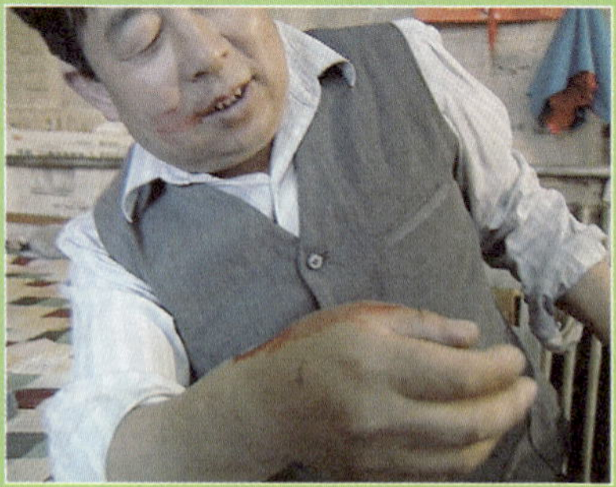
大仙晃来晃去做法事

江湖骗子特别喜欢利用人们身边常见的事物，因为这些东西人们太熟悉了就不会怀疑。比如筷子，每个中国人家里都会用筷子，所以骗子就用立筷子的方法。其实立筷子的道理很简单，只要经过一段时间的练习，熟练了就好了，绝对不会是鬼上身，或者鬼来帮忙筷子才能立得住的。

筷子的一头呈方形，另一头是呈圆形。立的时候把圆形的一头朝下，三根并在一块，争取让其中的两根或者三根完全贴在一起，然后从上面淋水。为什么要淋水呢？筷子虽然有缝，但是靠在一起之后，这个缝隙很窄，水渗进去以后就形成一种表面张力的粘合力，于是就增大了它的底面积，因此稳度提高了，这时候再慢慢地把手挪开，筷子就可以立起来了。当然，骗子、巫婆、神汉也都是经过相当长时间的练习，否则不可能做到熟能生巧。这种把戏非常简单，只不过很多人没有用心地思考过，所以张玉老两口上当受骗也在情理之中。

看到筷子立起来，张玉觉得一定是在大青石上睡觉时撞上了鬼，又想着自己这些日子一直卧病在床，对佟半仙儿的话就更加相信了。为了让张玉更加深信不疑，佟半仙儿又说道："你再给我拿把菜刀来！"张玉忙应道："有菜刀，昨天磨的。"说着他就去拿菜刀。菜刀拿来以后，佟半仙儿拿起刀刷刷地在张玉脑袋上晃起来，把张玉吓坏了。就在这位大仙拿刀在张玉头上晃来晃去的时候，只见刀光一闪，佟半仙儿朝那筷子一砍，筷子倒了，他自己也躺下了。

3. 悬空的铜钱

佟半仙儿倒在椅子上，嘴里就吐白沫，还流着血，把张玉一家吓坏了。正在这时候，佟半仙儿自己又坐了起来，说："嗨呀，太厉害了，这鬼太厉害了！"这样一来，张玉更加相信这个佟半仙儿了，这时候佟半仙儿又提出给点香火钱。张玉和老伴儿发起愁来，说："香火钱最少得拿800元，可是咱家里没钱。"佟半仙儿一听，说：

大师倒在椅子上，嘴里冒沫子

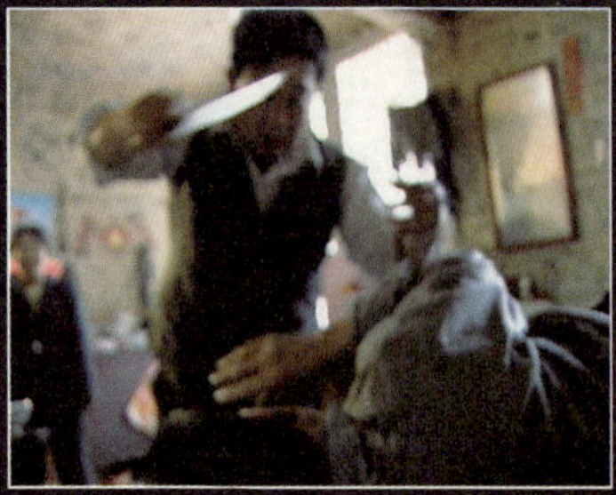
老伴借来800块钱交给佟半仙

“你的心不诚，这可不行。”张玉老伴儿急了，说：“不行我借点去。”没多久，老伴儿就借来了800元交给了佟半仙儿。

佟半仙儿接过钱，又说道：“你这个病还是比较厉害，我把鬼给你驱走了，可是没走净，我得再施点法术，请个大师再给你看看。”经过刚才那一幕，张玉觉得这个佟半仙儿实在是太有本事了，马上就点头答应了。

佟半仙儿拿出4枚铜钱，猛地向桌子上一撒，捡起其中一枚字向上的铜钱，随即又拿出一根棉线，系在了铜钱上。佟半仙儿指着那个铜钱告诉张玉，缠着

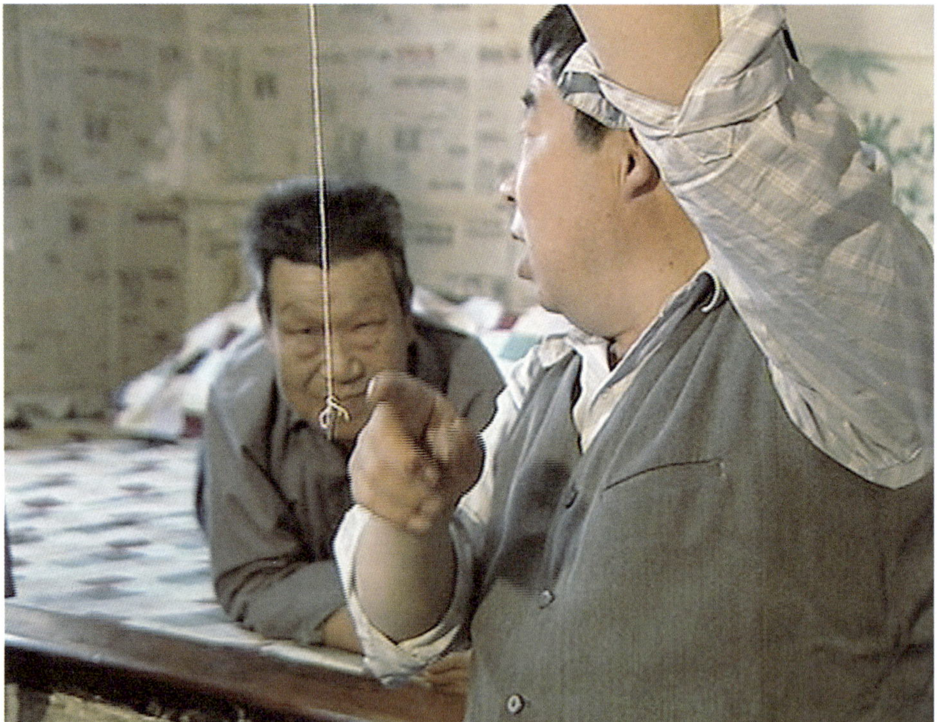
佟半仙拿出一根棉线，系在了铜钱上

佟半仙指着铜钱告诉张玉，鬼还没驱除干净

他的鬼还在他的身上没驱除干净，必须要再清除一下。说着，点火烧系在铜钱上的棉线。棉线呼一下就着了，可是着了以后却怎么也烧不断。佟半仙儿指着手里的铜钱说：“你看你这个鬼的法术，能到悬空的地方去了。”

事实上，佟半仙儿所用的棉线是被他动了手脚的，有可能是用盐卤水泡过的。盐卤水是用来点豆腐的，里面含有氯化钾、氯化镁等物质，用这样的线系住铜钱，看起来是点着了火，其实烧着的仅仅是棉线的表面，而线的内部由于受到氯化钾和氯化镁的保护，并没有接触空气，所以没有烧掉。这样就可以看到，线虽然烧着了，可铜钱并没有掉下来，实际上棉线并没有完全烧着。

佟半仙儿一个劲儿地说鬼魂缠住张玉，还要再次施法送走缠在他身上的鬼魂。他对张玉说：“你赶紧烧香，烧了香以后烧钱、烧黄纸，烧了之后我赶紧

火着了以后棉线没有烧断

把鬼送走。”这一次，张玉也听出了弦外之音，连忙又去借了几百块钱交给佟半仙儿。又是一番折腾后，佟半仙儿告诉他们，“恶鬼”被他降住送走了。临走时佟半仙儿声称两个月后他会回来，如果那时张玉的病还没好，就会把钱如数还给他们。可是他走了以后却再也没回来，而张玉的病也没见好转。

人们在痛恨骗子的同时也特别同情张玉老两口。本来腰上有了毛病，踏踏实实去医院看病就好了，非得瞎治、乱治。结果给了骗子一个机会，再表演点“小法术”，老两口就心甘情愿地把钱掏出来给了骗子，不仅上当受骗赔了钱财，病还没治好。做什么事都得相信科学，有病就去医院，踏踏实实地找医生看，别信什么江湖骗子，否则，轻则伤身，重则丧命，到那时候世上可没有后悔药。

（刘海忱）

梦中艳影

老恒遇见了鬼，就在自己出门的路上。老恒最近心里挺别扭，因为他老觉得自己和儿子小强发生了一些事情，但是这件事情他又不好去跟别人说，所以说老恒的心里难受极了，于是他就悄悄地找了一个据说是通晓阴阳的人，来帮他看看。

1. 父子撞鬼

老恒请来的这位姓金的“大师”，准备用一个筛面的箩为儿子小强查看到底是触犯了哪儿的鬼怪。老恒一家人指望着他能为小强消灾解难，他们为什么如此着急呢？

老恒是村里有名的致富能手，两年前就买了一辆汽车跑运输，家里的日子原本过得很红火，但最近有一件事情却让老恒觉得非常烦心，问题就出在儿子小强的身上。老恒从没有对任何人提过这件事，儿子小强高中毕业后没考上大学，准备复读

儿子小强总是打不起精神来

一天晚上，老恒发现孩子浑身出冷汗，
大喊大叫的，看着令人着急，挺吓人。
他叫醒小强问怎么回事……

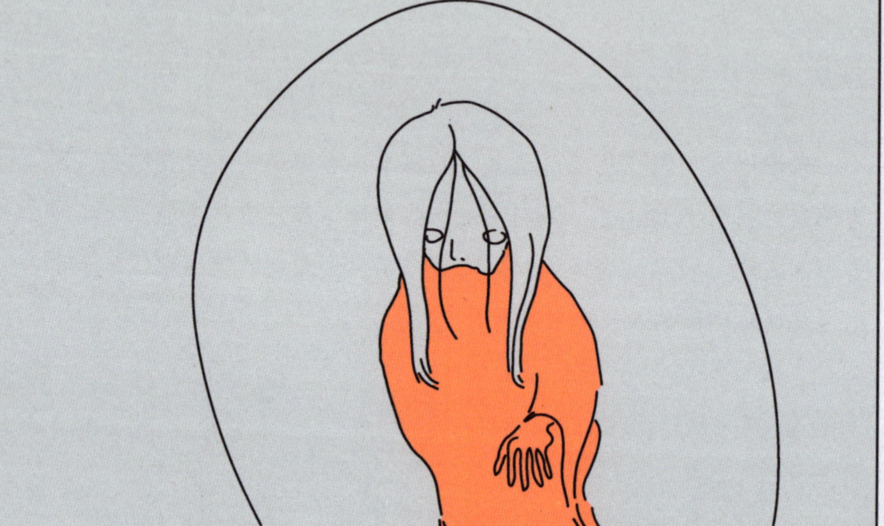

小强越来越消瘦，人也变得少言寡语

老恒的姐姐把一个姓金的人请到了家中

“大师”拿个箩，抓了把玉米面

后第二年再考，可不知为什么，没过多长时间小强变得总是打不起精神来，而且越来越消瘦，少言寡语。小强的妈妈很担心，她想小强是不是在搞对象呢，可又觉得搞对象不应该是这种表现。要说得病也不像，上医院检查也没毛病。夫妻俩一合计，是不是这孩子中了什么邪了？

小强平时是个活泼好动的孩子，为什么会突然表现得这么反常？小强自己不说，做父母的只能细心观察，而接下来发生的事情却让他们大吃一惊。一天晚上，老恒发现孩子浑身出冷汗，大喊大叫的，看着挺着急，挺吓人。他叫醒小强问怎么回事，可小强就是不跟他说。老恒夫妇发现小强的身体越来越差了，以前体重60公斤，现在差不多只剩下50公斤了。看着这个像丢了魂儿似的孩子，他们心里十分着急。

这时候只有小强自己知道，他并不是有什么毛病，而是不断地做噩梦，并且做的梦越来越可怕，自己也受不了了。在老恒的不断追问下，这一天小强终于说出了自己的心里话：“这段时间睡觉老是做噩梦，有的时候看见一个漂亮的小女孩在我周围来回转悠；有的时候仔细一看，她穿着一件白色的衣裳，好像没下巴，就是个女鬼；有的时候一下子把我吓醒了，满头都是汗；还有的时候刚要拉她的手，她的手又变成了骨头，吓得我都不行了。”

小强说出了心中的秘密，让老恒夫妇觉得十分害怕却又难以置信。老恒说：“我经常跑夜道，是个不信邪的人，可小强说起这件事的时候，就连我的后脊梁骨都冒着凉气，透着凉风。”孩子的状况一直让老恒放心不下，不知不觉地在他的心里投下了阴影。这天夜晚，老恒摸黑出车，刚拐弯就看见一片白光，“哗”

一下，跟闪电似的。老恒一脚刹车就踩住了，仔细一看，人不像人，鬼不像鬼，又好像什么东西也没有。这不是活见鬼吗？这件事弄得老恒心里挺不舒服的。

父子俩先后遇到这样的事情，实在有点儿奇怪。老恒的妻子非常担心："看到孩子这样，我就跟小强爸爸说，他姑那儿有个会'瞧香香（香香：当地方言，跳大神的。——编者注）'的，不行就'瞧香香'吧。我们都是有知识的人，怕传出去不好，但是为了孩子也没办法。"为小强治病的事情正在悄悄地进行着，他们怕小强知道这事情以后会反对，于是老恒夫妻借故把他送到姑姑家住了几天。

小强到底是怎么回事呢？是不是真的撞了鬼了？当然不是。稍微有一些心理学常识的人都会知道，这种情况很正常。小强正处于青春期，他会从心里开始逐渐地爱慕异性，但这种爱慕又没法向别人直接地表达，再加上又出现了梦遗的现象，他就觉得是不是自己很龌龊、很脏，不敢跟别人去说，慢慢地压抑在心里，时间长了这种压抑带来的压力就转化成为他梦境当中某一个爱慕的女子形象，把这种压力转化成愤怒，把她想象成一个女鬼。实际上这是一种情绪的转化，一种心理状况的表达，严格说，就是一种心理投射或者是意象。其实年轻的小伙子到了青春期的时候，梦遗也好，爱慕异性也好，都很正常，应该加以正确地指导。但是偏偏在这个时候赶上父亲也遇到了"撞鬼"的事情，这究竟是怎么回事呢？安定医院心理专家梁月竹解释说："像老恒的这种情况，他出现的症状跟儿子的部分症状是十分相近的，这个在医学领域上叫作感应性精神障碍。老恒出现的症状是基于和儿子的深厚感情，以及他们之间对事物的一个相同的认识，从而引起了潜意识上的共鸣。"

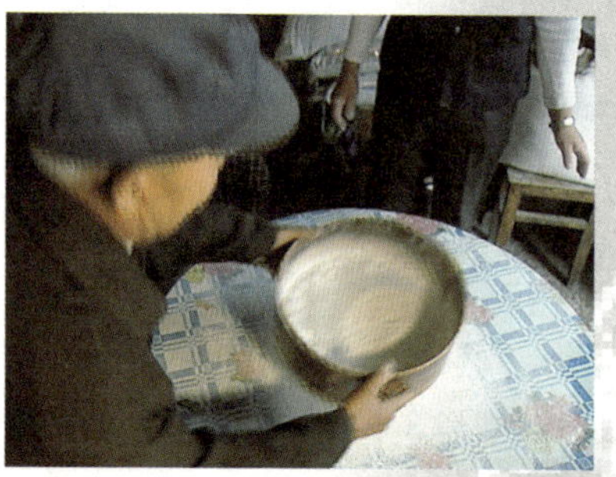

"大师"将准备好的面，用细箩刷刷地筛起来

这事说起来挺简单，可是老恒怎么就想不明白呢，他毕竟是个有知识的人。其实很多人都有这样的经历，当遇到一些麻烦事，或者不顺心的时候，总想迅速地找到一个最简单、最直接的办法，把事情一下解决了，

但往往这个时候人们会病急乱投医。看起来简单的办法，有的时候并不是正确的，反而会让我们陷入麻烦之中，越陷越深。

2. 水泼紫烟

这天，老恒的姐姐把一个姓金的人请到了家中，姐姐临走前还特意叮嘱，这个金“大师”非同一般，很有些法力，一定要小心照顾。姐姐走后，金“大师”开始询问小强的情况。当老恒把小强的事情刚讲到一半儿的时候，“大师”似乎有了数，他不让老恒继续往下说，自己接着说道：“年轻人正在青春发育时期，这是很正常的事，不过小强可就不一样了。小强是个忠诚老实的人，这种情况肯定是有鬼魂附体。”这句话使得老恒两口子一下子非常紧张，难道孩子会有什么危险吗？

“大师”在筛过的面上用发卡似乎画出了什么

这时只听“大师”吩咐：“拿张桌子，再拿个箩，抓把玉米面来。”“大师”似乎胸有成竹，将准备好的面，用细箩刷刷地筛起来，老恒两口子谁也不知道他到底要干什么。只见“大师”口中念念有词：“天灵灵，地灵灵，我家大仙来显灵。天灵灵，地灵灵， 我家大仙来显灵。”过了一会儿，他又向小强的妈妈要来了发卡，口中继续念道：“天灵开，天灵开，我的大仙显灵来，显灵来。”随着大师怪异的腔调，他在筛过的面上用发卡歪七扭八地写出几个字来。

写完这几个字，“大师”睁眼一看：“哎呀，你瞧这个字是后山，这个字是汪家。”接着“大师”更是语出惊人，他把小强梦中的女子给描述了一番。“大师”说：“这个女子是后山汪家的。”老恒一听，这可太神了，后山汪家的确有个女子，不过前两年因为车祸亡故了。“大师”越说越玄乎，真让老恒夫妻俩坚信不疑。

其实这个骗术并不高明，跟古代的扶乩请仙没有太大区别，只不过换了个名字，叫作托箩算卦。可是为什么老恒会上当呢？那是因为骗子曾事先打听过，知道后山曾经出过车祸，被轧死的还是一个女子，这么一来他就能蒙人了。这个所谓的大仙，在他摇头晃脑、念念有词的过程当中，他一边摇箩，一边说这到底是什么鬼，这个鬼又是在哪儿，越说越真实。这个过程老恒都看到了，所以就更相信了。

老恒一家人完全被眼前“大师”的神秘法术镇住了，正当他们想继续听听有什么破解的招数时，那位“大师”却感到力不从心，告诉他们需要香火钱敬敬神仙。“大师”说：“我看小强生病，是这院子有毛病。你们家肯定有女鬼，不信我领你们上院里转转，看看。”只见“大师”猫着腰，在水缸、水桶附近到处找。金“大师”在水缸周围一无所获，却在老恒家一侧的小院里有新的发现，他说：“这个地方又是灶台、又是火，这个女鬼肯定是火命，性子比较烈，非得拿水破这个女鬼不行。”当老恒把一盆水送到“大师”面前时，“大师”摇头拒绝了：“这盆不行，太不成规矩了，得拿你们家吃饭的。”就这样老恒把家里吃饭的碗拿了出来，这时“大师”才再次来到小院，燃起了一炷香，开始了降妖捉怪的行动。“大师”一边往院里洒水一边喝道：“看你往哪儿跑，我看你往哪儿跑，跑不了！”随着他一泼水，呼地一下，地上冒出紫烟。老恒一看，真邪性，看来这金“大师”真神。

老恒把一碗水送到“大师”面前

这事虽然挺神，但同样也能用科学知识来解释。这个其实很简单，就是将碘和铝粉的混合物洒在地上。这两种东西在一起不

“大师”才再次来到小院，燃起了一炷香

会发生反应，但是遇到水时，在水的催化剂条件下便发生反应，释放大量的热。碘能够升华，老恒看到的紫色的烟其实就是碘蒸气。

这些骗子多少是懂一些科学道理和知识的，可惜没把这些东西用在正道上，而是用在了骗钱上。骗子行骗只有一个目的，那就是骗钱。老恒一开始为了治好儿子的病，想直接找一个最简单的办法把问题解决了，但是没有想到，就是这种想法导致他越走越偏。接下来更加出人意料的事情又发生了。

3. 会冒火的手指

这时“大师”推说自己的功力不够，说有点急事要办，病看不了了，要是没有这急事，小强的病他是能看的。老恒一听他话里有话，就问他有什么急事。“大师”说他准备买头驴，老恒一听明白了，忙说：“正好我亲戚家有头驴，您给我们小强治病，我们家没有什么答谢您的，看好他的病，明天把这头驴给您送去。”

老恒哪有这样的亲戚，他这也是为孩子治病，临时想出的一个办法。第二天老恒就托人，花了大价钱买了一头驴，当天就把这头驴送到金“大师”家里去。

金“大师”终于答应为老恒彻底驱鬼，特意选了一个雨天来到老恒的家中。他说要驱除藏在老恒家的鬼魂，一定要选择合适的天气，水可以镇住这个女鬼。于是他很快摆下香案，便开始做起降妖捉怪的法术。这天“大师”换了捉鬼的衣服，还拿了一柄桃木剑，他把手弄湿以后沾上面粉，往这

“大师”开始了降妖捉怪的行动

“大师”在他家一侧的小院里燃香

“大师”耍桃木剑

屋里全是烟

“大师”做起降妖捉怪的法术

金“大师”在水缸周围一无所获

里洒一把，往那里洒一把，一边洒一边说：“拍死你，抓住你。”接着他用手指一晃，出来一股火。

此时老恒被“大师”驱出门外，据说这是降住女鬼的法术，就这样，他在屋子里跳来跳去，一个劲地喊叫，很是瘆人。老恒在屋外一看屋里有烟，一个箭步就冲进去了。屋里全是烟，什么也看不见。老恒好不容易在墙角找到了蜷缩成一团的妻子，她早已吓得不知所措了。

半个月过去了，小强的病仍然没有好转，后来经人介绍，小强到城里的医院看了心理科医生，从那以后小强的身体渐渐地恢复了。医生告诉他们，小强正处在青春发育时期，应当多从事户外活动，多做点事情，听了医生的话，老恒心里也安定了下来。从此，他再也不相信什么“大师”了。

“大师”摆下香案

那“大师”的手指怎么能着火？这也挺简单的，他预先在桌子上洒上了三种粉末，第一种是樟脑，第二种是磷，第三种是硫黄，他事先在手指上沾了面粉，在桌子上这样来回晃动的同时就把这三种粉末都沾到了手上，然后满屋子都是烟雾，他又在屋子里使劲地喊叫。樟脑易挥发，硫和磷容易燃烧，“大师”的手指这么一抖，热度一合适自然就着了。

老恒给他儿子治病没有错，但是应该找正规的心理医生，或者找其他的医生，做一个详细的咨询，而不应该轻信这种江湖骗子。

（刘海忱）

家缠狐仙

一夜的细雨使南冈村周围的空气变得湿润起来，村民们开始三三两两地到田里松土整地，准备播种。可是，蒋正根今天却没有和大家一起出工，而是悄悄带着女儿往孩子姥姥的墓地走去。何仙姑在他们的身后紧紧地跟着。到墓地后，何仙姑就围着坟仔细打量起来。忽然，她好像发现了什么："哎哟，你瞧这个大洞，我说你们家藏着妖吧，你还不信，你看看，你看看这个大洞，这个是狐狸精闹腾的。"

1. 接二连三的失明

蒋正根请一个神婆来做什么呢？他是想让她帮助他们解除困扰一家人二十几年的一个心病。这个心病到底是什么呢？为什么这个神婆会说在这片坟地里有狐狸精呢？这还得从二十几年前说起。

仙姑桌子上放着许多香

二十几年前，新婚不到一年的蒋正根家里发生了一件不幸的事情，他妻子的眼睛突然莫名其妙地失明了。这突如其来的打击让

蒋正根今天却没有和大家一起出工，
而是悄悄带女儿往孩子姥姥的墓地走去。
何仙姑在他们的身后紧紧地跟着……

蒋正根几乎绝望了："我们结婚还不到一年，我老伴的眼睛突然失明了，这对我来说是个沉重的打击。"可是，蒋正根当时并没有想到，缠绕他们的厄运才刚刚开始。在妻子失明后的几年里，妻子家族里又有几个人相继失明了。眼看着孩子的两个姨妈、一个舅舅眼睛也失明了，蒋正根心里纳闷，怎么接二连三的都失明了？

何仙姑围着坟仔细打量起来

在短短几年里，妻子和她的弟弟妹妹都成了盲人，这给蒋正根的心里蒙上了一层恐怖的阴影。这件事在这个不大的山村里也引起了不少的议论。邻居老江说："邻居们说长论短，说什么的都有。上大医院去看吧，第一是经济条件差；第二是路途又远，交通不方便，所以也没去检查，也不知道是怎么回事。我心里边也纳闷，他们几个是什么原因失明的？"

渐渐地，村子里出现了一种迷信的说法，说蒋正根妻子家的人之所以会接二连三地失明，是家里人做了什么不该做的事，遭到了报应。听到这些，蒋正根整天忧心忡忡，因为他担心将来自己的孩子也成为盲人。直到女儿小花降生以后，看着那一双清澈的眼睛，蒋正根悬着的心才算放了下来。让蒋正根欣慰的是，这些年来，聪明、活泼的女儿给他们的生活带来了不少欢乐。可是随着女儿一天天地长大，他的担心也在增加，村子里有关那个魔咒的传言又开始出现了。有人给蒋正根出主意说："看大夫看不起，那就看香香（注：香香是当地方言，跳大神的）。看得好这心病从此就去了，就算看不好，也碍不着你什么。"听到邻居们都议论这事，蒋正根心里越发地惴惴不安。后来就跟老伴儿商量，说是不是找个人给孩子姥姥家看看。老伴儿一开始不同意，后来心里也担心，说不行咱们就找个人看看。和老伴儿商量后，蒋正根开始四处打听，后来听说在 20 千米外的

站在一旁的蒋正根好奇地注视着她

东庄有一个叫何仙姑的人，据说她曾经到过阴曹地府，而且能自由往来于人间和阴间两重世界。蒋正根心想，也许这个人能够找出家里人失明的原因。

2. 狐妖缠身

这一天蒋正根来到了东庄，按照别人说的地址找到了何仙姑家。得到许可进了门以后，蒋正根发现何仙姑家里是什么都没有，就摆着两张破桌子，供着个香炉，跟他想象的不太一样。蒋正根把家里发生事情的详细经过跟仙姑诉说了一遍。等蒋正根把话说完，仙姑慢悠悠地从桌子上取了一炷香。可奇怪的是，那炷香她一连点了几次也没有点着。何仙姑故作惊讶地说："这香都点不着，这怎么回事呀？看来你们家的事还不小哇。"

听仙姑这么说，蒋正根的心里不免有些奇怪，这点香和家里的事难道还有什么关系吗？等何仙姑终于把香点着之后，她微闭双眼，嘴里似乎是在和谁说话。站在一旁的蒋正根好奇地注视着她。大约几分钟之后，仙姑道出了其中的

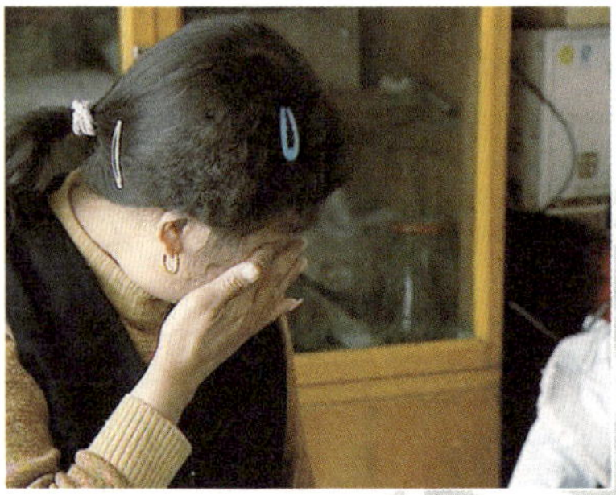

家人以泪洗面

仙姑听说小花失明后打算再度施法

何仙姑拿着剑围着坟头这儿捅捅那儿捅捅

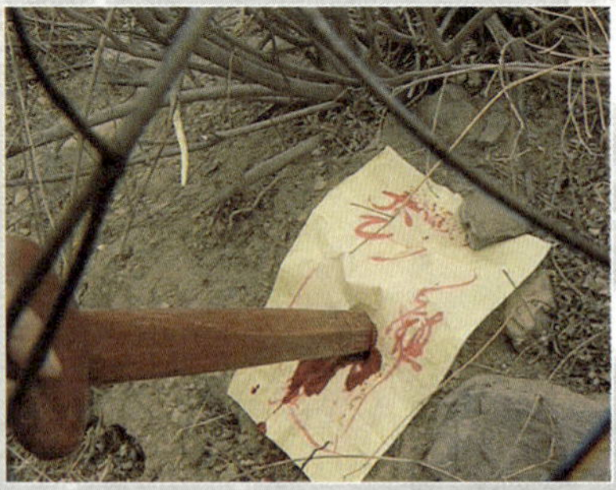

扎在宝剑下的黄纸上竟然显出了鲜红的血迹

原因："我这是上阴间去过了，你的岳父岳母在山上砍柴，曾经伤了一只狐狸，还把它那一窝小狐狸仔都给伤了，妖精就在他们的坟里转呢。你这是妖精缠身，你们家没准还有人瞎呀。"

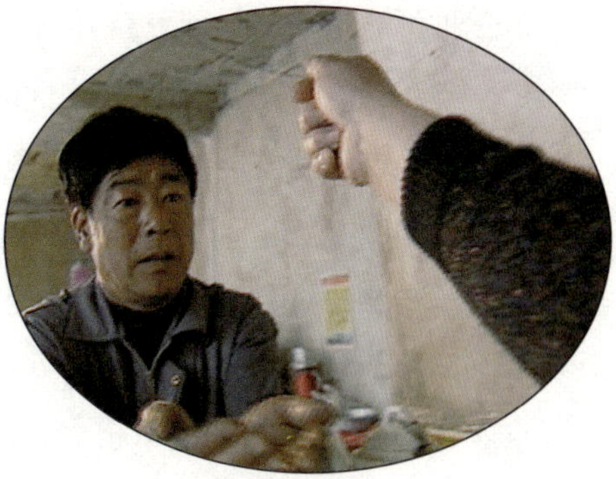

大约几分钟之后仙姑道出了其中的原因

蒋正根一听这话不由得大吃一惊，没想到，家里连连出事竟然是惹上了狐狸精。虽然他对仙姑的话并不很相信，可是想到女儿，他还是感到有几分不安。于是，他连忙向仙姑讨要破解的办法，仙姑对他说，要想破这个魔咒并不算难，只要全家人连吃三年素，不沾一点荤腥，狐狸精受不了这样的清苦就会到别人家去，到时候，小花的眼睛也就保住了。听了仙姑话，蒋正根给了仙姑200元的谢礼，忐忑不安地回家了。从那以后，蒋正根一家三口餐餐吃素，就指望着三年之后能把魔咒破解了，免去女儿失明的痛苦。

然而不幸还是发生了。这天上午，蒋正根的妻子正在家里为老伴和孩子准备午饭，忽然被门外一声撕心裂肺的叫喊惊呆了："他姨，快出来看，你们家孩子眼睛看不见了。快点出来看看吧！"正在田里干农活的蒋正根听说女儿的眼睛失明了，急忙奔回了家里。到家一看，女儿的眼睛果然看不见了。蒋正根就这么一个女儿，把希望都寄托在她身上了，没想到突然眼睛失明了，他难过得不知怎样才好。看着双目失明的女儿，蒋正根的心里焦急万分，急忙将女儿送往乡卫生院。到卫生院检查后大夫告诉他，这孩子是彻底失明了。对于蒋正根来说，这个打击是用语言没法形容的，他唯一的希望彻底破灭了。

那么，小花的眼睛失明到底是什么原因造成的呢？北京同仁医院眼科中心主任医师是这样解释的：这是一种遗传性眼病，从小花发病的过程看，可能有几方面的原因。一个可能是遗传性的视神经萎缩，这种病有一个典型的遗传的发病病史，一般都是患者到了三四十岁发病，视力逐渐下降，最后失明；第二种可能性就是青光眼，青光眼这种病也有遗传因素，可能家里几代人都会有；

第三种可能是由于眼球发育异常导致的一些眼部的并发症，最后导致失明。

小花患的肯定是一种遗传性的疾病，但是她到底是什么病，只有到医院做正规的检查之后才能够确定。但是，因为小花的父亲不尊重科学，轻信封建迷信，当出现问题之后，他不是想着带孩子去医院诊治，而是去找“仙姑”、“神婆”来解决问题。仙姑、神婆所使用的手段也够低劣的了，拿一根潮湿的香当然点不着，可是蒋正根就信，他也不想想，她家的香点得着点不着跟自己家有什么关系呢？所以说到底，还是蒋正根本人思想上出了问题，所以才会造成这样的结果。

邻居发现小花的眼睛看不见了

3. 黄符冒血

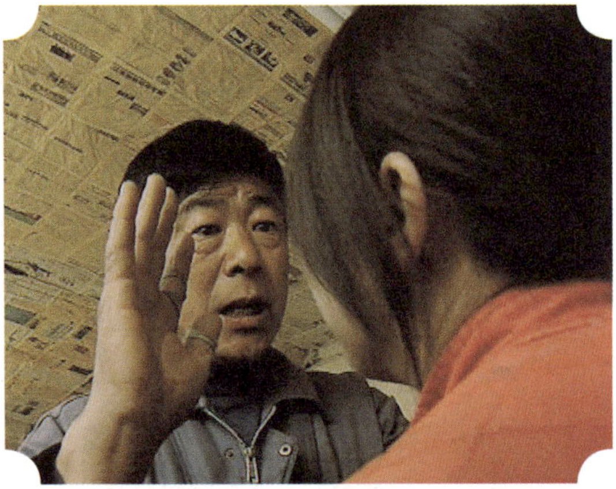

蒋正根发现女儿的眼睛真的失明了

按照仙姑说的吃素就能够好，可是吃了素小花的眼睛依然失明了，蒋正根心里难受，又一次去找仙姑了。他想问问，全家人一直都按她说的办法顿顿吃素，小花的眼睛为什么还是失明了呢？仙姑听说小花失明后先是一愣，然后马上紧闭双眼对蒋正根不理不睬。大约十分钟过后，何仙姑突然把眼一瞪，一伸胳膊，跟刚睡醒似的，张了一下口就醒过来了。仙姑说，刚才她已经到小花姥姥的坟地里去了一趟，那只狐狸精实在是太厉害了，要想驱除掉它还要另想办法。

听何仙姑这一席话，蒋正根的双腿不由得一阵阵发麻。他连忙恳求仙姑一定要想办法把坟地中的狐狸精除掉，到时候一定多给谢礼。仙姑这时候掐指一算：

“这么着吧，过三天我上你们家里去看看，咱们再上她姥姥那儿去看看她那坟。”

三天后，仙姑来到了小花姥姥的墓地，在坟前摆上了香炉准备做法除妖。只见何仙姑围着坟头，仿佛追着什么东西似的，拿着剑这儿捅那儿捅，转了好几圈，旁边的人都看呆了。忽然，何仙姑将一张黄纸猛地压在了坟堆上，紧接着，将摆在香炉边的那杯水喷在了木剑上。本来那张符是黄纸做的，可她的剑一扎到黄符上，就好像是有血冒出来似的。看见扎在宝剑下的黄纸上竟然显出了鲜红的血迹，蒋正根惊讶得说不出话了。这时候何仙姑大声叫起来：“快来快来，你看看这坟上有妖精，你看看都什么样子了，你们家的人老是瞎，都是你们这坟害的，这就是狐狸精闹腾的。”蒋正根留意了一下那张符，上面真有血，他

何仙姑微闭双眼，嘴里似乎是在和谁说话

心里百分之九十相信了。这时何仙姑又说：“这回把妖给你们除掉了。”蒋正根一听，心里特高兴。

仙姑在坟地里耍的那套鬼把戏，看起来是能够把人唬住，那么，这一木剑刺上去为什么纸上就会出血呢？北京京源学校化学教师孙清亚解释说：那不可能是鬼的血，其实是何仙姑在黄纸和水上面做了手脚。她所用的黄纸实际是用三氯化铁溶液浸泡过，然后晾干的，而她所喷的水，也不是普通的水，而是在里面加了某种化学试剂，这种试剂可能是硫氰化钾。硫氰化钾溶液遇到三氯化铁能够生成一种血红色的物质，当沾有硫氰化钾溶液的宝剑扎在黄纸上，三氯化铁溶液和硫氰化钾发生了反应，我们就看到纸上面出现了血淋淋的一片。

何仙姑坐在炕上不断地伸出双手，似乎在空中取药

小花的眼睛仍旧失明

其实这又是一个用化学反应来骗人的把戏。像何仙姑这种“神婆”她多多少少懂得一些科学知识的，但是蒋正根不懂，仙姑给他露了这手之后，他就被蒙住了。他上了“仙姑”的当了，紧接着何仙姑还会再骗他。

仙姑把坟地里的狐狸精“除掉”以后，蒋正根便把仙姑请回了家，他还另有一个小打算，希望仙姑能把女儿的眼睛给治好。可是仙姑说：“我是准备给你们闺女请点药，但是我这功力也费了好大半了，你们怎么也得给我点钱吧。”蒋正根忙说：“只要把我们这点病治好了，要多少钱我都给，香火钱不用您说。”何仙姑一听，也就答应了。

虽然仙姑答应要从药王爷那里为小花请药，但是，那药能不能治好女儿的眼病，蒋正根的心里一点底也没有。他看见何仙姑坐在炕上不断地伸出双手，似乎真的要从空中把药抓来，只听她口中念念有词：“药来药来药来，伸手拿来。”实际上她哪里会什么空中取药，只不过是趁蒋正根不注意的时候将随身带来的一粒药丸偷偷地捏在了手里。药“请”来了，是圆圆的小药丸。仙姑说这个药用开水沏了以后，点在孩子眼睛里很快就会好。接过仙姑给的神药丸后，蒋正根满心欢喜，连忙拿出 1 000 块钱递了过去。可是，到头来女儿的眼睛还是没有治好，蒋正根哭诉道：“花了这么多钱，就是盼着他们的眼睛都复明，结果到现在，女儿和她妈妈、舅舅、姨还那样，还是失明。现在我又背上了一身的债务，这不是雪上加霜吗？”

归根结底，还是蒋正根自己糊涂。二十多年前他的妻子以及妻子的弟弟、妹妹就陆续地双目失明了，到了后来，女儿也出现这种情况，可他就是没想到

仙姑施法

悲痛的蒋正根

要去医院做一个详细检查，也许及时去了医院，女儿的眼睛就能够保住了。可惜他没这么做，反而去相信那些巫婆、神汉，最后导致了女儿双目失明的可怜境地。所以，我们要相信科学，不能去相信那些迷信的东西。

（刘斯宏）

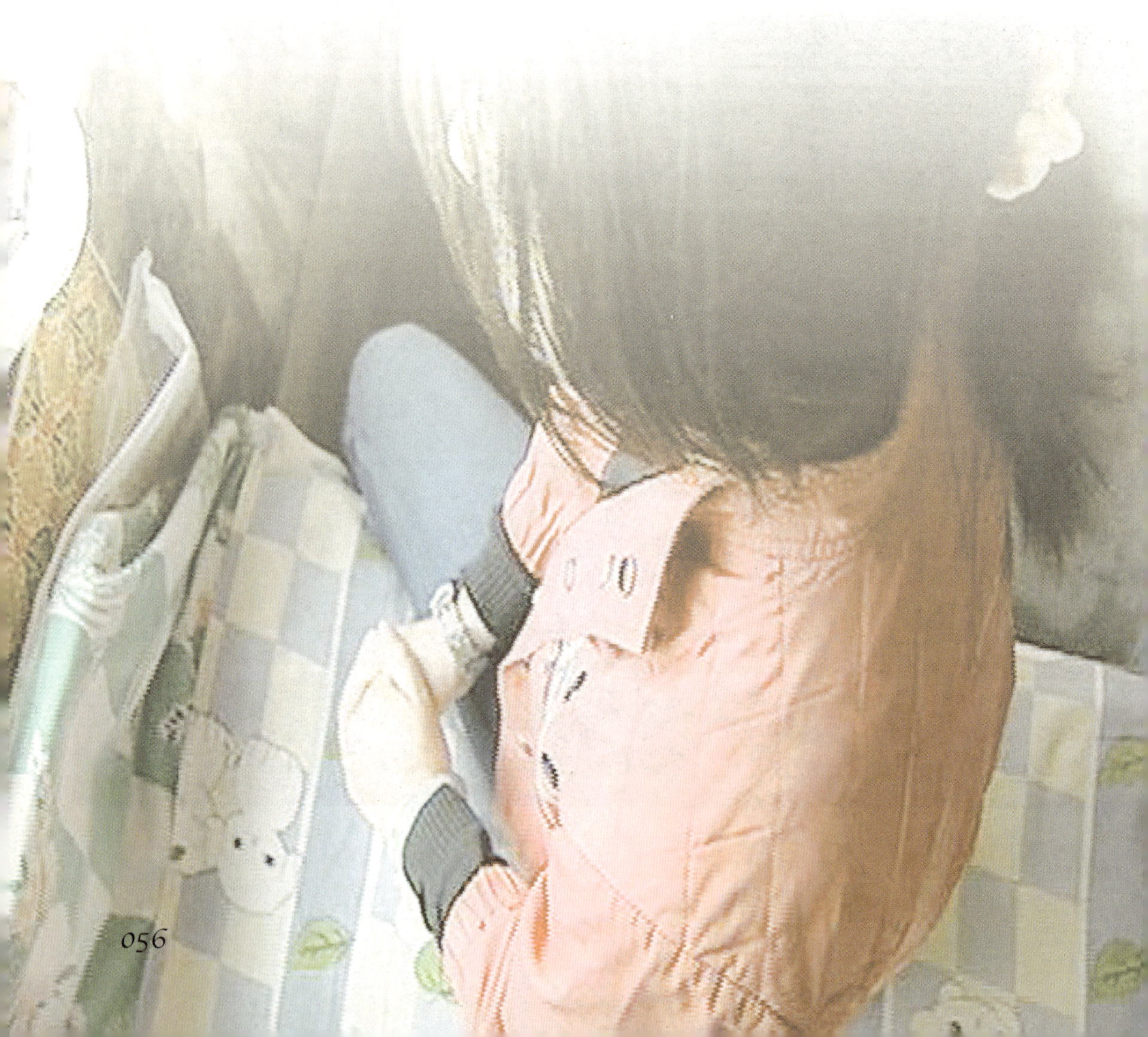

鬼打墙

生活中我们可能会遇到这种事情，比如这几天自己觉得状态不错，心情也好，遇到的也都是好事；可是如果心里有那么一点别扭，遇到很多事情都感觉非常不顺心，用老百姓常说的一句话讲就是喝凉水都塞牙缝。再加上大家多多少少都会信些吉利不吉利的东西，或者潜意识中有这种东西作怪，这时候就会认为自己遇到了晦气。在这种情况下调整自己的心态，也许事情很快就过去了；但是如果认死理儿，瞎琢磨的话，也许问题就变大了。这个故事的主人公就遇到了这样的事。

1. 夜遇“鬼打墙”

这一天，赵小燕同村的亲戚东强带着一个陌生人来到了小燕家里，他一进门就大喊：“燕子，我把人给你请来了，我从东村给你请个人……”可是看着那个陌生人在院子里东张西望的样子，赵小燕的心里觉得有些别扭。她说：“一走进院子里边，那个人就开始东张西望地一直看，左边看了看右边，眼神挺不正常，我

赵小庄从小失去双亲，是由姐姐一手带大的

据说捉鬼驱邪本事非常厉害的佟半仙

觉得有点古怪。”亲戚说，这个人可是邻县一个非常有名的人物，当地人都叫他佟半仙。据说他能捉鬼驱邪，本事非常厉害。今天是专为小燕的弟弟小庄的事才特意把他请来的。赵小燕听亲戚这样一说，连忙招呼客人往屋里请。

进到屋后，佟半仙并没有马上坐下，而是看了一眼躺在炕上养病的小庄，就歪着脑袋在屋里四处打量了起来。最后他在水缸前停了下来，好像发现了什么似的使劲往缸里瞧。瞧了一会儿，佟半仙开口说话了：“你这屋子肯定是有什么东西，我瞧着是有水鬼。我刚才这么转了一下，发现是水鬼在作怪，你要是有诚心的话，我就给你破解破解；你要是没诚心的话就算了，干我们这行就讲究一个‘诚’字，心诚则灵嘛。”

小燕觉得很惊讶，怎么可能有水鬼呢？她半信半疑地看着眼前这位大仙，蓦地想起一件事来，心里顿时一紧：难道家里的水鬼真是那个晚上招上的？

大约在三个多月前，赵小燕的弟弟小庄到县城里办事，回家的时候天已经黑了。为了能早点到家，小庄就穿过树林抄近路摸黑往回赶。当他穿过一条小溪，走进离村子不远的一个山坳里的时候，隐约听到身后发出了一种奇怪的声音，这时小庄的心里不免有些害怕，于是，他加快了脚步。可是没想到，原本半个小时就能走出的一个小山坳，小庄走了三个多小时仍然没有走出去。正当他心慌意乱的时候，突然，小庄的腿摔断了。

佟半仙说赵小燕的家里有水鬼，赵小燕心里不免紧张

赵小庄从小失去双亲，是由姐姐一手带大的，当姐姐得知他摔伤后，连忙从家里赶来。看着躺在炕上非常痛苦的小庄，姐姐既心疼又觉得有些蹊跷，她想：弟弟是不是遇着鬼打墙了？走着走着忽然迷糊

了，这不就是遇着鬼打墙了吗？

赵小庄当时是不是遇到鬼打墙了，他自己也说不清楚。可是那天晚上摔伤的经过却常常在他脑子里浮现。然而，事情似乎并没有完。赵小庄在炕上躺了3个月后终于可以下地走路了，这天上午，他小心翼翼地来到了外边，想要看一看姐姐替他喂养的那几只鸡。没想到，不幸再次发生了。赵小燕正在屋里收拾房间，突然听着外边“扑腾”一声，小庄大声喊叫起来，她赶紧扔下活往外跑。赵小庄在院子里摔倒了。赵小庄腿伤刚要养好又再次摔伤，这让他非常郁闷，联想到那次在山上遇到鬼打墙的事，他心里又开始七上八下地琢磨开了，似乎觉得冥冥之中有什么东西在和自己作对。他想：怎么一不注意又摔一跤，怎么那么背？他觉得自己很晦气。

小燕经常疑神疑鬼

佟半仙又回到屋里左看右看

赵小庄最近很晦气，不光他自己这么认为，就连住在同一个院子里的邻居老人似乎也感觉到了。有一天刮风，风把小庄晾在院子里的裤子给刮到邻居老人那边去了，老人因此发了很大的脾气。尽管小燕再三解释，可老人的气还是没消。一件衣服刮到老人家的门前，怎么会引来他这么大的怨气呢？赵小燕觉得，老人发火肯定还有别的原因，她想，老人一定是怕小庄的晦气传给他了。

这件事使赵小庄心里的疑虑又增加了，想着最近接二连三发生的事情，小庄姐弟俩的心里不免有些忐忑不安。即便是白天，小燕也经常疑神疑鬼，总是觉得有什么东西在悄悄窥视着他们。一连几天都是这样坐卧不安，他们开始琢磨着，要想个什么办法来改变这种状况。

看着躺在炕上非常痛苦的小庄，姐姐既心疼又觉得蹊跷

这天小庄对姐姐说：“躺在炕上以后

就觉得这么背，不行找个香香看看吧。”香香在当地方言里就是跳大神的。佟半仙就是香香，亲戚带他来就是要给小庄去去晦气。那晦气是从哪儿来的呢？小庄说恐怕是那次夜里鬼打墙遇到的。

鬼打墙究竟是怎么一回事？北京安定医院梁月竹主任对此是这样解释的：“鬼打墙”在心理学的领域内可以解释为，人当时处于一种意识蒙眬状态，对周围部分事物的感知还存在，但是另一部分感知却很模糊。遇到‘鬼打墙’的人会分不清方向，辨不清自己所处的位置，原本很熟悉的路途不知道应该怎么走了。由于这个人当时对周围的感知是模糊的，他不能判断，老是在原地打圈，而他这种情况别人又不能明白，很多人就把这种现象叫作鬼打墙，实际上就是一种意识模糊的状态。”

2. 水鬼托针

既然鬼打墙并不是真的有鬼挡路，世界上也没有鬼，可是当小庄出现了一次意识模糊以至于慌不择路把腿给摔伤的情况后，为什么又会出现第二次把腿

佟半仙歪着脑袋四处打量，最后在水缸前停了下来

摔伤的事呢？其实很简单，这是一个巧合。小庄的腿还没完全好，他就下地走路，难免会摔跤。如果心态好一点，自然也就过去了，可恰恰就发生了邻居老人和他姐姐吵架的那件事情，于是小庄就觉得心里过不去了，他觉得这是个事儿，要找一个跳大神的来给跳一跳、看一看，所以就把佟半仙请来了。佟半仙来了之后一看说了不得，原来是水鬼上身了。那该怎么解决呢？

针竟然漂在了水面上

为了证实赵小庄家确实藏着水鬼，佟半仙叫小燕从缸里打来一盆凉水放在屋外，随后又让赵小燕取了一根缝衣针。佟半仙接过针后，下意识地把针往头上蹭了蹭，然后口中念念有词地绕着水盆转了起来。赵小燕看着他一圈一圈地绕着盆子转，不知道他是要做什么。大约过了一支烟的功夫，佟半仙终于停住了脚步，指着盆里说道：“看着啊，针是你们家的针，水是你们家的水，你们看看发生什么事了。”赵小燕往盆里一看，那根针竟然漂在了水面上。她感到很惊讶，怎么针能漂在水面上，真是有点古怪。

这时候，佟半仙惊讶地对小燕说：“你们家的水鬼太厉害了，把针都托起来了，要不针在水里面能漂浮着吗？”小燕听他这么一说就有点相信了，于是她问佟大仙：“大师，你看我们这屋里有水鬼，你给我弟弟好好看看，有什么方法给我们治治？”

赵小燕看着针浮在水面上，当时就是一愣，因为她从来就没有想过，又细又滑的针怎么可能浮在水面上呢？于是赵小燕姐弟俩当时就有点信了，可能真的是有水鬼，要不然针怎么可能浮起来呢？至于针为什么能浮起来，专家是这样解释的：针可以浮在水面上，并不是因为神或者是鬼的作用，这主要是因为水具有一定的表面张力，当我们把针或者是大家认为一定会沉入水底的硬币轻轻地平放在水面上的时候，我们就会看到水面会凹陷下去一部分，凹陷下去的水面就会产生一个向上的力来托着这根针或者是硬币，让它不至沉入水底。这其实是一个很简单的物理现象，神汉只是利用了这个物理知识蒙骗当事人，达

盆子里边砰一声，一股烟冒了出来

佟半仙叫小燕从缸里打来一盆凉水放在屋外

佟半仙口中念念有词地绕着水盆转了起来

到他骗钱的目的。不仅如此，佟半仙在使针浮在水面上之前，曾经绕着水边儿来回地走，这也是有一定道理的。农村院子里的地都是土地，来回一走，暴土扬尘的，肯定有很多灰尘浮在了水面上，形成了一层很薄的水皮儿。佟半仙又不停地拿针在自己头上来回地蹭，蹭了好多的油，然后再往上一放，自然这根针就浮在上面了。

3．半仙斗水鬼

佟半仙见“水鬼托针”的戏法已经让赵小燕相信家里确有水鬼，于是他又回到屋里。这时，小燕小心地问怎样才能把水鬼除掉。

佟半仙告诉小燕，她家的水鬼厉害得能把针都托起来

佟半仙叫她点香，她也不知道怎么搞的，就是控制不住自己，拿香点上了。佟半仙又叫她烧三炷香，北边一炷，灶台上一炷，水缸根一炷，后来半仙又让她跟着自己叨念，她也照做了。佟半仙见赵小燕言听计从地插完了三炷香，知道赵小燕已经完全被他控制住了，便说：“鬼我给你查出来了，拿1 000元吧，看你们也挺诚心

的。”小燕一听要拿1 000元，自己确实是没有这么多，就问能不能少要点。佟半仙有点不高兴了，说：“1 000元还多呀？”看小燕实在是困难，没有这么多钱，他叹口气说：“那这么着，拿500元，少一分钱我也不给你办了。”并说：“这500元我也不花，我得去安排鬼神，买点香火给他们送送。”

佟半仙把500元收起来后，又重新回到院子里。看样子，他是要准备设法除掉水鬼了。赵小燕静静地站在一旁，她不知道佟半仙怎么除掉水鬼。只见佟半仙慢慢悠悠地用手指一指地砖，嘴里边还一个劲地叨咕着。后来他又用手一指盆子，里面突然出来个东西，在盆子里边晃来晃去，只听佟半仙大喝一声：“往哪里跑！”小燕一看，水鬼真出现了。在盆子里边真是有水鬼，佟半仙正在跟它斗。看着突然漂浮在水面上的那个东西，赵小燕觉得连呼吸都困难了，没想到，自家的水里还真有鬼。可是，正当她要仔细看看的时候，水面上那个东西又忽然消失了。

这时候，佟半仙又重新回到屋里对小燕说，刚才看到的就是藏在她家里的水鬼，正在和他运功斗法，水鬼凭借着巨大的魔力，并不愿意轻易离开，除非请天上的神兵来帮忙。可是，要请神兵还要付出点代价。小燕听了这话，一狠心一咬牙，又掏出了500元。

等赵小燕给了钱后，佟半仙才亲手点燃了香，对着空中拜了拜。然后，像先前一样围着盆子又转了起来。忽然，那奇怪的东西又出现了，紧接着，让赵小燕意想不到的事情出现了，盆子里边“砰”的一声，一股烟冒起来。

随着爆炸声，原来在水面上漂动的那个东西已经不见了。在惊恐之余，赵小燕庆幸藏在家里的水鬼已经被“大师”除掉了，而弟弟小庄的厄运从此也就该解除了。

佟半仙说：“你看这鬼多厉害，我已经把它除掉了。你放心，你们家里的‘水鬼’已经被驱除出去了，我用的法术你也看到

赵小燕言听计从地插完了三炷香

佟半仙收了500块钱说是要去安排鬼神

佟半仙慢慢悠悠地，用手指一指地砖

盆子里面突然出来个东西，小燕真是惊讶

了，我的法力也差不多了，我也走了。别送出来，出大门就不行了。”

佟半仙走了之后，小庄的腿依然不好，跟以前一样。小燕就琢磨，鬼已经给消除了，怎么还是这个样子？她想肯定是自己受骗了。可是为什么针在水里能漂起来，水里又怎么能着出一股火来？这点她始终有点不明白。

赵小庄姐弟俩最后终于知道自己上当受骗了，但是到底被骗在哪儿呢？还是一知半解。那个能够在盆子里跑、还能爆炸的白色小球是怎么回事呢？从现象上看，放在水里面的东西很可能是钠。钠是一种非常活泼的金属，它能和水剧烈反应，产生大量的氢气，并且放出大量的热，由此产生的氢气还能燃烧，还可能会发生爆炸，所以才会出现小燕看到的现象。

其实佟半仙就是偷偷地往水盆里扔了一块钠，第一次扔块小的，第二次扔块大一点的，一旦爆开了就说是水鬼被除掉了。就是因为赵小庄姐弟俩心目中太迷信了，所以忽略了很多东西，对骗子佩服得五体投地。幸好这场骗术及时地被揭开了，揭开之后，姐弟俩才恍然大悟，原来就是这么简单的事。生活当中，您别看就是这么简单的骗术，往往最容易让人上当受骗。

（刘斯宏）

蛇妖缠身

人生总是有一个曲线，就好像我们的身体一样，从婴儿期到青春期再到成年，当达到一个顶峰后就开始走下坡路。也就是说，人到中年以后，我们身体的各个器官就像汽车的零件一样，用久了自然有磨损，各种疾病就会找上门来了。得病其实也很正常，到医院找医生看一看就可以了。可是，这个故事的主人公得了病之后，没有去医院找医生，而是让老伴找来一个神秘的人物。

1. 杀鸡取血

时过中午，张翠萍忧郁地坐在家里，想着三天来家里先后发生的事，心里总是觉得不踏实。她心里想着，二嫂要找的那个仙姑能把老伴的病治好吗？“来了，来了。”听到二嫂的声音，张翠萍急忙从屋里迎了出来。看见二嫂真的把仙姑给请来了，她的心里似乎踏实了很多，连忙把客人往屋里请。仙姑进了屋也不说话，东张西望的。张翠萍心里

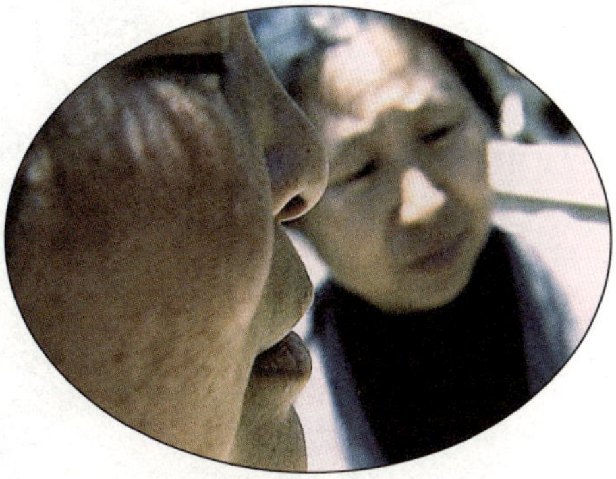

张翠萍忧郁地坐在家里

纳闷，院里什么也没有，她在找什么呢？进了屋后，张翠萍感觉仙姑的神情开

始变得凝重起来，在厨房里，仙姑似乎发现了什么。她指着墙角一个地方说：“你看，你们家那边有一个洞，就是‘蛇妖’闹的，这‘蛇妖’妖气可不小。”听仙姑这么一说，张翠萍不由得吓了一跳，她怎么也没有想到自己的家里会有“蛇妖”。这时又听仙姑说道：“你们家老头的病是‘蛇妖’缠身，上身啦！”看仙姑说话时那凝重的表情，张翠萍的心里七上八下，惊讶得简直说不出话来。可是，张翠萍为什么要找这个仙姑到家里来，这事情还得从四天前说起。

那天上午，张翠萍干完地里的农活回到家里，透过玻璃窗，她看见老伴李通还在炕上躺着没有起床。此时的张翠萍以为老伴是在睡懒觉，她没有想到，不幸正在等待着她。她回忆说：“我一看他的手在床边耷拉着也不动，也没理我，我就喊他，他还是不理我，我就推他。”张翠萍这才发现，老伴的床边有一滩呕吐物，她突然意识到，老伴今天并不是在睡懒觉，而是已经昏迷不醒了。李通老汉病倒了，从那以后他都是神志不清地昏睡在床上。这突如其来的打击，几乎快把张翠萍给搞懵了。她想不明白，老伴怎么会突然病得这么厉害呢？他以前的身体可是一向很好的，这么多年了，从来没见他吃过药，也没怎么得过病。所以老伴这一病，张翠萍觉得心里挺着急，没着没落的。

张翠萍发现老伴已经昏迷不醒了

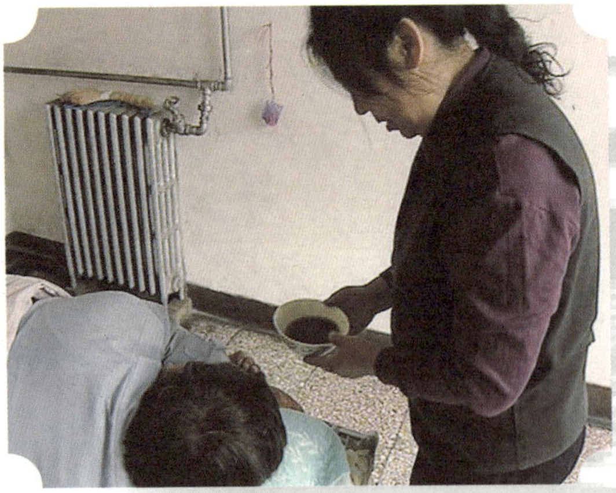

突如其来的打击，几乎快把张翠萍给击懵了

张翠萍住的南洼村是一个只有几十户人家的小山村，与外界的交通非常不便，村子里甚至有人一辈子也没有去过县城。倘若是把老伴送到县医院去，张翠萍又担心老伴承受不了路上的颠簸。她的两个孩子都在外边打工，所以只能找热心的街坊帮着她出主意。住在村西头的六婶知道李通生病后给了张翠萍一个偏方，说这个偏方已经治好了很多人的病了。拿到偏方后，张翠萍的心里升起了一线希望。可是她不知道，老伴的病也就这样被耽搁了。据六婶说要买个大公鸡做药引子，而且得找一个全和人杀鸡。所谓全和人，就是上有老、下有小，闺女儿子都有，老婆也有，这就叫全和人。于是，他们找来了这么个人，请他杀鸡用鸡血做药引子。在当地一些村民看来，公鸡可以通神、辟邪，人们常常在一些祭祀活动中杀公鸡敬神，而杀公鸡的任务往往由村里德高望重或者全和人来完成。请来的全和人替他们杀鸡取血之后，张翠萍双手捧着公鸡来到门口，祈求上苍保佑老伴儿的病赶快好起来。可是两天过后，李通老汉的病不但没见好，反而加重了。这时候张翠萍着急了：“怎么人家吃了都好，我们吃了就不好呢？这到底是怎么回事呢？”

既然偏方没有奏效，老伴的病情又一天比一天严重，张翠萍心急如焚，她开始琢磨着还是得把老伴送到医院。正当她准备找人帮忙送医院的时候，正好遇见娘家二嫂来看望他们。进到屋后，二嫂看着昏睡在床上、面容憔悴的李通，神秘地拉着张翠萍又走出了房门，对她说：“我听人家说有个什么仙姑，特别灵，正常吃药都不行的找她就能治好。要不咱们想想别的法子，找那个仙姑给看看。”听二嫂说请仙姑也许能治好老伴儿的病，抱着一线希望，张翠萍送走了二嫂，就等仙姑上门来了。

张翠萍双手捧着公鸡来到门口，祈求上苍保佑老伴的病赶快好起来

张翠萍遇见来看望他们的娘家二嫂

仙姑说病是藏在家里的蛇妖给闹的

仙姑念念有词

仙姑拿着一张黄纸在院子里挥来舞去

仙姑紧紧捂着那件衣服来到院子里

李老汉今年 60 多岁，身体有些发胖，可是也没什么大病，但这一次却突然昏迷不醒了。这是怎么回事呢？北京大学首钢医院神经外科主任任志平分析说：“从发病情况看，很可能是高血压脑出血。脑出血一般都发生在中老年人，是比较多见的，而且中老年人多数都有高血压，有动脉硬化，所以发起病来也比较凶险、急剧，尤其脑出血的病人，可以有严重的意识障碍，出现呕吐以及血压、脉搏、呼吸的变化。”心脑血管疾病对于老年人来说是非常危险的，这个时候应该把病人及时送到医院进行正确的治疗，然而李老汉的老伴儿却没这么做，她反而相信那些偏方、验方，甚至到最后干脆要找一个“神婆”来给自己的老伴儿治病。

2. 蛇妖显形

听仙姑说老伴儿的病是藏在家里的“蛇妖”给闹的，张翠萍心里将信将疑。

仙姑似乎早就看出了张翠萍的想法，为了打消她的疑虑，让她相信家里确实藏着“蛇妖”，仙姑说出了一个验证的办法：“我给你们把这‘蛇妖’打出原形来，那时候你看见就相信了。”

仙姑让张翠萍在院子里点燃了一炷香，而她自己则念念有词地从兜里掏出了一张黄纸。她拿着那张黄纸在院子里挥来舞去，最后将黄纸一把拍在了香炉旁边，说：“我已经把‘蛇妖’拘在这黄纸符上了，这回我把它打出原形，你信不信？”“信！”张翠萍答道。

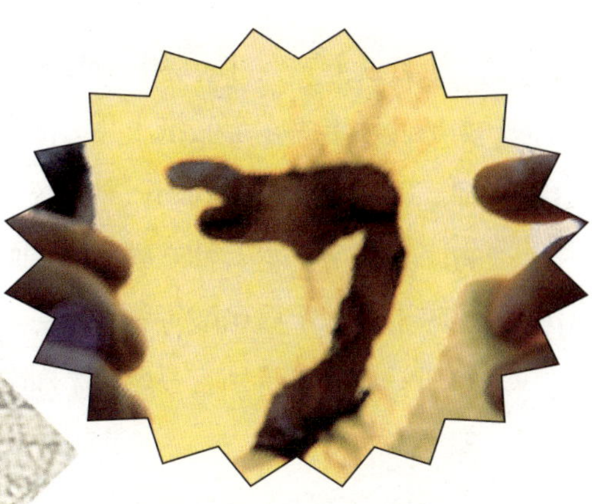
黄纸上真的现出了一条蛇的样子

仙姑一把把衣服摔在了地上

仙姑不断地说需要请天上的神火帮忙才行

听仙姑说能用这张普通的黄纸让“蛇妖”显形，张翠萍虽然嘴里表示相信，可她的心里却还是有些嘀咕。可是，接下来的事情令张翠萍万万没有想到。只见仙姑把那张黄纸放在香火头上，黄纸很快被烫出了一个洞，随着黑洞不断地扩大，黄纸上真的现出了一条蛇的样子。张翠萍看看仙姑，又看了看黄纸上出现的蛇形，她简直被眼前的事情惊呆了：把纸符在香上一点就真的出现了一条蛇的形状，拿一张纸烧怎么能烧出那个形状呢？这肯定是真的，准是有妖气。张翠萍亲眼看着黄纸上现出的蛇形，她顿时觉得有些毛骨悚然。这样看来，家里面真的藏有“蛇妖”了。她没有想到仙姑就是厉害，这一来就让藏在家里的“蛇妖”给现形了。

黄纸上怎么可能烧出东西来呢？北京京源学校化学教师孙清亚解释说：“其实是仙姑事先在那张纸上用一种化学药品画出来的，那种化学药品应该是硝酸钾。硝酸钾是造火药的一种成分，在化学上是一强氧化剂，也是一种助燃剂。它比较易溶于水，仙姑就是用硝酸钾溶液在纸上面画出那条蛇的形状，然后把它晾干。晾干后硝酸钾颗粒就附着在纸上了，这样的纸一旦遇火，附着硝酸钾的那一部分就特别容易燃烧。仙姑就是利用人们不太了解的一个科学知识来欺骗大家的。”

至于为什么仙姑到了张翠萍家之后没有先进去而是四处东张西望，仔细地打量，她在找可以帮她圆谎、可以让她利用的东西。比如厨房墙角有个窟窿，就被她说成是蛇出入的通道。其实就算厨房墙角没有那个洞，她照样也会找别的东西为她的骗术增加几分可信度的。

3. 神火焚妖

仙姑用黄纸让“蛇妖”显形以后，张翠萍开始相信仙姑的话了，她连忙恳求仙姑除掉“蛇妖”。可是，仙姑似乎并没有听到张翠萍的请求，只是闭着眼睛一个劲地叨念着什么。张翠萍见仙姑并不理睬她，于是有些着急，她央求道：“只要给我们治好怎么着都行，你说什么条件我也依你，你费费心，只要给我们治好，哪怕让我给神仙磕头，我都愿意。”张翠萍

放在地上的那件衣服自己着了火

见仙姑仍旧是闭目不语，她不明白仙姑到底是什么意思？在二嫂的提示下张翠萍连忙取了七百块钱塞给了仙姑。仙姑收了钱，这才答应除掉“蛇妖”。大约半炷香的工夫之后，仙姑才转身重新回到了屋里。只见她在屋里这儿抓一下，那儿抓一下，这儿敲一下，那儿也敲一下，张翠萍没看见过这种场面，着实吓了一跳。

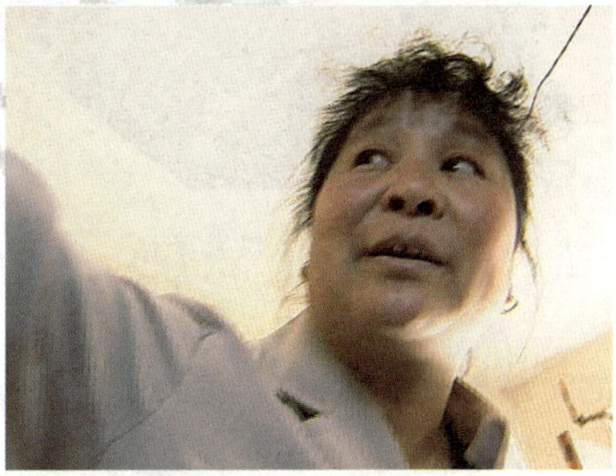
仙姑嘴里说着马上要用火除妖

仙姑挥动着双手，似乎是在驱赶捉拿着“蛇妖”。站在旁边的张翠萍，时而好奇地看着仙姑的举动，时而关切地注视着老伴的反应。仙姑在屋里折腾了半天，突然，她将一件衣服紧紧抓到手里。仙姑说把这个妖怪给捉到衣裳里了。听仙姑说藏在家里的“蛇妖”已经被捉住了，张翠萍赶紧跟着仙姑一起来到了屋外，想亲眼看看仙姑把“蛇妖”除掉。只见仙姑紧紧捂着那件衣服来到院子里，先是一下一下地向天空挥动着，然后，一把把衣服摔在了地上。她说：“待会儿我就烧了它，你们家的病也就好了。”张翠萍说给她拿火柴去，她说不用。仙姑虽然嘴里说着马上要用火除妖，可是她站在那儿就是不动手。张翠萍一看不明白怎么回事，赶忙问仙姑到底该怎么办？仙姑不断地说这个“蛇妖”很厉害，需要请天上的神火帮忙才行。张翠萍似乎明白了仙姑的意思，无奈又给了仙姑 300 元。这时候，仙姑才让张翠萍点燃了一炷香，而她自己又围着衣服扭动起来。忽然，放在地上的那件衣服自己着了起来。张翠萍简直不敢相信自己的眼睛，暗暗佩服仙姑那高超的法力，心里在想这回老伴儿的病应该就要好了。果然，仙姑说再有半个月二十日李老汉的病就好了。送走

仙姑挥动着双手，似乎是在驱赶捉拿着蛇妖

仙姑突然将一件衣服紧紧抓到手里，说把妖怪给捉住了

仙姑之后，张翠萍满心欢喜地等待着老伴能很快好起来。可她怎么也没想到，三天后，李老汉却去世了，这是她万万想不到的。为了给老汉看好病，她想了各种办法，但唯一没做的就是把老人送到医院去及时地救治，耽误了最宝贵的抢救时间。所以，迷信有的时候不仅仅是谋财这么简单，它还会害命。

可是，那件衣服是怎么燃烧起来的呢？专家解释说："我们知道衣服在空气里面是不会燃烧的，所以那件衣服一定是让仙姑做了手脚，比如在衣服里面放了某种容易燃烧的物质，这种物质可能是白磷。我们知道白磷的着火点只有 40 摄氏度，放在空气里面就能够缓慢地氧化，在氧化过程中释放出热量，当热量导致它的温度达到 40 摄氏度时它就燃烧起来了。所以仙姑求仙请神火迟迟不肯动手，其实就是在拖延时间，在等待白磷自燃，然后把衣服点燃了。"这个所谓的仙姑展示的"蛇妖"现形、神火焚妖都只不过是利用了一些物质的化学特性、物理特性演示出来的化学实验而已。可是张翠萍就是因为太过迷信了，所以就上了别人的当，不仅赔钱还搭上了自己老伴儿的性命，真是得不偿失。因此迷信这个东西还是要彻底从根上杜绝。

（刘斯宏）

夜半“鬼剃头”

几十年前的一个恐怖之夜，一座宁静的村落突然遭受了神秘力量的侵袭，一夜之间几百位村民，头发不剪自掉，遭遇了“夜半‘鬼’剃头”。

在20世纪60年代的时候，我国贵州省黔西南州的一个小村子里发生了一件非常离奇的事情。这件事情是这样的：当地的村民们晚上睡觉，一觉醒来，却发现自己的头发，就像摘了发套一样，整整齐齐地就放在自己的枕头上；或者起床之后对着镜子一梳头，头发就像摘头套一样整个脱落下来了。这件事情实在是太奇怪了，听的人怎么都觉得是在听鬼故事一样。但这是一件的的确确曾经发生过的事情，而且在当时谜案未破解之前，这个村子还一度被人称作为“鬼剃头”村。

1. 诡异的“鬼剃头”

四十多年前的一个寂静的黎明，贵州省黔西南州兴仁县回龙村村民周正中起床之后，正在清扫庭院，突然一声恐怖凄惨的叫声从母亲房间传了出来，周正中扔掉扫帚，冲进母亲的房间，眼前的一幕让他

这个小村子位于我国贵州省黔西南州

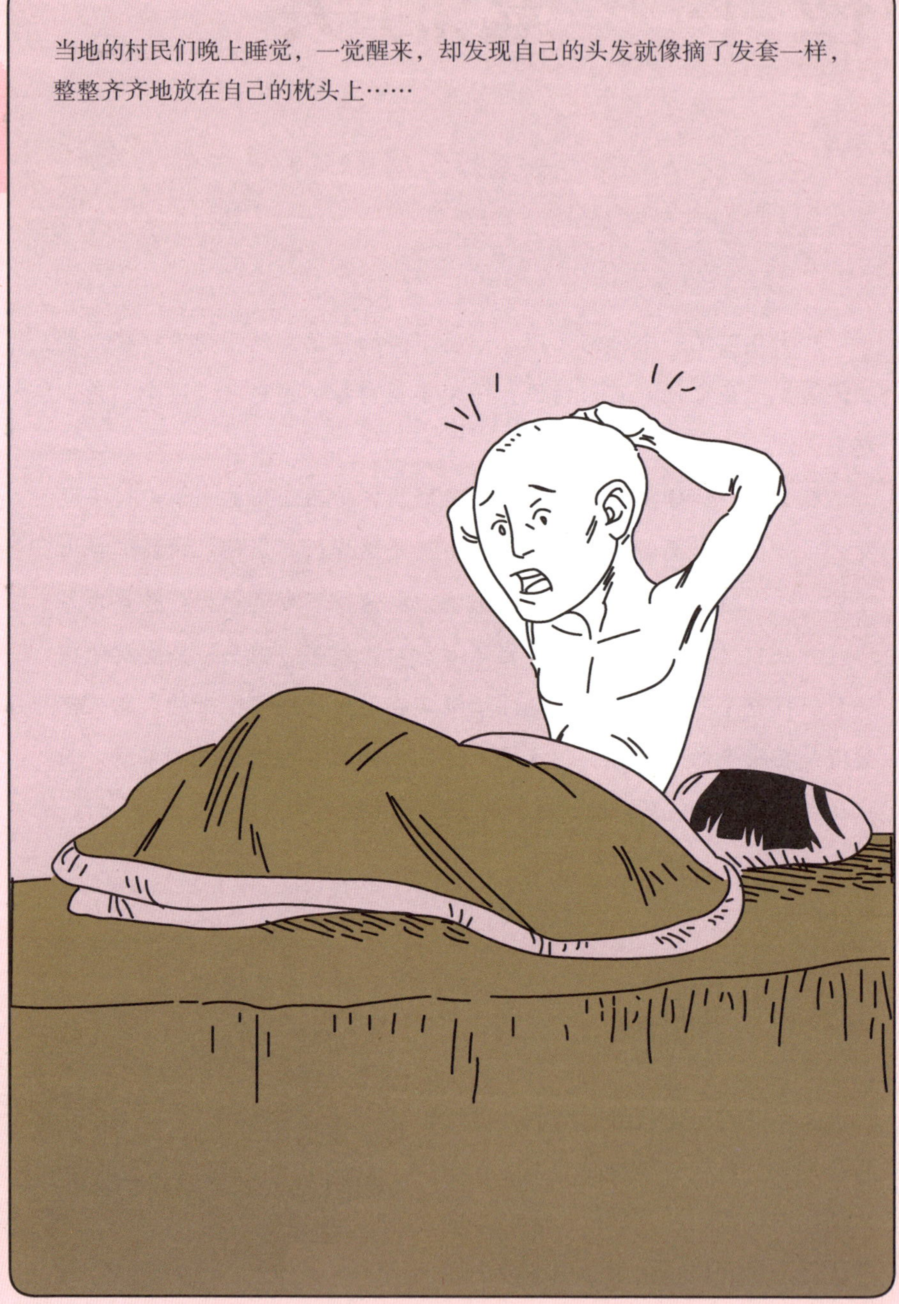
当地的村民们晚上睡觉，一觉醒来，却发现自己的头发就像摘了发套一样，整整齐齐地放在自己的枕头上……

大吃了一惊：只见自己的母亲蜷缩在床边，惊恐地注视着床头一堆黑色的东西。周正中仔细一看发现，床头的那堆黑色的东西竟然就是母亲在一夜之间脱落的头发！

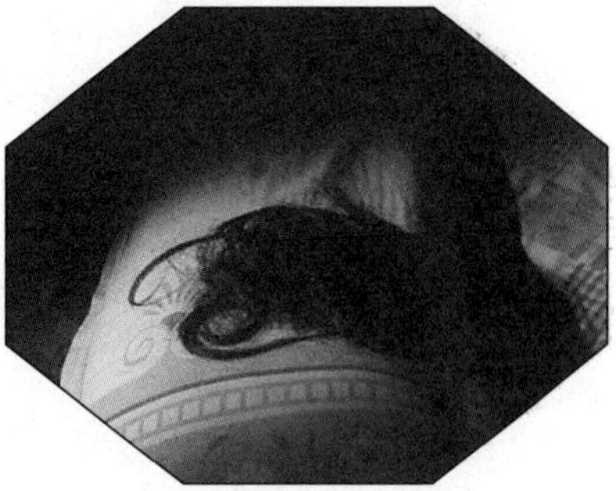

床头那堆黑色的东西是在一夜之间脱落的头发

周正中事后回忆：母亲头天晚上的那些头发全部都是好好的，到第二天睡醒起来，她就一挠，头发全部都脱下来了，落在枕头上。她就哭了，一哭眼睛就跟着瞎了。我们的头发也跟着掉了，到后来确实脱光了，不晓得是怎么回事。

周正中平静的生活，被这突如其来的异常现象打乱了。母亲的头发为什么会突然大面积脱落呢？然而，还没等他弄清楚原因，一个更加恐怖的状况出现了。

几天之内，周正中一家 6 口，无一幸免，全部出现了夜半落发的状况，与此同时视力也开始迅速地衰退，几周之后就完全失明了。

周正中家的诡异症状出现后不久，回龙村其他的村民也开始接二连三地出现头发不剪自掉的症状。在发生人群中男女老幼都有，并无性别和年龄界限，有些家庭一人出现脱发，其他成员也都开始接着脱发。更加可怕的是，头发的脱落往往只是发生在一夜之间，这种致人夜半脱发的神秘力量到底是什么呢？

村主任回忆道："当时不知道是怎么回事，普遍发现掉头发，这是特别明显的症状；就是晚上头发好好的，第二天头发就不在了，比刀剃得还光。老百姓都很恐慌，认为是有了'鬼病'，农村的人还相信鬼、相信神，有的就请大仙看，说我撞见鬼了，头发掉光了，眉毛也掉了。"

不明原因的夜半脱发现象和不断增多的发病人群，让整个村庄都笼罩在恐惧之中。为了驱除这种传言中笼罩在回龙村上空的"鬼病"，村民们在房屋大门上挂上了红布条和符咒，甚至在房屋的中间摆设了祭坛，每日烧香祷告，乞求这种在夜晚出现的诡异事件早日烟消云散。回龙村到底发生了什么？这种夜半脱发现象真的就是村民们所说的"鬼病"吗？

当地村民都认为自己是撞鬼了，招惹鬼了，鬼半夜把自己头发给剃掉了。

其实在我国的民间一直有“鬼剃头”这种说法，说的是：人在走路的时候，不小心遇到了四处游荡的孤魂野鬼，如果冲撞了他们，或者是表现出了不敬的态度，这些顽皮的小鬼晚上就施以薄惩，偷偷地把你的头发给剪掉，让你颜面扫地，使你记住这个教训。民间就把这种现象称之为“鬼剃头”。在科学日渐昌明的今天，我们知道这是一种迷信的说法。可是回龙村的村民，有一半的人都在半夜之间出现了这种落发的现象，这个“鬼剃头”到底是怎么回事，又是怎么产生的？回龙村的村民半夜落发的现象是不是就是民间老百姓说的“鬼剃头”呢？

2. 民间“鬼剃头”＝斑秃？

一般人们将头发不明原因的脱落现象，称之为“鬼剃头”。由于这种落发现象多半发生在人们睡梦中，在毫无感知的状态下发生，并无任何预兆，人们把这种现象归结为鬼神作怪。随着现代医学的发展，“鬼剃头”现象发生的病理特征，早已被医生们所掌控。

皮肤科医生：“老百姓说的‘鬼剃头’其实就是斑秃。在皮肤科门诊中是十分常见的，其主要原因是头皮表皮以下的毛乳头突然萎缩掉了，组织病例可以看到一些细胞有浸润，有时候看到表皮变薄，现在认为可能是一个遗传过敏或者免疫医学现象。”

头发全部都脱下来落在枕头上

根据医生的介绍，民间传言中的“鬼剃头”，其实是一种比较普通、常见的皮肤毛囊组织病变。出现“鬼剃头”现象的患者，往往只是单一个体，不可能出现像回龙村那样的群体脱发；更为主要的区别是，斑秃不可能使人致盲，而在回龙村，村民在脱发之后不久，双目也会失明。这又是为什么？回龙村到底发生了什么呢？难道在这个宁静的村落中，真的存在着某种神秘的能量吗？

记者调查了当地村民。

记者：“当时落发的速度快吗？”

老奶奶：“快，两天里落得干干净净。”

记者：“落的时候，是在晚上不知道的情况下落的？”

老奶奶：“谁晓得。”

记者：“什么时间落的，不知道？”

老奶奶：“不知道。落了就感觉惭愧。好像你没有头发了，有些不方便，还有一种人当着面不说，背着面说，你听到这话心里是很难过的，卖东西人都不要。”

回龙村发生的神秘事件，引起了当地政府和卫生部门的高度关注，没过不久，一支医疗卫生考察队就来到了回龙村，调查离奇落发事件发生的前前后后。

村主任：“当时遇到这个病，大家不知道是什么病，上面就派了贵阳地化所的专家，省里面的有关单位的专家，包括医学院等等。那个地方是一个汞矿区，大家就怀疑汞元素中毒的可能性比较大。”

回龙村旁边这座并不是很高的山，叫灶巩山，从清朝康熙年间，这里就探明含有大量的金属汞。20世纪80年代以前，这里一直有人开采汞矿，金属汞也是一种剧毒的金属。在回龙村的“鬼剃头”事件发生之前，村里的主要劳动力基本都在从事汞矿石开采工作，那么，诡异的夜半落发事件，会不会是当地的汞矿开采引发的汞中毒事件呢？

调查组成员：“汞不导致脱发，这是最主要的区别。人体内汞如果多了，中毒就厉害了。但它也不影响视神经，一点也不影响。”

起床之后一梳头，头发就落下来

对着镜子一梳头，就大把落头发

头发像摘头套一样整个脱落下来

女人惊恐地注视自己的头发

头发掉落的速度很快

3. 是铊元素中毒

在对回龙村的历史资料的了解中，并没有关于开采汞矿而引发中毒的事件，这种群发性的脱发和致盲症状在1960年首次出现。回龙村夜半脱发事件的原因到底会是什么呢？调查人员对当地发病人群的头发血液以及当地环境中的水源、土壤等进行了取样，在对这些物质进行分析之后，调查人员发现了一个十分奇怪的现象。在这些样本中，无一例外地发现了一种特殊的物质。专家们将在回龙村各种样本中的神秘物质送到了中科院地化所进行分析比对，得出的结果出人意料。原来这种暗藏在当地村民体内和自然环境中的神秘物质，居然是一种自然界极为稀少的稀有元素——铊。

调查组成员："取了病人的头发、尿，此外还取了当地的土壤，对当地的水源，包括粮食，都做了化验。回龙村村民人体头发内的铊含量高于正常人，是正常地区人的25倍，尿液中的含量高于正常人的25倍左右，水源和土壤的铊元素的含量显著高于非病区。"

调查人员在回龙村村民的体内和周围的环境当中，意外地发现了一种稀有金属——铊。铊这种金属是1861年才被发现，在地壳当中的含量很低，大概只有十万分之三。经过研究之后了解到，人如果误食了含有铊元素的水或者食物之后，会导致外周神经受到损伤，具体来说也就是毛囊萎缩，最后头发会急性或者慢性地脱落。另外，再严重点会导致视觉神经受损，人会失明，最严重的就是死亡。把前人的研究成果和当时回龙村村民的这些怪病的特征一一进行对比之后，发现完全吻合。但是这又让人觉得非常奇怪了。我们已经认定，回龙村村民得的怪病肯定是由金属铊引起的，但是在地壳当中含量非常低的金属铊，是怎么跑到回龙村这个地方来的呢？

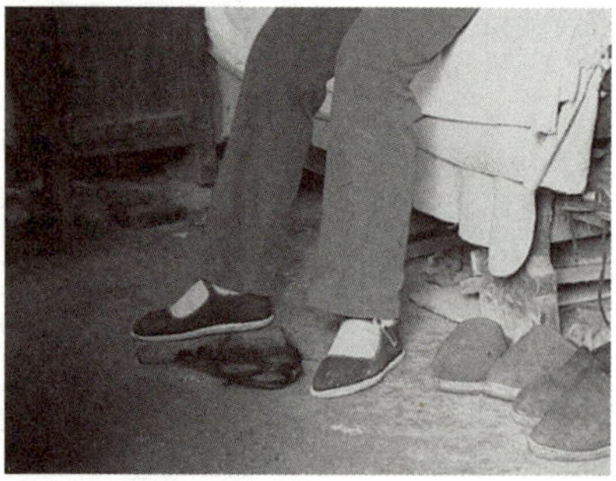
两天头发就落得干干净净

回龙村为什么会突然出现剧毒金属元素铊呢？村民体内和当地自然环境中的铊

元素又是从何而来呢？如果说这些铊元素原本就已经富含在回龙村的自然环境之中，为什么在 1960 年以前，回龙村并无铊中毒的现象发生呢？但如果说这些剧毒元素是后来才在回龙村出现的，那它们又是怎么来到这里的呢？这一切无法解开的谜团，让当时参与调查的专家们迷惑不已。

头发不剪自掉

调查组成员："我们当时的医疗科技水平很差，参考资料很少，为什么会发病，这个稀有元素铊从什么地方来？我们主要研究的是这些问题。因为病因已经确诊了，就是铊中毒，卫生部也同意了这个看法。"

回龙村地形狭长，处在群山之中，根据地质勘探人员反映，回龙村所在地是一个多金属元素的矿区，地质结构十分复杂。村落中间贯穿着一条小溪，小溪两侧有三口水井，这些水井曾是当地村民的主要饮用水源，在当地采集到的水源样本中，调查人员无一例外地发现不同比例的铊元素。这几口世代哺育回龙村人的清清河水井，会不会就是造成"鬼剃头"的真正元凶呢？

调查组成员："我们对当地所有的水井都做了分析。大家共同饮这些水井的水，如果只有一个致病因素，为什么大家都喝，有人发病，有人不发病？所以水没有问题，三口井我们都做了检测，铊元素的含量都不是很高。"

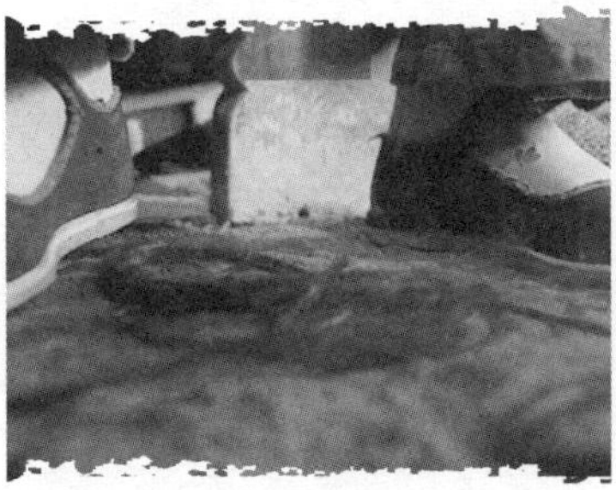

头发落得整整齐齐

宁静的村落，突然遭遇神秘力量侵袭

村民平静的生活被这突如其来的异常现象打乱

专家们通过对当地的井水进行化验之后，发现它里面含有铊元素，但是含量还不足以导致大规模的人群出现中毒的这种症状。也就是说，由水源污染导致出现集体怪病现象的这个说法，已经不成立了，但是专家们依然相信，正是因为水源里面含有了铊元素，才是直接诱发脱发病的原因。为什么呢？因为当时专家认为，这些井水被村民们不仅拿来喝，而且还用来浇地，浇完地之后长出的农作物又被人吃了进去，吃不了的还可能喂给了家禽、家畜，人再把这些东西吃了之后，这些铊元素就慢慢地积聚在人体之中，它肯定会发病的。这个分析在当时看来确确实实是丝丝入扣，非常严密，没有任何值得让人怀疑的地方，当地政府也就决定停止村民使用村里的井水，而改用邻村的泉水。这么一来，大家过了几年太平的日子，人们以为从此之后再也不会被这种怪病困扰了，但是没有想到，从 1963 年开始，这种怪病又开始频繁地侵袭回龙村的村民了……

根据黔西南州疾病控制中心已经封存了几十年的档案记载，在当地政府改造水源之后，回龙村又先后 6 次出现了夜半脱发现象，并且在 1977 年有过一次大规模的爆发。诡异落发事件的根源到底是什么呢？为什么在改造水源之后，落发事件仍然在不断地出现呢？困扰村民的神秘力量到底会是什么呢？

4. "元凶"竟是蔬菜

发生人群中男女老幼都有，并无性别和年龄界限

扑朔迷离的诡异事件吸引了众多研究人员的关注，每年都会有大量的医学专家、地质考察队和环境研究人员前往回龙村，希望能够揭开鬼剃头村落的真正玄机。他们将落发村民各种信息均做了详细记录，包括发病时间、饮食习惯、房屋地点、菜地方位均做出了细致标注，在这些统计出来的数字中，调查人员发现了一个奇怪现象。

一家一家地排查，排查以后标一个地图，凡是发病人家都住在边缘矿渣容易流失下来的、最初流失的地方。哪怕他是住在村中心，或是他的自留地在矿渣边上，只要有矿渣流失下来的地方，都会发病。

一支医疗卫生考察队来到了回龙村做调查

调查人员发现，发病村民在这些山脚的菜地里，基本都种植着同一种蔬菜——莲花白。在1960年和1977年，回龙村出现大规模发病的时间，正是我国遭受自然灾害和经济发展最为困

调查人员对当地环境中的水源、土壤等都进行了取样

调查人员的取样包括有关的粮食

难的时候，莲花白曾被当地村民当作主要的食物食用。回龙村的诡异事件会不会跟莲花白有关呢？

调查人员："我们做了一个小白鼠的实验，用莲花白喂养。喂了一个月，用当地的莲花白跟我们兴义的莲花白比较一下，发现喂回龙村莲花白的小白鼠肝、肾、血、毛发含铊就要高一点，这是动物实验得出来的结果。"

专家们分析之后发现，这些莲花白中的铊元素，居然超过了井水中铊含量的 11 倍之多。这些堆积在灶巩山下的矿渣，是几百年来当地开采汞矿提炼之后遗弃在山坡上的，由于 20 世纪四五十年代，回龙村的汞矿开采规模不断扩大，大片茂密的山林被砍伐，天然的植被遭到了破坏，一到雨季，这些堆砌在山上的矿渣便会随雨水向山下流失，最终滞留在山脚的菜地边缘。

调查人员："有一家人，算上进门那级，他家有 8 级台阶，1966 年以后，我们去调查的时候，就剩两个台阶了，也就说明几十年里面水土流失严重，从山坡上下来的矿渣埋得相当深，15 厘米一个台阶，埋了 90 厘米。"

专家们将菜地边缘的矿渣带回实验室分析之后发现，这些汞矿渣中居然含有大量的剧毒金属铊。也就是说，当地开采的汞矿石中并不是单一的汞矿。让专家们意想不到的是，在富含铊元素的矿渣掩埋之下的菜地中，被当地作为主要蔬菜食用的莲花白，却生长得比其他地方的更为圆润。个头也比没有矿渣覆盖的地方要大得多。但是这些莲花白里为什么会出现高含量的铊元素呢？

调查人员："原因就是莲花白的问题，它最容易富集铊，这就像杜鹃花，盛开杜鹃花的地方，下面一定有煤，而且这个煤含硫量一定很高，因为杜鹃花容易富集硫。”

回龙村怪病发生的时候，正是新中国建国初期，经济较为困难的时候，也就是所谓的“瓜菜代”的年月。在那个时候，粮食不够吃，人们就吃一些蔬菜作为主食，在当地也是这样。莲花白被大量地作为食物吃到人体内，生长在矿山脚下的这些莲花白本来就积聚了大量的铊元素，被人吃下去之后，人肯定就会中毒，出现了脱发，甚至是失明这样的症状，毫无疑问，这些人的生活从此变得悲凉、悲惨。细细地想一想，到底谁该为这个惨剧来负责呢？要说，还是我们自己。正是因为我们向大自然无度地获取这些宝贵的矿物资源，而这些矿物资源，原本都是被深深地埋藏在地壳之下的，我们在开采它们的同时，却不

调查人员对取样物质进行分析

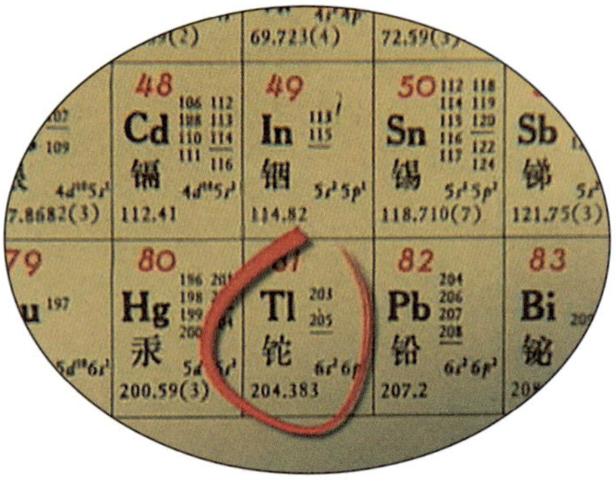

这些样本中，无一例外地发现了一种特殊的物质——铊

注意保护环境，毁掉了森林，毁掉了大山，最后的结果是什么？就是让这些矿石没有遮拦地暴露在光天化日之下。时间已经过去几十年了，但是那些幸存者，还有几十年的这些尘封档案，无一不在向我们敲响一个警钟，那就是：尊重自然，保护环境。

（柯伟）

神像“说话”之谜

苏峪口三清观原本是一座普通的道观，但一尊神秘的护法神像突然之间张口“说话”。这究竟是神仙显灵？还是仅仅是坊间谣言？众说纷纭的答案中是否隐藏着真正的谜底？

1. 神像“开口”

江南四月芳菲尽，却是塞北逢春时。

踏入回暖时节，大漠金沙、黄土丘陵和水乡绿稻、林翠花红共同描绘出了宁夏回族自治区的秀丽风光。银川平原上沟渠阡陌纵横、稻谷飘香，这片美景给宁夏带来了“塞上江南”的美誉。就是在这片土地上，从古至今不知流传着多少神奇的传说，从水与沙巧妙共存的沙湖奇景，到留下千年的西夏王陵遗迹，而今，又有新的传说悄然诞生。

一个人手里拿着一部相机，认真地为每一尊神像拍照

传说中的主角是一尊神像，它位于苏峪口一座三清观中。据传闻，这尊神像能“开口说话”。

古有张僧繇，画龙之技出凡入圣，传说他笔下点了睛的巨龙会乘云升天而去，故有“画龙点睛”之说。古人逸事虽能津津乐道，但当类似的事情在身边发生时，人们的反应可大不一样。

一座普通的神殿

关于这座会“说话”的神像，当地人众说纷纭、看法各异。有人信誓旦旦坚称神像开口张合犹如真人，有人对此嗤之以鼻只当作餐后闲谈，有人将信将疑将之归类于无法解释的奇志异说，也有人漠不关心，认为只是某种炒作手段。

位于这股传闻风暴中心的三清观地处宁夏回族自治区贺兰山脉，深入苏峪口自然风景保护区中，至今已有 800 年的悠久历史。道观曾在战火中被毁，2006 年 4 月重建工作竣工后正式向游客开放。

和其他道观一样，苏峪口三清观观内供有太清、上清、玉清等道教神祇，这些神像除形象略有些差异外，和传统中的神像并无明显区分。众多神像全都肃穆端立，纹丝不动，如果想仅凭肉眼来辨认传闻中能言会道的神像是哪一尊，显然结局只能是无功而返。

将会“说话”的神像与其他神像区分开来的最明显的提示来自外界，在最后一座大殿中聚集了数目众多的香客，他们所虔诚朝拜的，正是那尊据说会“说话”的神像。这些香客很多是慕名而来，在此亲眼看见奇迹的发生。

记者向当地人打听

这尊神奇的神像手持大伞，显明身份乃是掌管“风、调、雨、顺”护世四天王之一的北方多闻天王，名毗沙门，藏名那目太斯列，护持北方国土。尽管其身份高贵，所司之雨对西北干旱异常珍贵，但这并不能解释为何神像的嘴会张合。无论是说当地人求雨心诚感动神明，还是说塑造者为它暗设了机关，这些奇思妙想都不能让人信服。

这里供奉的都是道教的神

王猛（宁夏日报 摄影记者）对此提出了自己的看法："如果神像像自动恐龙那样是合成的声光电产品，的确有可能使用高科技造成某一局部运动以吸引人，但是我并不认为这尊天王塑像是高科技下诞生的产物。"

最早发现神像与众不同的，是苏峪口三清观重建时的主要设计者以及建造者、西安楼观台书画院院长唐玺。

传说中那尊会说话的神像

唐玺，字建琦，陕西人。自幼爱好绘画，在国画创作上小有名气。出于对古老文化的喜爱，他经常会接受一些修复古代建筑的工作，苏峪口三清观就是众多工程中的一项。

每次工作结束，唐玺都习惯保留一套资料，三清观完工后，他也照例用数码相机为观内神像一一拍照留底。可是当镜头转向最后一尊神像时，意想不到的事情发生了，显现在数码相机显示屏上的神像仿佛活了一般，嘴唇一张一合，同时眼睛也在眨动。

神像显灵了？

起初，唐玺认为是自己一时眼花，但闻讯赶来的其他人以他们的眼睛证实了唐玺所见：用肉眼看上去很一般的一座塑像，在显示屏上却像活了一样，嘴不停张合，仿佛在诉说着什么。

当时塑完像后，大殿里还住着五六个建筑工。得知同一屋檐下出现了一尊口能言眼会眨的神像，建筑工们连忙搬离大殿另寻住处，在他们看来，泥胎的塑像会说话，除了神仙显灵外再不会有其他解释。

最后一座大殿里有许多香客

建筑工以他们的方式向无法解释的现象表达了敬畏，而在唐玺看来，与其说是神仙显灵，不如说是一个奇迹。唐玺随即向上级领导做了汇报，但此事过于匪夷所思，没有亲眼看见过的人很难真正相信。

这个像跟前围了很多香客

彭进（宁夏苏峪口国家森林公园有限公司总经理）回顾当时情景时，解释说："当时我们没有否定他，但是从内心来说是持怀疑态度的，因为我们觉得这种事情是根本不可能的。而且从我个人内心来讲，认为他可能是一种炒作，所以没有去三清观。"

唐玺当时并不是亲眼看到神像的

会说话的神像是代表掌控“雨”的天王

嘴在动，而是通过拍照所使用的数码相机上的显示屏才看到了这个奇景，显然解答的关键在于数码相机。

现在数码相机已经非常普及，它拥有众多优点，诸如快捷、方便、有利环保，拍摄完毕还可以即时浏览效果，删除效果不满意的照片。但在数码相机林林总总的优点之中，并不包括使静止物体显示出运动状态的扩展功能，因此从理论上说，唐玺通过数码相机的屏幕看到的天王神像，应该和肉眼所见一样，是静止不动的。

疑问接踵而来，是唐玺当时所使用的相机出了问题，或者是因为落在显示屏上的光线的晃动，致使影像产生了变化？

需要考虑的巧合因素多不胜举，解惑的钥匙看来不是那么容易就能获得的。

之后，唐玺发现神像会说话的消息不胫而走，但是几乎每一位听说此事的人都会问同一个问题——这是真的吗？

王猛和大部分人一样，当时的第一印象是认为这件事不可能是真实的。张磬兰（宁夏大学物理电气信息学院教授）更是不以为然，虽然听闻此事，但最初对此完全没有在意。

可是唐玺却很坚持，他对自己的观察，以及自己的数码相机都相当自信。他对领导说，也对周围抱持着怀疑态度的人说，如果不相信可以去三清观亲眼查实。

人们去了，带着将信将疑的神情，而后，亲眼看见的事实折服了他们。有关苏峪口三清观有尊显灵神像的传闻迅速传播开来，慕名而来的游客也越来越多。

事实证明唐玺的数码相机没有故障，其他人也从自己的相机显示屏上看到了无法解释的一幕。

虔诚的香客

捕捉神像“说话”有一点值得注意，并不是从任意角度都能观察到“说话”的异象，只有站在天王神像前并拉开特定距离时，神像才会在数码相机、手机屏幕上活动起来。若在相似位置上观察同殿的其他几尊神像，仍然只能看到静立的塑像。

2. 视觉误差的结果？

看来这尊多闻天王神像是独一无二的，不禁让人心生疑惑，是不是唐玺在设计它时额外用心，做了特殊的安排？

但唐玺否认了这种猜测，他表示，制作多闻天王神像时，并没有刻意加入特殊设计。

在唐玺手中数码相机的显示屏上，原来安静的神像突然好像在说着什么

唐玺随即介绍了神像通常的制作流程：首先在草图中设计出塑像的大致模样，这阶段的草图一般不用上色，只是一些铅笔线条；设计完之后将草图交给负责雕塑的工匠，由他们打模板、包草料，包出一个基本的人形，然后上泥；最后将草图中的形象细化、彩绘，直至最终完成。

用肉眼看上去很一般的一座塑像，在显示屏上却像活了一样

因此，一尊神像最终的样子，应该是塑造者与设计者共同参与的结果。而这次的制作也没有例外，虽然参考了历代的塑像风格，并加入了自己的想法，但这只是艺术上的创作，并没有大的突变。

杨泽林（宁夏大学物理电气信息学院副教授）在得知此事后，提出了新的观点——是否由于某种因素而在视觉上产生了错觉呢?

杨泽林副教授说:“现在有不少基于这种视觉误差造成的图像,比如有的图像是一张静态图,实际上它是不动的,但是当人的距离和图的距离合适的时候,就会看到图上的圆在转动。这其实是视觉误差造成的,真正的圆并没有在转动。”

杨泽林副教授所说的是一些特别的图,它们都是一张张平面、静止的画,然而由于线条的间距、明暗交替的位置等因素,当人站在一个合适距离的时候,便会由于视觉上的误差,感觉它们发生了运动。除了这些图,在日常生活中人们也常会遇到其他一些视觉误差的现象。

例如法国、德国的国旗,单以肉眼估量的话,人们看到的是一面色彩比例均匀的三色彩旗,但实际上,用尺子测量出来各个颜色的确切宽度,都是不一样的。这就是视觉误差带来的影响。

不论是静态圆圈图,还是三色旗帜,这些图都拥有一个共同的特点,那就

周围的人赶紧过来观看

是它们是由很多相似的图形有规律地组合在一起的，所以只要位置合适，这些图形便会使人产生错觉。而神像是一张夸张的人脸，与这些奇异的图形相去甚远，因此从各种位置观察时，产生错觉的可能性都不大，神像“说话”显然另有他因。

张磬兰教授说：“在物理上，我们看到的运动的部位，应该出现光线明暗交替的一个过程。在这样的过程下，它会在人眼视觉上，造成运动的视觉效果。”

然而张磬兰教授的推测无法适用在此地。由于大殿前面有一条较宽的房檐，殿内的几扇窗户一般也是关闭的，所以光线并未直接照射在大殿里的神像上，每尊神像的光照都很均匀，不可能只在一尊神像上造成明显的明暗交替。

为了探究这一现象的秘密，宁夏大学物理电气信息学院的老师们接受邀请，来到三清观大殿进行实地考察，他们着手动用各类影像设备进行研究，并提出了自己的猜测。

老师们首先提出的观点和电子产品有关。

很多人都用相机看到了神像说话的现象

张磬兰教授分析：“主要可能和观察的设备手段、方式有关，因为大部分情况下，都是通过数码相机看到神像的局部在活动。”

由于神像只在各种液晶显示屏上“说话”，所以老师们把焦点直指现代电子产品，但是这样的解释很难让所有人信服。

唐玺对这个解答就有所异议，他说：“一共7尊神像，同一个数码相机拍摄的，其他6尊神像都没有动，所以，我认为这里边有一个巧合的因素，与嘴张合程度的数值有很大关系。有可能嘴塑得再张大一点就没有这个情况，再小一点也没有这个情况。”

当时唐玺在设计这些神像时，考虑到每一尊神像的形象都不能雷同，嘴也一样应该有张有合，因此7尊塑像嘴的开合度无一重复。

3. 被复制的奇迹

但是，嘴张开的大小程度与相机又有什么关系呢？如果真是某些因素的巧合，是否意味着这个奇迹是可以模拟出来的？

宁夏大学的老师最终找到了解答的关键。为了更直观地回答，他们决定再造神像“说话”的现象。

老师们在一张纸上简单地画了一张脸，画上的嘴微张着。当相机对准它，并调到一定位置时，这张嘴和天王神像一样动了。

奇迹被复制了！

老师们开始详细解释奇迹背后的原理，关键在于数码相机以及拍摄的方式。

数码相机记录图像的方式，跟光学相机完全不同。数码相机依靠像素，也就是每一个点来记录颜色。但关键在于，像素在同一个点上，也就是同一个像素上，只能记录一个颜色。

会“说话”的神像的嘴，上下嘴唇都是红色的，中间有一块发黑的区域，这个微微凹陷的区域表示张开的嘴。嘴唇和黑色区域空隙之间的边缘，可能会

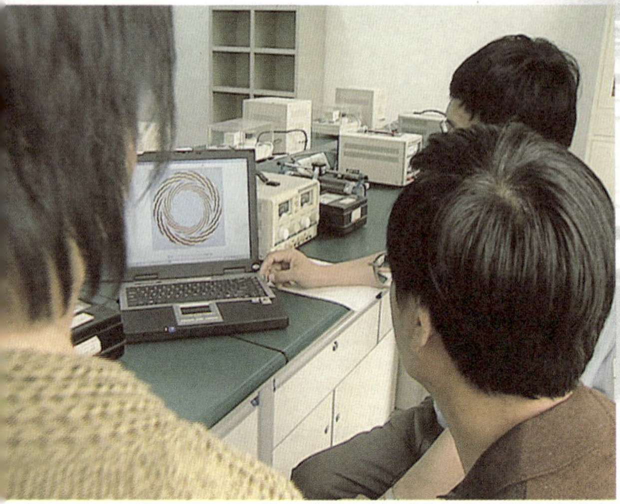

一幅容易造成视觉误差的图像

出现一个区域，在这个区域中上面一部分是红色，下面一部分是黑色。因此，如果拍摄过程中和神像的距离足够远，使得这个区域缩小到恰好要通过一个像素点来表现，但一个像素点上只能记录一个颜色，这种情况下，它就会自动地选择，要么纯红，要么纯黑，绝不会记录成半红半黑。结果就在它不停转换的过程之中，造成了忽红忽黑的现象。换而言之，只要保持适当的距离，就能产生颜色在跳动的感觉。

从实验来看，神像“说话”确实是数码相机成像的问题。除了专业摄影师、摄影爱好者会在拍摄静物或拍一些特殊的镜头时使用三脚架外，一般游客不会使用摄像三脚架，而在手持数码相机拍照时，手或多或少都在轻微地颤抖，因此当神像在显示屏上缩小到一定比例时，相机的抖动就带来了视觉上的影响。

实验看来，确实是数码相机成像的问题

其实，摄影爱好者都知道，在光线充足的情况下拍摄反差比较大的物体时，往往会在边缘出现颜色和明暗的抖动，这种现象很普通正常，但当这种情况发生在一尊道观中的神像上时，就蒙上了一层神秘的面纱，而更巧的是恰好是它的嘴部出现颜色上的反差，人们立刻就在心理上把它跟鬼神显灵完完全全地结合到一起。

谜底终于揭晓了，是多方面的因素共同缔造了一个神话传说：神像嘴开合的程度，数码相机，适当的距离，轻微的颤抖，这些缺一不可。可以想象，若当初任何一个环节稍有偏差，神像“说话”的奇迹都不会发生。

（秦雪竹）

夜半“鬼”声

1. 鬼城“鬼”叫

2002 年一个入夏的深夜，天气异常闷热，在重庆丰都暨龙乡一个僻静的小山村里面，人们都在辗转反侧中渐渐入睡了。向正银一家也进入了梦乡。突然，向家的小木屋里传出了一种怪异的声音。这是一种空旷、沉闷的声音，让人毛骨悚然。而且，每到子夜时分，这个神秘而怪异的声音就会打破宁静的夜色，向正银一家的生活再也没有了往日的平静。

这到底是什么声音呢？是暗示着一场灾难即将降临，还是像乡亲们所说的，向家闹鬼了呢？

其实刚才谈到重庆丰都这个地名，我从小就觉得那个地方肯定特别神秘。为什么呢？我们一说丰都就会把它跟鬼城联系到一起。丰都鬼城，据说那儿也有不少仿照人们想象当中的地狱形式建造的一些游览景点，因此说丰都鬼城从来都是让人觉得非常诡异的一个地方。翻翻小说，像什么《聊斋》《西游记》里面，很多鬼的故事都发生在那儿。传说在过去的时候，十里八乡要是有人死了的话，都会抬到丰都去埋葬。为什么呢？因为那儿离阴曹地府最近了。在当地，过去还有这么一句话，叫作“白天人上街，晚上鬼赶集”，听起来就是毛骨悚

电视栏目中的标题

突然，向家的小木屋里传出了一种怪异的声音。这是一种空旷、沉闷的声音，让人毛骨悚然。而且，每到子夜时分，这个神秘而怪异的声音就会打破宁静的夜色，向正银一家的生活再也没有了往日的平静。

然的感觉，会让人觉得鸡皮疙瘩能掉一地。

主人公老向他们家里到底怎么啦，为什么会发出这种声音，难道真的是因为离阴曹地府很近吗？当然这一切都是迷信的说法，胡扯。可是对于一个正常的家庭来说，他们家怎么到了三更半夜就会闹出这种很奇怪的声音来呢？

老向很困惑

向家所在的村子可以用山清水秀来形容，他们的房子坐落在半山腰上，是南方常见的木屋，向正银一家人在这里过着平静的农耕生活。可是就在2002年的那个夏天，天气很热，夜深人静的时候，一家人也都进入了梦乡。突然，向正银被一种沉闷怪异的声音弄醒了。

向正银："就像开大门的声音，哼呀哼呀的，有时又是咕咕的，有两种声音。"

难道是小偷进来了吗，老向拿起手电出了屋想看个究竟。四周静悄悄的，他找了一圈，什么也没有发现。也许是听错了，他想回去继续睡觉，可那声音却再次响了起来。到底是什么声音，从哪里来的？老向循着声音找来找去，却发现，那声音居然是从堂屋地底下传来的。地下会有什么东西呢？老向叫醒了妻子。

向妻："我们就都起来了，出去一看，没有啥。我们专门挑来挑去看，到处找一找，也没有啥。"

老向在祈祷

漆黑的夜

惊慌中的狗

在漆黑的夜色里，那声音断断续续地传来，虽然是夏天，夫妻二人还是感到不寒而栗。就在两个人不知道该做什么的时候，声音却消失了。

虽然一晚上都没有睡好觉，天一亮，老向两口子还是下地干活去了。一天很快过去了，什么事也没有发生。

晚上，辛苦了一天的老向很快进入了梦乡。黝黑的山坳里偶尔传来几声猫头鹰的叫声，突然，那个怪异的声音又出现了，这下，老向再也睡不着了。

向正银："一点了，大概是一点，瞌睡醒了。"

向正银接着说："怕，就是怕鬼，还是有些感觉的。"

就这样，一连几天，那神秘的声音都是在子夜时分响起，一个多小时后又消失。夫妻二人越想越害怕，他们住在著名的鬼城丰都，难道这里真的有鬼吗？

丰都地处长江上游，是有着一千九百多年历史的文化名城。为什么人们会把丰都和鬼联系到一起呢？研究民俗的学者们认为，在远古的时候，长江三峡一带，生存环境非常险恶，人们对自己生命的把握能力很差，巫术盛行，普遍形成了对鬼神的崇信。到了汉代，姓阴和姓王的两个道士对巫术进行了宗教的提炼，丰都就成了这种文化的载体。到过丰都的人，心中都会被一种恐惧所左右，因为在那里，死亡被放大了。所以当向正银一家找不出那个神秘声音的来源时，他们很自然就想到了鬼。

向正银："首先想到的是鬼，又怕是妖气。"

向家一角

从此以后，每到夜晚，老向一家人的神经就开始绷紧，而那恐怖的声音也总是准时出现，平静的生活被莫名的恐惧打破了。可老向他们能做些什么呢？一家人想来想去，干脆到集上买来了香火，在堂屋里支起香案，开始祈求上天的保佑。

向正银解释说："烧香就是为了保护我们家庭的安全，保护我们发达，经

向家一角

鬼门关

鬼门关内部

济方面更发达一点，家庭富裕一点。现在我在我那屋烧了很多香。”

向家闹鬼的事飞快地传了出去，会不会是向家自己在疑神疑鬼呢？四邻八乡的人都想亲自过来听一下，深夜，那个神秘的声音又出现了，人们这才相信向正银说的是真的。

邻居一：“我猜测像穿山甲，鬼我是不相信的。”

邻居二：“我听到向家的叫声了，我认为是个妖怪，像是青蛙那种呱呱地叫。”

难道是谁得罪了鬼神，难道会有什么灾难降临到这个偏僻的山村？一时间人心惶惶，大家都到向家的堂屋里来烧香祷告，希望能将这个不露面的鬼神请走。

事情越闹越大，引起了当地政府的重视。然而他们也不知道这是什么声音，请来了丰都县地质方面的专家。

彭亚明是丰都县地质环境监测所的负责人，他是专门搞地质灾害研究预防工作的，他很快就来到了现场。

彭亚明：“旺龙村这个事情发生后，先是村子干部去看，村子干部看了以后，又去喊乡镇干部去看，乡镇干部也去看了，但他们都不能解释，乡民都很恐慌，马上又给县政府打了报告，我们马上就派人下去看。”

彭亚明首先想到会不会是地声。我们都知道地震前可能会发生一些征兆、前兆，比如说井水变浑、地声、地光，还有动物惊逃这样一些现象，据说地声也可能是地震之前的一种先兆。地声这个词语很好理解，我们知道所谓的地震实际上就是地壳运动造成的，里面的岩石层承受不住过大的应力之后发生断裂、挤压这种情况，于是这些爆发出来的能量就以波的形式向我们周围辐射开来了，这就是地震。在这些岩石断裂、挤压、摩擦的过程当中，肯定是会产生声音的，也许这些声音就可以传到地表。根据老百姓的经验，这个地声越大，声音越沉闷，可能这个地震就越大；反之，如果声音越小，地震的级数、规模也就比较小了。同时我们还听到这样一个说法，在 1855 年的时候，我国辽宁某地曾经发生了一次 5 ~ 6 级的地震，造成的人员损失只有 7 个人。为什么呢？就是人们事先听到了地声，及时逃到安全的地区，才把人员损失降到了最低。我们想想，那个年代，人们靠这种经验的东西就可以避免地震，真是深富智慧。

鬼门关的房顶

当然现在我们判断是否有地震恐怕要经过更科学、更加合理的仪器来判断。还是说到老向他们家这个奇怪的声音上，老向他们家地下发出的那种奇怪的声音会不会就是地声呢？

彭亚明在向家呆到了半夜，果然，一种怪异的声音从地底下传了出来。

彭亚明："我听到这个声音后，感觉确实就跟居民的反映一样，就是那种开关木门的声音，那种摩擦的声音。"

可是除了向家，周围的人家都听不到这个怪声，而且彭亚明感觉那声音不像是地震发生前的地声。为了排除老乡的恐惧，彭亚明让老向他们找来了3个空酒瓶，把它们垂直挂了起来。这3个酒瓶相互之间都有将近1厘米的距离，只要有轻微的震动，酒瓶就会相互碰撞，报警。

向家周围

3个酒瓶

那是彭亚明为了验证地震的。

不管地下有没有怪声，酒瓶始终纹丝不动，这样地震被排除了。可那怪异的声音到底是什么呢？每当夜晚来临的时候，老向一家就要经历那毛骨悚然的时刻，他们实在不敢再住下去了。

彭亚明继续在向家周围勘察，几栋破旧的土房引起了他的注意，那上面有一些裂缝，这些裂缝是怎么造成的呢？会不会是滑坡呢？重庆是个多滑坡地区。彭亚明用糨糊把纸条粘在了裂缝的两边，纸条绷得很紧。他告诉当地的村民，如果有滑坡的征兆，这个纸条就会绷断。办法简单，却非常有效。实际上，许多灾害都是要靠百姓来群测群防的。

几天过去了，纸条都没有绷断，看来不是滑坡。这个声音到底是谁发出来的呢？彭亚明没有给出答案。连专家都说不清楚，于是鬼神说又占了上风，大伙索性请来了风水先生。风水先生一通折腾，使这原本就笼罩着神秘色彩的事情更加恐怖了，他真能把这个鬼送走吗？难道这声音真的是半夜鬼开门的声音吗？

2. 原来是三潮水

南江水文地质队在近二十年来一直在三峡库区进行工程地质、环境地质方面的调查和地质灾害预防工作，他们接受了这个难题。

罗队长说："丰都闹鬼这个事出现之后，当地老百姓非常恐惧，相关专家赶赴现场，在排除了地震、滑坡等地质因素之后，还是感觉不能圆满地解释这个事。他们就向重庆市国土局请求支援，国土局的领导也非常重视，他们就委派了南江地质队，派出专家赶赴现场，给老百姓一个圆满的答复和解释。"

谭开鸥是南江地质队的高级工程师，中国洞穴协会的副会长，大半辈子和四川的山山水水打交道，在听说了丰都暨龙乡这件怪异的事情之后，她也是一头雾水，但是她很想去探个究竟。

把纸条粘在了裂缝上

在彭亚明的陪同下，谭开鸥直接赶赴向家。

通过对现场地质环境的调查，没有滑坡，没有地震。从具体情况看，发生地震是不可能的。既不是地震，也不是滑坡，那会不会是一种人们还不了解的奇特的地质现象呢？在和向正银夫妻的问答中，谭开鸥有了新的发现。

向妻："一涨水，那个屋就湿答答的。"

向正银："那有个洞会出水，是个洞洞，有声音的时候出水，它冒不多。"

这个声音是不是和水有关呢？

谭开鸥和彭亚明沿着向家的周围查看地形，就在向家旁边的农田边上，他们发现了一个深不见底的洞，他们把石头扔下去，很久才能听到声音，而且是水的声音，这正是水文地质学上讲的落水洞，地面上的水大多是通过这样的洞穴进入地下的。在向家的前前后后，他们发现了五个落水洞，这里是标准的石灰岩地质。这种地质条件和那准时出现的怪声，使谭开鸥想起了多年前他们在丰盛镇的发现。

谭工程师解释说："1979 年，全国搞 1 ∶ 20 万的水文地质普查，当时我们勘探组到了丰盛场，在了解它的环境的时候，乡政府就给我们介绍了'三潮'，根据水文地质的资料，三潮水一定是潮泉。潮泉的特点就是它会定期涨潮，这是一种非常罕见的地质现象。"

谭开鸥发现这些泉水来自"三潮"水上游的一个落水洞，这个洞里的水每隔几个小时就往外流，同时还伴有水冲击洞穴的声音。

那么"三潮"水的奇特地质现象是不是在这里也有呢？

谭开鸥他们沿着山势向下寻找，在离向家几百米远的山脚下发现了一个清澈见底的小水塘。

谭开鸥问："晚上看见它涨没有？"

"涨的，晚上涨。"

老乡告诉他们，这个小水塘在每天晚上都要涨水。这个发现使谭开鸥和彭亚明非常兴奋。

向家上面的落水洞和下面这个小水塘之间有关联吗？两人回到向家，和老

专家在分析原因

向商量能不能挖开地面看一看，可是却遭到了老向的拒绝。

向正银："他们当时说叫把那儿挖开，我没准，我是怕有报复。"

那么小水塘和向家那个神秘的声音到底有没有关系呢？为了弄清楚这个问题，当天夜里，彭亚明来到了山下的小水塘，谭开鸥则守在向家的堂屋里。深夜，那怪异的声音又出现了，谭开鸥赶紧通知彭亚明，一会儿，彭亚明看到水沿着他插在水塘里的竹竿爬了上来。接连几天，只要怪声出现，水塘就开始涨水。

看来，落水洞和水塘之间有一个通道，当水流过的时候发出了那种怪异的声音，声音通过一个细小的裂缝传到了向家。

谭工程师："声音是在气流和水的压力之下产生的，它产生的这种声音，像水的声音，开门的声音，他们说是开门，实际上就是上下水位之差产生的压力发出的这种声音。"

杨工程师："其实家里都能经常听到那种声音，水管如果是饱水的，不会产生声音；如果水管是半水，里头有空气，能够产生那种声音，一样能够感觉得到。"

如果只是流水的声音，为什么每天只出现一次，又单单是在夜半三更的时候呢？谭开鸥认为这就是地质上的一个奇观，和丰盛"三潮"水一样，落水洞、水塘和熔岩管道构成了一个天然的虹吸系统。

我们可以建一个模型。模型中有老向他们家周围的地势，红房子就是老向的家，还有那个落水洞，以及离出水洞不远的那个水塘。出水洞和水塘之间实际上形成一个连通器，中间有这么一个管道，有一条通路可以通过去。大家看这根非常细小的缝隙正好就是老向他们家堂屋底下的那条。现在我们可以模拟出老向他们家能够发出这种声音的原因。大家可以看到水慢慢地进来，当水进来的时候，我们发现连通器当中连通的这个管道，也就是落水洞和水塘之间连通的通道，里面慢慢地出现积水，当它达到一定位置的时候就产生了虹吸现象，于是水就流到了水塘当中，恰恰就是在这个流动过程中，因为水冲击这条通道，产生了“咕咚”的声音。可是因为地下比较深，这个声音很难传出来。在老向他们家堂屋底下有个非常细的缝，这个缝当中的空气就成为声音很好的一个载体，然后就传过来了。恰恰在两次涨水满水之间，它的时间间隔大概也就是 24 小时，这个奇怪声音发出来的时候，恰恰就是深更半夜了。

曾云松院长在事情发生的时候也到过向家，他赞同谭开鸥给出的结论。

曾院长：“在石灰岩地区发生这种现象，是一种非常正常的现象，但是由于老百姓不理解这种现象，加上老乡在观念上的陈旧，就容易引起恐慌。”

事情终于搞明白了，这个“鬼”原来是大自然和向家开的一个玩笑，向家

寻找答案

往水里插竹管

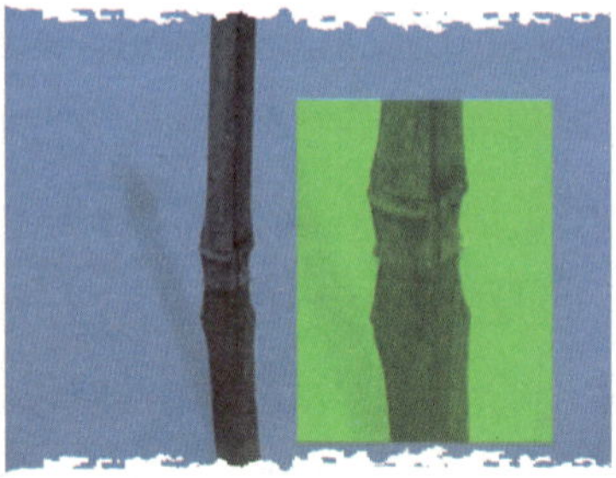

水里的竹管局部

形成一个天然的虹吸系统

的香案撤了，一家人又搬了回来，村民们的生活又恢复了往日的平静。

其实，可能很多朋友会觉得身边就有种种很奇怪的现象，大家也很自然地会把它往鬼神身上去联想。其实首先要用科学的态度去看待它，看看能不能用科学的方法去解释它。如果有想不明白的，可以找专家来破解您身边的这些不解之谜。

（吕洁）

解密夜视人

喜欢养猫的朋友恐怕都知道，猫的瞳孔是会随着光线的强弱而变化的；还有猫头鹰这类夜行性的动物，它们都习惯在夜间活动。在夜间的时候我们会发现猫或者猫头鹰们可以到处乱走，这很让我们人羡慕，因为我们人类做不到，到了晚上如果不借助光源、不借助月亮的话，很有可能我们就看不清周围的物体，走哪都会摔跟头。当我们人体出现一些疾病，比如说出现夜盲症的时候，我们到了夜晚干脆就什么都看不见了，当然，那是缺乏维生素的表现。一般情况下我们走夜路，因为现在城市到处都有路灯，我们不考虑这些问题；可是到了没有路灯的时候，我们就需要拿着手电筒帮助我们照明了。但却有这样一个人，他到了黑暗的地方，别人看不清的时候他却看得一清二楚，这到底是怎么一回事呢？请您接着往下看。

1. 近视眼导致夜视？

黑暗之中，有一个人却依然在出牌

河南省封丘县曹岗乡，一个普普通通的夜晚，几个要好的朋友正在玩扑克。吵闹声不绝于耳，正在这时，突然停电了！黑暗之中，有一个人却依然在出牌，在他不停地催

眼底检查发现，刘朝行是高度近视

促中，众人只有点上蜡烛，才能看清手中纸牌的花色。而这个人在蜡烛点着之前，却好像已经能看见自己手里的纸牌了，难道他在停电之前就已经把手中的牌背下来了？

朋友们很诧异：“当时是夜里，在外面没有星星，也没有月光的情况下，他拿一张报纸，我们任意指一行，他都可以给我们读出来。正常人视力，特好的眼睛都看不见，只有他能看见。”

这个人叫刘朝行，他拥有的这项绝技让村里的乡亲都觉得非常神奇，“有时候街坊邻居晚上在外边看书，天黑了，咱看不见的时候，他还能看得见书”。

一有机会他就会为大家进行表演。多次表演后，刘朝行这一特殊的本领很快就传到了河南大河报记者刘新萍那里，她对这件事情也表示质疑：“无论他说的是真是假，我如果要做这个报道，一定要现场采访他的，我自己首先要见到他。”

这天晚上，刘朝行第一次离开自己的村子，进行类似的表演。在大河报新乡记者站的办公室里，刘新萍和几位同事，以及他们专门邀请来的新乡市中心医院眼科专家邢志平主任一同对刘朝行的夜视进行了检测。

刘新萍发现他读得不是特别快，不像我们正常人白天看书一样，读得特别快，但他可以基本上比较流畅地读下来：“我们后来开灯看了以后，印证了他读的内容确实没错。”

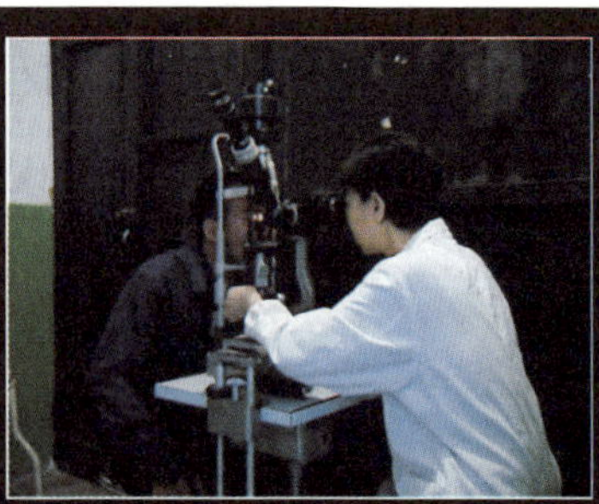

邢志平主任决定给他做一次电脑验光

刘朝行的本事让现场的人都觉得有些不可思议，因为当时他们和刘朝行近在咫尺，灯关掉以后，邢主任也看了一下报，发现自己看不见：“其他那些年轻人，他们都看不见报纸上面的字了，随便给他翻了一篇，他就能念，确实能念。”

刘新萍也承认自己看不见：“我们，

包括3个年轻人都看不见，我的眼睛是比较好的，我现在视力依然是1.5，但是我们几个人都分别试了试，大家都没有这种能力。可是刘朝行却能看见并读出来。”

刘朝行自己很早就知道了这一点：“他们看不到，我能看到。”而且大部分时候他还会这样想，别人的眼睛是不是有问题？

表演又一次大获成功，周围的人都对他非常敬佩，说实在的，如果我在现场的话我的下巴估计也能砸到自己的脚面了，因为太吃惊了。为什么呢？因为他周围那么多人都围着他，谁也看不见哪，不夸张地说，那是一个月黑风高夜啊，绝对是伸手不见五指，一片漆黑。但是在这种情况之下，别人都看不到，可是刘朝行就看到了，这真是一个很奇特的人。是不是他的眼球跟我们别人不一样呢？或者他的某些地方跟我们正常人不一样，所以在这种情况之下他能够看得见，行医多年的眼科医生邢主任决定，赶快带刘朝行去做一个全面的检查。

为了弄清楚眼睛夜视的秘密，刘朝行第二天一早来到新乡市中心医院。一直怀疑刘朝行眼睛构造有问题的邢志平主任对他的眼睛做了仔细的检查。

邢主任检查后发现，刘朝行整个眼前部和常人没有不一样，眼底检查就是一个高度近视的眼底的情况。除了近视眼外他的眼睛构造跟常人并没有任何区别，难道说他的近视眼与他的夜视有关系吗？那么他近视的程度又是怎么样的呢？邢志平主任决定给他做一次电脑验光。

可就在这时，奇怪的事情发生了！电脑验光仪竟然打印出来一张没有任何结果的检测单，这到底是为什么呢？难道是机器出现了故障？为了检查电脑验光仪故障的原因，医生又找了两名患者进行测试，这时验光仪又恢复了正常，可是为什么偏偏验光仪到了刘朝行这里却检验不出来了呢？

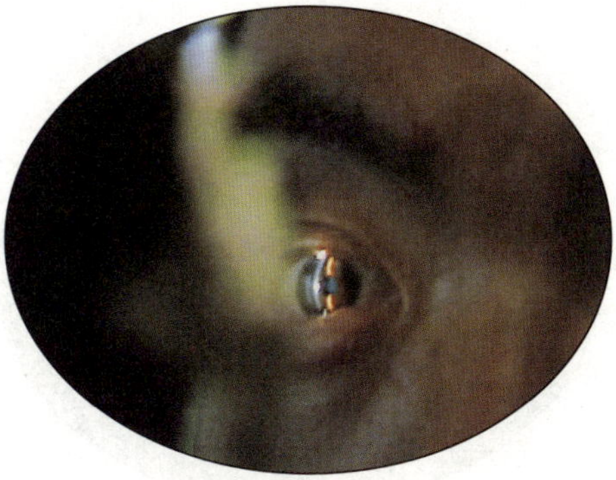
刘朝行眼睛特写

刘朝行向大家解释：“都验不出来。有时大家排队去眼镜店的验光仪前验，在我前

电脑验光仪竟然打印出来一张没有任何结果的检测单

天黑了，别人看不见的时候，他还能看得见

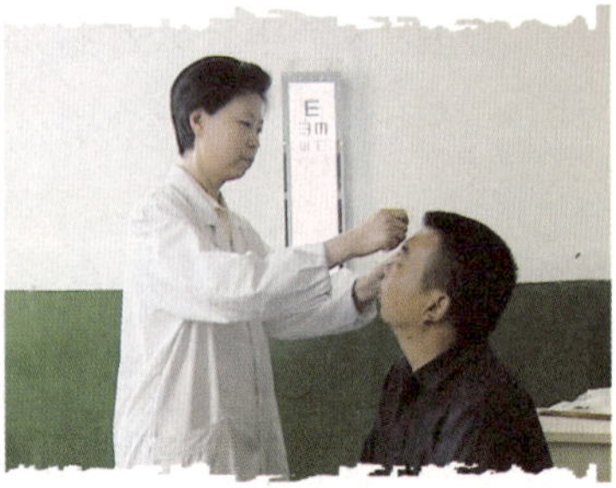
医生对他的眼睛做了仔细检查

边和我后边的人都能验出度数，我就验不出来。”

2. 杆状细胞比较多？

一个有高度近视眼的人，不但拥有夜视能力，竟然还可以使验光仪出现故障，这太不可思议。正在这时，急于证明自己具有夜视能力的刘朝行决定在新乡中心医院的暗房里再一次进行表演。而我们为了得知光线强弱程度特意带去了一块测光表。测光表能够测出环境中光线的强弱，数值越大说明光线越强，如果没有光线了测光表也就显示不出任何数值了，与此同时摄像机也拍摄不到画面了。

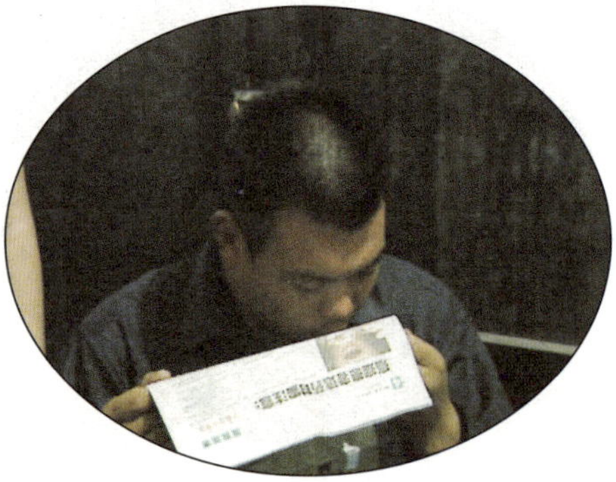
夜视表演又一次大获成功

在新乡中心医院，刘朝行的这次表演却遭遇了一些麻烦。照正常理解，一般情况下，一个具特异功能的人，他的本领必须是可以重复的，可以在任何人面前，任何场合下，不管表演多少次，都可以实现的。刘朝行这次没能实现，引起了大家的怀疑：他是不是作弊了，或者是借助什么高科技的手段了？比如说，现在战场上为了提高士兵的适应能力和作战能力，会给他们配发夜视仪，不管是微光的还是星光的，都能提高他们在夜战情况之下，对于战场整个环境的了解程度。当然了，现在从技术角度来讲，夜视仪是不可能做得特别特别微小的，但是，也难保有类似的产品偶然间让刘朝行知道了，他就拿到人们对他测试的环境当中。因为当时整个环境是一片黑暗，在摄像机根本什么都拍不下来的条件之下，也许他偷偷地拿出来，对他视觉上起到了一定的帮助，这也是未尝可知的。于是大家决定，应该采取其他的办法或者借助一些高科技的手段来看一看，刘朝行到底有没有作弊。

在河南新乡中心医院的检测过程中，由于环境黑暗我们的摄像机无法记录下他读报的一举一动。回到北京后我们找到了一家专门研制红外探测设备的研究所，借用了一台红外线成像仪，并且把刘朝行请来再次表演。通过这台红外设备，能否让我们观察到他在黑暗中阅读的状况呢？

红外线热像仪是一种在没有光线的情况下能发现物体的仪器。最大的特点就是它不依赖于可见光就可以成像，在完全漆黑的房间或者在室外，它可以接

猫头鹰

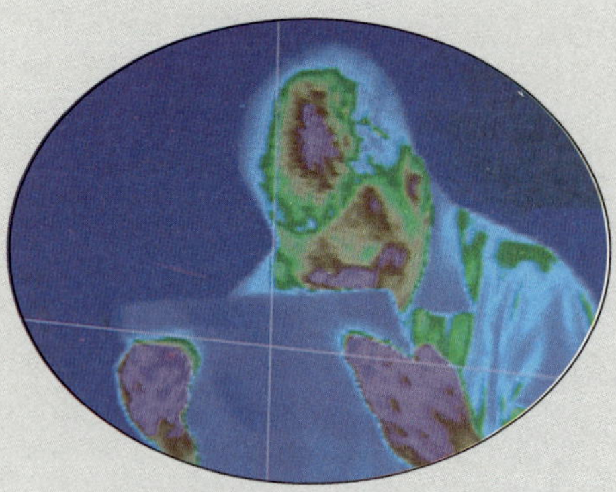

红外线热像仪在完全漆黑的房间也可以显示出物体的形状特点

收目标物体的红外辐射，通过对红外辐射采集之后成像，也可以显示出物体的形状特点。

表演室是一个没有窗户的封闭空间，只要把灯光关掉，就立刻漆黑一片。刘朝行在这里，将要面临一次从未有过的检验。他按照要求坐在凳子上，把报纸贴近眼睛，慢慢地读了起来。关上灯后，在红外线热像仪下，人们特意留意了刘朝行的动作，并没有发现他有任何作弊的举动，而只是在慢慢地阅读报纸上的字。

为什么刘朝行在新乡中心医院的暗房就不能读报纸，而到了北京的表演室里他的夜视能力却恢复了呢？这使我们百思不得其解，在翻看录像带时，无意中我们发现了一个细节，而这个细节也许正是刘朝行能够顺利阅读的关键所在。为了防止热像仪的光亮影响实验，我们事先用报纸遮住了热像仪屏幕，难道仅仅是透过报纸的这一点微弱光线就能使刘朝行顺利阅读了吗？这到底是怎么回事呢？

在自然界中，很多动物都是夜间觅食，比如说猫头鹰，它能够在伸手不见五指的夜晚自由地飞行，不光是因为它的猎物大都在夜间出没，最主要的原因是它眼睛视网膜中的杆细胞多于锥细胞，所以每当夜幕降临或者晨光微曦的时候，它能够轻松地进行捕食和避敌等活动。在猫头鹰眼中夜间看到的景物比白天更为清晰。

现在的医学研究可以帮助我们深入地了解我们人体的构造，就拿我们的眼球来说吧，在视网膜上有两种不同的感光细胞，一种叫锥状感光细胞，另外一种叫杆状细胞。这两种细胞分工不同，锥状细胞主要是负责白天的；而杆状细胞则负责在黑夜，也就是光线比较暗淡的情况下使用的。像猫头鹰的视网膜上，杆状细胞非常多，在这种情况之下，它就很适合在夜晚进行活动。基于这一点，人们就在考虑，是不是刘朝行的视网膜跟别人不太一样，他的视网膜就好像是猫头鹰一样，杆状细胞比较多？

为了进一步探究刘朝行的夜视能力，找出他眼睛的秘密，北京同仁医院眼科主任魏文斌决定通过视网膜电图来分析刘朝行眼睛视网膜上细胞的情况，并且请来了一位志愿者一同进行对比测试。刘朝行的眼睛与普通人的眼睛到底有没有不同之处呢？

通过视网膜电图测试，证明了刘朝行视网膜上的杆细胞与志愿者没有任何区别，他的暗适应情况基本上和正常人差不多。这个结论既让刘朝行放下了心中的顾虑，同时也让他困惑不已。他能够夜视的原因到底是什么呢？

“我也想知道真相，最起码想有个我眼睛夜视能力的解释，如果别人问我，我也能给他们一个答复。”

3．人体代偿功能

刘朝行的眼睛除了近视没有任何异常，难道他的夜视能力真的跟近视有关吗？廖医生决定用手工的方法对他进行检测，发现他的右眼是 3 100 度，左眼是 3 400 度。医生认为他是一个先天造成的超高度的近视眼。

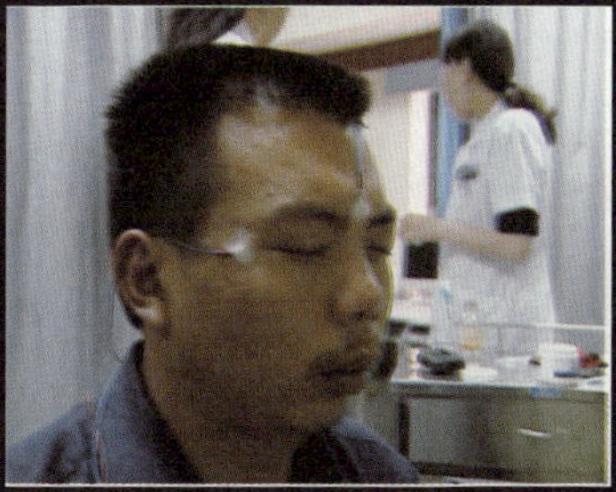
北京同仁医院眼科主任决定通过视网膜电图来分析

刘朝行的双眼近视都超过了 3 000 度，这一结果，让在场的所有人都为之震惊。同时廖医生告诉我们，当患者眼睛近视程度超过 2 600 度以上时电脑验光仪将无法得到准确的验光结果。这也就解释了新乡市中心医院电脑验光仪出现故障的原因。

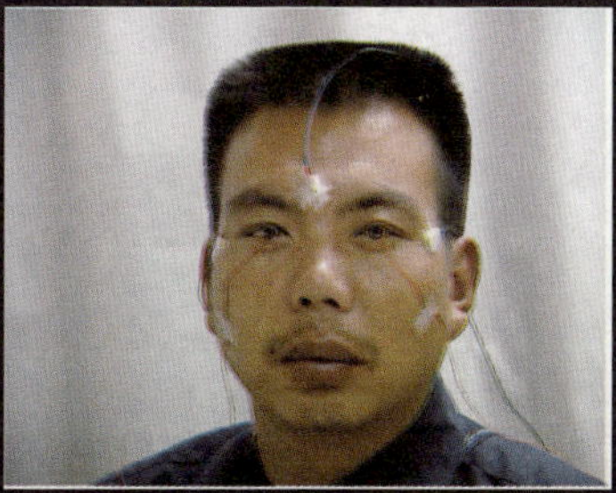
刘朝行视网膜上的杆细胞与志愿者没有任何区别

刘朝行生活在一个贫困的山村，眼睛给他的影响，使这个本来就不富裕的家庭陷入了更加窘困的境地。据专家推测，刘朝行很小的时

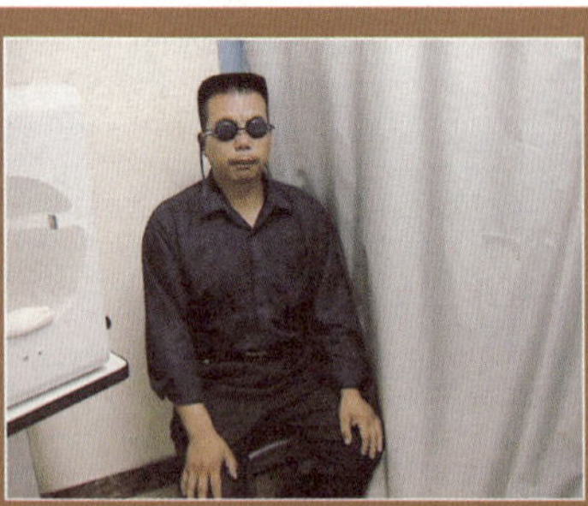
他的暗适应情况基本上和正常人差不多

候就已经是高度近视了，他眼中的世界，一切都是模糊的。

看到有些比较大的眼镜店，有时候刘朝行就走进去验一验，他想知道自己的眼睛到底是多少度，可是大家都说他的眼睛验不出度数，所以没法配镜。

这样的超级近视让魏主任也觉得少见，但是近视和夜视之间究竟有什么联系呢？这时魏主任决定对刘朝行做一个特殊的测试：在黑暗环境下辨别物体的速度以及能力强弱。

“人们猛然走到一个黑屋子里面，肯定是什么都看不见，然后要经过几十秒钟的适应以后，慢慢地才能辨别物体，正常人都是这样，从这一点看，他是正常的；但我们在暗处读小报字的能力的确比他要差。”

人辨别物体的能力，尤其是在暗处的这种适应能力，是受环境因素影响的。

只要有一丝微弱光线，刘朝行就能看清手中的牌

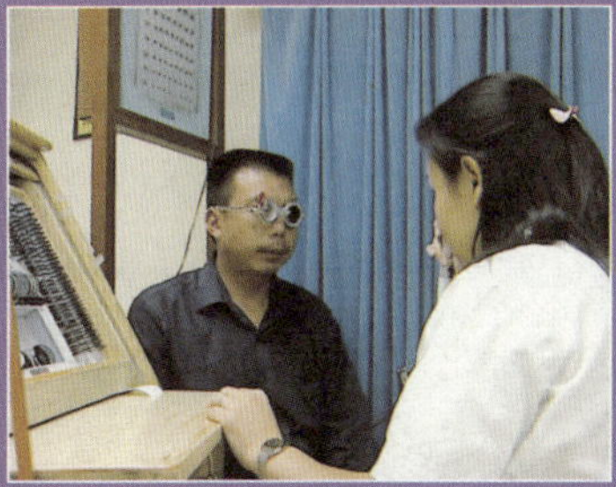
医生用手工的方法进行检测，发现他的右眼是3 100度，左眼是3 400度

刘朝行是一个极高度的近视患者，而且他从来没有配过眼镜，从来都没有看清过外面的世界，所以他总是在一种昏暗下辨别物体，因此代偿比正常人高出一些。但在没有一点光线的情况下，比如把所有的帘子都拉下来以后，他同样看不出来，他也需要有一定的余光，必须是某些地方透进一点光，有这一点光亮进去，他才能够看见。

我们可以回想一下，在大河报新乡记者站的办公室里，透过窗户照射进来的微弱月光，使得刘朝行的表演如鱼得水。而到了新乡医院的暗房里，在完全没有光线的情况下，他就不能完成阅读了。当人们把他带到北京的表演室用红外线测试仪测试的时候，由于仪器屏幕透过报纸散发出的微弱光亮使得他的表演又恢复了正常。最后，同仁医院的暗适应测试，再一次证明了刘朝行在没有任何光线的情况下是不可能进行阅读的。

3 000多度的高度近视眼，从小家里又比较穷，戴不起眼镜，久而久之，也就习惯了这样看东西。后来医生告诉我们，人体是有代偿功能的，当我们的某项功能发生了一些缺损的时候，我们的身体可能会调动其他的部分或者是本身的一些修复功能，帮助我们去适应这种新的环境。就好比说，天生的一些盲人，他们的听觉都是非常敏锐的，这就是一种代偿功能。在刘朝行的身上可能也出现了这种状况，因为从小就是个高度近视，为了适应环境，为了让自己工作学习，看清楚周围的一些事物，他养成了一种习惯，所以，就逐渐能够适应这个环境了。

刘朝行没有任何作弊的举动，只是慢慢地阅读报纸上的字

刘朝行眼中的世界，一切都是模糊的

据说在河北还有一个人，他是 2 000 多度近视，跟刘朝行一样，同样在夜晚光线条件很差的时候，能够看清眼前的东西。也许这种情况还是比较普遍的，只不过从来没有人像刘朝行这样到处去表演，因此才没有引起过我们任何人的注意。

现在我们知道，原来长期得不到治疗的高度近视眼，可能在有些情况之下反而会让人在夜晚的时候，看的东西比我们正常人多出一些，当然这里面可能也有一些其他更深的原理，还有待于科学的更进一步发展来解释。

（王薇）

揭秘隔空打物

这是一门流传已久的绝技，它风行于武侠电影之中。众所周知的奇异现象，为何迷雾重重？各路专家层层剖析，即将揭开它神秘的面纱！

网络上最近流行一段视频：邱老先生表演了一段他的拿手绝活——隔空打物。看到这个视频，可能熟悉影视作品、熟悉武侠作品的人马上都会想到经常出现的一个情节，那就是所谓的隔山打牛，也叫劈空掌。大侠飞在空中，隔着老远，远远地一掌劈下去，转瞬之间，地面就如同爆炸了几吨TNT一样，炸得是人仰马翻，硝烟弥漫，对面的一个大石碑都能被拆成几段。相信看到这表演的人都会非常感兴趣，为什么呢？因为以前看到的无论是隔空打物也好，隔山打牛也好，劈空掌也好，都是文字作品里的，或者是影视作品当中的，通过电脑特技合成出来的；但是这段视频让我们看到的是现实生活中活灵活现的表演，就如同出现在我们眼前一样，谁能不信服呢？这个本领要是真的，那可太了不得了，所以记者专门拜访了邱老先生。

84年前，邱服义出生在湖北省荆州市一个有名的中医世家

1. 神奇老人邱服义

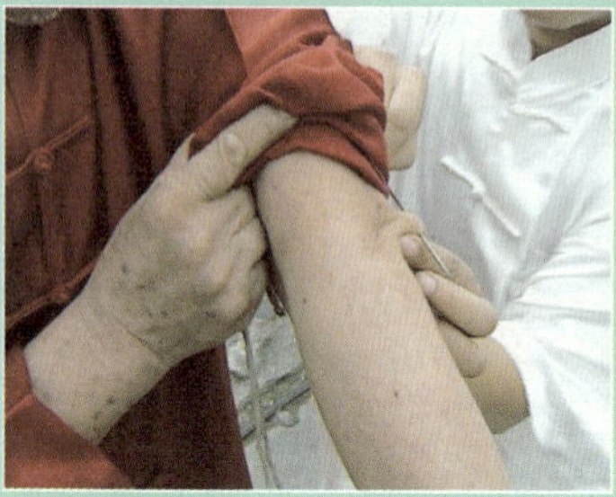

很早他就练成了一身绝技武功

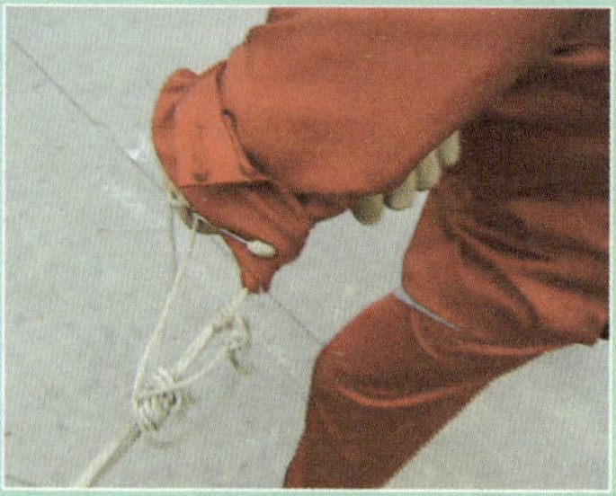

老人练就祖传称之为“金钟罩铁布衫”的功夫

2006年8月16日清晨，在武汉市秀美的东湖岸边，找到了被当地人传得沸沸扬扬的神奇老人邱服义。

84年前，邱服义出生在湖北省荆州市一个有名的中医世家。从3岁起，他就随父亲学习我国传统中医技术。在这期间，他结识了不少武林高手。也许是因为他在武功方面有特别天分，很早就练成了一身绝技武功，也就是祖传称之为“金钟罩铁布衫”的功夫。顾名思义，“铁布衫”就是拍打功，即身上能够生成一种抗击打力。

大多数人对“铁布衫”的了解，都来自武打电影中。影片里出现的那些武林高手，他们不仅可以让自己的身体坚硬如铁，不惧拳打脚踢，甚至连棒击也不会损伤皮肉筋骨，并且还能爆发出极具杀伤性的回击力。

但是，随着对武术更深入的了解，人们渐渐发现对于“铁布衫”的描述，更多的是艺术家们的艺术夸张，现实生活中却没有人能真正做到刀枪不入。即使是这样，像“铁布衫”这样的功夫，仍然是观众们喜爱的节目。

邱服义老人说，“要别人相信，你必须要有抗打能力，这样别人才信，口服心服。”

20世纪三四十年代，因生活所迫，邱服义放弃了家传的中医，凭着自己一身的武功，开始了走南闯北的卖艺生活。

在他徒弟们的眼中，师父会很多表演项目，表演“铁布衫”只是其中的一项：

“人体导电他也会，还有手掌煎鱼，好多好多节目。”

随着演出不断增加，邱服义逐渐意识到，仅靠表演一些大家熟悉的功夫，很难再吸引更多的观众。于是他开始潜心研究中国武术史上一些传奇武功。冰冻三尺，非一日之寒。经过十多年的苦练，在20世纪50年代，邱服义不知怎么就练成了让世人瞠目结舌的绝技——隔空推物。更让人吃惊的是，邱服义不仅仅是隔空推物，他还能隔空吸物。那功夫一下就把徒弟给镇住了：“这是高手，我必须要学。”

这个长久以来只在武侠小说或者是武打电影里出现的情景，突然出现在了观众们的面前。一时间，邱服义名声大振。

如果不是真的亲眼所见，恐怕很难有人相信，在现实生活中真的存在隔空打物，但是邱老先生隔空打物的场面和电影当中的确实不一样。不一样在哪里呢？大家可以注意一下电影里的画面。比如主人公腾空而起，发出光波，马上地面就炸起来了。腾空而起，这是一个镜头，转接着就是一拳打下去，现场的效果是人仰马翻，硝烟弥漫。其实大家都明白这是怎么回事，这只不过是先拍演员腾空而起的镜头，再拍一个地面人仰马翻的镜头，两个组接在一起，就可以带给我们很强烈的视觉效果。但伴随着邱老先生“哈”的一声，砖头马上就应声而倒，那么他到底是怎么做到的呢？

邱服义老人

邱服义解释说这里面是一种气场：“要它冲那就冲那，要它冲这就冲这，这叫内气外放，外气内收。”

练功者所说的内气，就是我们熟悉的丹田之气。在武术中，关于丹田气的练习有很多

“铁布衫”就是拍打功，即身上能够生成一种抗击打力

方法。但是无论怎样，要想学成某种武功，都必须先从练气开始，所谓的“外练筋骨皮，内练一口气”，就是这个意思。

中国武术研究院研究员康戈武说：“它也是借助于自然呼吸的这口气，通过练功，能把这口气吸进来，把它吸到丹田的部位，那么它就有一个丹田聚气的作用。”

除了要掌握丹田聚气的技巧之外，练功人更重要的是要会用气，也就是说通过大脑的感知，将丹田气调整到身体的某个部位。

康戈武继续解说：“然后，把完整起来的意、气、劲相合的一个完整的力量，通过一个肢体的局部把它发出来，那么这个打击力量就会相当得大。”

这样产生的爆发力，它的威力往往超乎人们的想象。但令人匪夷所思的是，原本在体内的气，真的能通过手掌释放出来吗？武术中有没有隔空打物这样的绝技呢？

在康戈武看来，在武术里边确实有这样一种功夫：“就是把蜡烛打灭了，这个在少林七十二艺里边就有。”

20 世纪 70 年代，享誉世界的武功奇才李小龙，就曾用过隔空打物的练功方法。康戈武说，就是把蜡烛点燃以后，对着蜡烛练出拳、练推掌，李小龙能做到把烛光打灭。

之后，大量事实表明，李小龙的隔空打物并不是完全意义上的隔空，他是借助出拳时产生的风力，熄灭燃烧的蜡烛。但是从这一点，人们仿佛觉得，通过练习，要做到隔空打物是可能的。

邱服义说：“没有三五年，这是不可能的事情，要持之以恒，慢慢可以达到这种境界，没有几十年是不可能的事。”

事实上，在我国武术中也确实有一种功夫，可以做到隔空打物。

在太极拳里边，把这种技巧叫凌空技，即凌空打出去。比方说你往前打我，我让你，在你重心已经失去，要倒地的时候，我“啪”一下一个动作打过来，你没办法变换你的重心，这个时候你就只有主动倒地。通过主动倒地、跌倒等等方式，或者主动往后退出去多少，来避免被我直接打上。

除了用错误引导的方法，隔空击倒对手之外，在武术中，还有另外一种方法，同样能达到隔空打人的目的，那就是药功。把这种药藏在手心里边，在跟对方交手的时候，距离拉开了，根本没交手，我“啪”一下，把这个手掌一放，手掌一打开，手心里边药物的挥发性，或者是刺激性使对方感觉到了某种不舒服，出现了一种格斗当中的积极效果。

但是，在看了邱服义的绝活之后，康戈武研究员发现他的隔空打物与武术中的隔空打人有着明显的区别。

“如果说立一块砖头，离得那么远，再老远冲个拳，用内气外放来击倒对方这种，我还没有看到过这方面的记载，或者亲眼看到过。”

2. 失败的丹田气

如果按刚才前面专家所说，武术当中的隔空打物其实指的只不过是借助你的拳风带动的空气流动，把蜡烛击灭；或者是靠手中藏着的某些药物刺激对方感觉的话，内力似乎应该是很难存在的。照这个逻辑来推断的话，老先生所谓的内气外放、外气内收这套理论就很难理解了。可是如果不是靠内力的话，他又是怎么做到的呢？因为按照物理学的原理，人们要想改变一个物体的运动状态，必须要施加给它一个外力，否则的话，这个物体会继续保持它原来的运动状态，但是邱老先生进行表演的时候，根本与他推的那个物体没有进行任何实

邱服义能“内气外放，外气内收”

邱服义会很多很多表演

邱服义不知怎么就练成了让世人瞠目结舌的绝技——隔空推物

老先生不仅能够把砖头推倒，而且更绝的是还可以隔空碎瓶

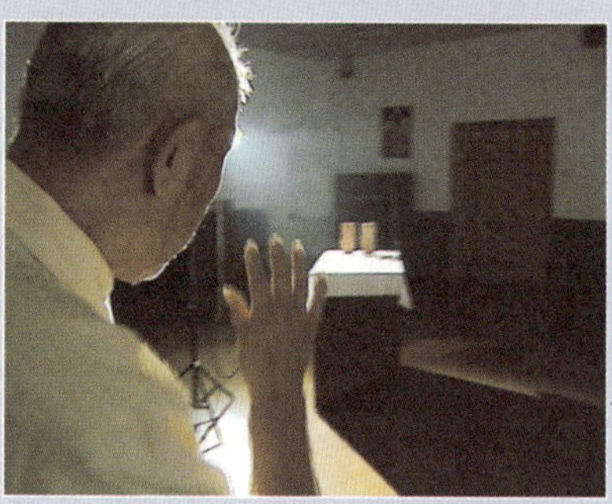

把砖摆到另一个位置上，要求邱服义重新再表演一次时，他拒绝了

质性的接触，没有给它一个外力，这个物体又是怎么能够动起来的呢？老先生说不仅能够把砖头推倒，而且更绝的是还可以隔空碎瓶，隔空推动装满水的水瓶，这一切他到底是怎么做到的？

邱服义认为可以解释成是一种磁场、重力场或电磁场：“人的手上有一种能量，有一种热能，就是生物电。”

在武打电影中，我们经常能看到这样的情景。这些武林高手，借助自身的生物电能量，在几米之外就可以击倒对手。可是，在现实世界里，人体内真的有生物电吗？依靠这些能量，是否可以隔空打物呢？

社会学者司马南觉得人手所谓掌心的位置，这种地方声光电磁热的效应是有的。“但是要把远处的一个东西击倒，变成一种机械力，这种科学研究的结论我们从来没有听到过。”

大量的科学研究证实，人体作为一个生命有机体，细胞内确实存在着生物电现象。然而，经过测量之后，专家们发现存在于人体内的生物电，它的能量极其微小，小到人们根本无法察觉到。

如果一个人依靠体内的生物电能量，根本做不到隔空碎瓶的话。奇怪的是，邱服义又是怎么隔空移物的呢？莫非他有着与众不同的超常能力，能将艺术家们笔下隔空打物的神奇现象，重现在现实生活里吗？

他的徒弟就对师父就崇拜得五体投地："师父的绝活确实太绝了，可以说是咱们中国，包括外国都绝无仅有的。"

20世纪80年代初，我国曾一度出现过所谓特异功能的人，他们说自己在一些方面具有超常能力，但事后经过大量科学检验之后，人们发现这些所谓的超常能力，都是表演者借助了某些道具来完成的。

司马南说："如果你用点心思，认真一点的话，揭穿这种东西在我看来不是很难，因为有的表演很拙劣，如同儿戏一般。"

之后，尽管又有人说自己在某些方面有特异功能，但无非是过去旧社会传承下来的一些走江湖、打把式卖艺所表演的技巧，或者从国外传来的一些装神弄鬼的表演。司马南将特异功能的本质定义为是一种超自然的奇迹。"而超自然现象，如果你要强调它的存在、肯定它的存在，就要给出证据来，但这是件很难的事情。我们从来没有见过被确凿的科学证据证明的超自然现象"。

那么邱服义的隔空移物，会不会就是一种超常能力的表现呢？

就在记者把砖摆到另一个位置上，要求邱服义重新再表演一次时，他竟然拒绝了，说是"你摆了我也推不翻"。应该说邱老先生自始至终都非常配合采访工作，可是当记者动了那块砖之后，老先生马上就说，自己今天功力已失，功力用完了，无法再进行表演了。这就让人很怀疑，其中是不是还有些其他什么东西？难道说老先生的这个绝活根本不是一个绝活，而就是一个游戏、一个表演？但据我们了解，老先生现在已经不从

邱服义第二次表演时，砖应该往后倒，结果却往前趴下来了

表演过程中可以看出有很多不自然的地方

事这个表演了，表演这手绝活无非就是亲朋好友聚一块的时候拿出来大家开心一下的。如果这真是一个游戏的话，他干吗不把实情告诉我们呢，干吗要说什么内气外气的呢？而且老先生自始至终从来不让我们去动他的那张桌子，他的那张桌子我们任何人都不能碰，这也让我们怀疑，为什么呀？你要是能够随意表演内气外放、外气内收的话，我们动动你的桌子又何妨呢？因此我们就从另一个角度去思索，但恐怕我们自己也无法完完全全搞明白其中的道理，因此我们想，能不能找一个相关的业内专业人士帮我们来看看其中的玄机？那我们找到的是一个什么样的人士，这其中到底存在不存在着什么秘密，老先生的绝活到底是真是假，是不是一种超自然现象呢？

3. 魔术师揭秘

为了更进一步了解邱服义隔空打物的事实真相，第二天，记者找来了魔术师王志伟，请他帮忙分析一下，看看邱服义的绝活会是什么？

在王志伟看来："若是从一个表演艺术角度看，那我明显能感觉这是一种表演，一种非常生活化但是又非常特异的表演。"

凭借自己多年的魔术表演经验，王志伟认为，邱服义的隔空打物，在许多地方与魔术有异曲同工之处。"我们所从事的魔术这个表演艺术，所变化出来的现象都是很特异的，隔空移物，或者转移，或者说穿透等等。"

可是，无论是从道具，还是从表演手法上，我们都无法看出邱服义的隔空移物与魔术之间有什么关联。那么他的绝活怎么就会是表演呢？于是，记者请王志伟帮忙设计出一些揭秘的方案。

王志伟的判断是："无外乎他是用一种物理的力导致的，所以从这一点来讲，是非常简单的，但是具体怎么去实现这个力，各有各的巧妙吧。”

在现实生活当中，我们很难看到所谓隔空打物的场景，但是在一些特殊的场合，我们就会看到，比如在魔术师的表演现场。然而事情就是这么有意思，如果是一个魔术师在进行表演，我们肯定知道它是假的；如果这个魔术师说我不是在表演魔术，而是在进行超功能、超自然能力表现的话，我们也许就会认为，哎呀，这是一个大师。王志伟曾表演过把人空中悬浮起来，包括最后消失等等，这都是一些在我们看来违背自然规律的事情，而魔术师借助他们的手法以及道具、灯光的使用，给我们展现出一些奇迹，但是说到底，还是一种表演。那么，老先生的绝活和魔术之间有什么结合呢？我们也想请王志伟看看能不能仿照老先生的表演状态，给我们制造一些道具，也能够完成类似的工作。

王志伟准备好自己的道具后，也摆了两块砖，穿上他心爱的魔术表演服，站到砖对面。在经过准备、运气后手指头开始洒魔术粉。不过第一次，砖头蹦跶了几次才倒下，在这个蹦跶的过程中我们可以看出有很多不自然的地方。第二次表演时，砖应该往后倒，结果却往前趴下来了。第三次表演得还行，时间上稍微差了那么一点点，为什么时间上会差那么一点点呢？因为王大师的道具实际上是两个人在配合，但是因为刚刚练，才半天的时间，难免配合上有些小失误，因此表演起来效果肯定就不如老先生给我们看的隔空打物那么顺畅、那么自然了。王志伟是在使用了一些道具的情况之下才做到的，那么老先生到底有没有道具呢？

经过魔术师的一番指点之后，第三天，记者请邱服义再次表演。而这一次表演，结果让记者感到有些意外，邱服义的隔空打物竟然失败了。可是，在他又重新摆了一下砖之后，奇迹却再次出现了。

表演在进行中

难道他用的砖不是一块普通的砖？检查的结果让记者多少有些失望，因为在砖里并没有看到任何机关，那么问题究竟出在哪？

王志伟在解释隔空打物

王志伟的推测是：如果砖是摆在桌面上的话，很简单，底下有一种物理的力去触动它，使这个砖头的重心发生了偏移。

这样的推测是否有道理呢？仔细观察一下，邱服义在摆砖时好像摸了一下桌子。而在砖倒下的瞬间，摄像机记录下了桌布被顶起来的细节。

王志伟解释道："在底下触动的这个力，让砖的重心产生了移动，所以就发生了你们看到的这种现象。"

随后记者在邱服义摆砖的地方，找到了几个图钉大小的机关。如果说靠这样的机关，可以让竖在桌上的砖倒下的话，那么同样凭借着这样一个机关，是否可以做到隔空碎瓶呢？

根据王志伟分析，在桌子底下有另外一个外力，因为有桌布盖着，所以机关观众是看不到的。

事情是不是真的就这么简单呢？

记者提出："如果现在你用我提供给你的道具，用这个瓶子和这个毛巾，再让你做一次，你能成吗？"

邱服义同意："我试试看。"

让记者没有想到的是，在更换了遮盖物之后，玻璃瓶竟纹丝不动，表演又失败了。

看来王志伟的分析是正确的，单单玻璃瓶放在那儿，它的重力跟桌底下产生的

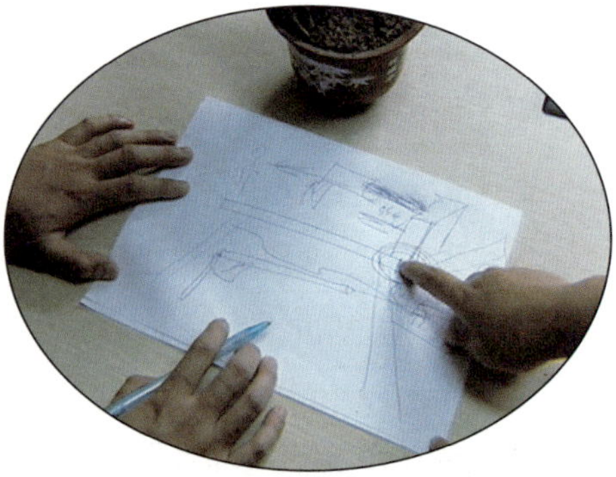

砖底下有一种物理的力去触动它，使这个砖头的重心发生了偏移

力不足以让玻璃破碎，因此从物理上说，它必须要有一种重力去承载或者说跟这个玻璃瓶复压在一起，才能有足够的力产生，那块布里还含了一些其他的我们看不见的重物。正是有了这些负重物，才使得玻璃瓶有了一个可以与作用力相当的反作用力。“如果大过玻璃本身的承受力时，它就会碎了。”

但是让人不可思议的是，仅凭一个可以上下伸缩的机关，邱服义怎么就能隔空移物的呢？

4. 几块磁铁

王志伟的答案是：“这么一个相对而言非常传统、生活化的表演，如果按我所看到的来推测的话，用磁的可能性是相当大的。”

既然木板里没有任何东西，那么邱服义又会把机关安在哪里呢？

王志伟揭秘：“一个是盆的移动。其实大家如果仔细注意的话，他实际上是用一种夹层的方式，在盆底下暗藏了一块磁铁。他非常巧妙地把磁力跟重力结合起来了，所以产生了在平面可以发生移动的现象。”

就在记者改换了道具之后，情况发生了新的变化。眼前的这一切，不得不引起记者的怀疑，难道邱服义用的盆并不是一个普通的盆吗？随后，记者对盆进行了检测，果然在盆底发现了一块磁铁。

王志伟继续揭秘：“然后，在桌子底下，不管你用电机的方式还是机械的方式，都得有这么一种轨道，它有一种滑动的、机械的或者电机的原理，带动上面的盆一起走，因此那个轨道里面也要有一块相应的磁铁。当把盆放在桌上时，两个磁铁就会互相吸住。”

事情会不会像魔术师推测的这样呢？

在砖里并没有看到任何机关

在砖倒桌的瞬间，摄像机记录下了桌布被顶起来的细节

记者接着又对桌子做了检测，果然在那里又找到了另一块磁铁。正是有了桌子里的各种机关，邱服义才创造出了隔空打物、隔空移物这些神奇的现象。

按康戈武的说法，就是借助有过武术的一些基本练习方法，把它发展成了一种表演的艺术。

王志伟同意：“这个表演要没有很多年经验的积累，包括对整个机关道具的磨合、熟练于心的掌握程度，那是不可能做到的。”

就在我们揭开了隔空打物的事实真相后，老先生也承认了自己的绝活确实是一种表演，而并非是什么内气外放、生物电或者特异功能。“艺人必须要创新，要给人欣赏，要有观赏价值，你没有新东西，就没有出色的东西，别人看什么？”

看来利用魔术师做出的道具，我们人人都可以给大家表演一下。虽然现在道具用的是遥控器，老先生用的是机械式的，但是原理是一样的。其实生活当中有些事情，我们千万别把它想得太玄了，也许就真的像魔术一样，人家有自己的门子。所谓的门子，就是指他使用的一些道具、机关，人家不给我们说，但是他表演出来的恰恰就是一些特异的镜头、特异的场面，这样我们往往会上当受骗。说到底，老先生自己也承认了，他这只是一种艺术表演，拿出来让大家欣赏欣赏，只不过是为了增笑，大家一乐就可以了。我们也希望今后大家再看到这种事的时候，首先想一想，如果我们开动脑筋、借助一些道具能不能做到，然后再考虑其他的可能性。

（李瑛）

“鼓”惑人心

一个依山傍水的村子，
一面有二十多年历史的陈年老鼓，
老鼓竟然长出新毛！
是真正的皮毛还是其他生物？
是荒诞传闻还是确有其事？

1. 老鼓长新毛

一张蒙在鼓上二十多年的马皮上又重新长出了新毛？在首都经贸大学工作的刘先生回福建老家的时候就遇到了这样奇怪的事情。

在刘先生的老家福建厦门田背村里有一面老鼓，鼓面是马皮蒙制的，已经挂了二十多年了。可就从前两年开始，老马皮上又长出新马毛了！

我们都听过一句话叫“老树发新枝”，那是因为它的根还活着。可是，一面二十多

田背村位于闽西南，依山傍水

有一个挂了20多年的马皮鼓，前两年又长出马毛了

年的老马皮鼓又长出了新毛，这就有些匪夷所思了。刘先生非常确定马皮鼓上长的是马毛，“因为我亲眼看见的,这个鼓的皮是马皮做的,现在长出来的确实是一搓一搓的，有长有短的，是马毛”，就是因为太奇怪，刘先生还特意把它拍了下来,从录像里的画面看上去,这“马毛”还真是又粗又长。

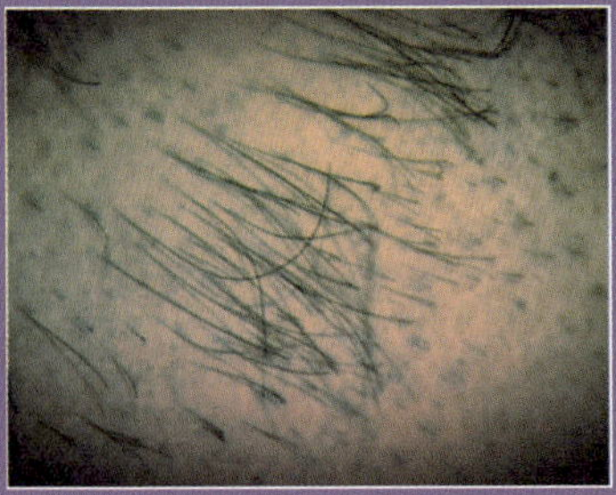

现在长出来的确实是一搓一搓的，有长有短，是马毛

那么，鼓皮上那些看着像毛一样的东西究竟是不是毛？如果真的是毛，会不会是有人故意粘上去的？如果不是毛，又会是什么东西呢？

王义权，厦门大学生命科学院教授、博士生导师，多年来一直从事大型哺乳动物遗传方面的研究工作，是生命科学方面的专家。王教授说，毛发的生长过程其实很容易理解。一般来说，动物的皮肤结构和人类的皮肤很相近，分为表皮、真皮和皮下组织。最外面像鳞片一样的是表皮，它其实就是一层薄薄的保护膜；中间一层是真皮，相当于土壤，真皮层布满丰富的毛细血管，血管里的血液把营养源源不断地送到毛囊，而毛囊则相当于根，在血液的滋养下，毛囊里就会长出毛发。

哺乳动物的毛发都是由毛囊里生长出来的。一般说来，一个毛囊可以长出3～5根毛发，毛发的主要成分是一种特殊的角质蛋白，它非常稳定，除了火烧和化学处理，看似柔软的毛发通常都不会发生变形腐烂，干燥以后的毛发更是可以保留在皮面上长达成百上千年。所以毛发又被称为动物的活化石。

而“活”的毛发长到一定长度就不会再长，一段时间后还会自动脱落，新的毛发再从毛囊里长出。就这样不停地生长、脱落，再生长、再脱落，周而复始。毛囊一旦死亡，这个过程就停止了。

正常说来，马毛一定要在活马身上才能生长，它需要有毛囊周围的血管供应它的营养，然后毛囊的细胞才能够生长分裂，分裂的结果从外观上看就是毛不断地长长。一旦马死了，血管没有血液循环，也没办法提供营养了，毛就失去了生长的土壤，是绝不可能再重新生长的。

可是，王教授也承认，录像里鼓皮上的东西表面上看确实像毛，但由于没有实物，无法进行显微分析和成分鉴定，也难以下结论。

田背村位于闽西南，依山傍水，当地雨水丰沛，格外潮湿，气温偏高。自从几年前马皮鼓长毛的消息沸沸扬扬地传出来，田背村开始远近闻名。记者也来到这里试图一探究竟。

云霄阁是田背村的一个古建筑，已经有将近五百年的历史了。长毛的神奇马皮鼓就挂在这里。据村里的老人回忆，云霄阁最早有一面鼓，不过已经坏了，现在这面马皮鼓是1988年从邻近的永定县买来的。

在龙岩田背村一带，按照祖先留下来的传统，逢年过节都有祭祖的习俗，祭祖时早起要敲钟，晚上要击鼓。就在早几年，晨钟暮鼓的声音还经常从云霄阁传出来，回荡在整个田背村……平日里，云霄阁很安静，没什么人出入，遇到村里举行庆典或者祭祀活动，村民才聚集在这里。

家族世代住在云霄阁旁边的刘其兴老人今年67岁了，老人对马皮鼓长毛的传说了如指掌。老人说，当初这里是有专人看守这个云霄阁的，就是这个人发现了马皮鼓上长出了新马毛的事情，并且告诉了老人。老人一看，竟然是真的，太奇怪了！事情传开后很多人都专门跑来看了。也有人不相信，说是不是你们自己粘上去的，就去拔，可是都没有结果。因为鼓毛总是被拔，现在马皮鼓上的毛已经少了许多。到后来，村民们把这面鼓用铁丝网罩了起来，束之高阁，不再让人随意接触。

《走近科学》片头

为了让记者看得更加清楚，老人把鼓上的铁丝网取了下来。已经发黄的旧皮鼓

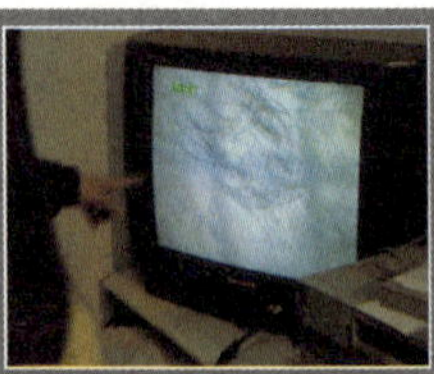
这个奇怪现象被拍成DV

老鼓竟然长出新毛

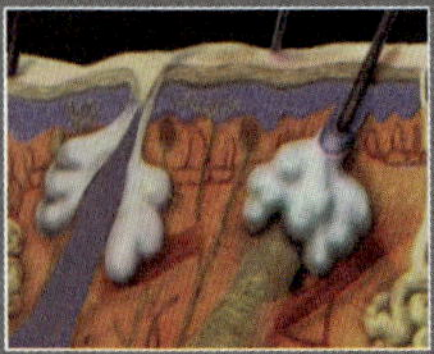
毛囊相当于根，在血液的滋养下，毛囊里就会长出毛发

记者再次仔细端详这面神奇的马皮鼓

记者很真切地看到已经发黄的旧皮鼓上果然有一些像毛一样的东西

上面果然分布着一些像毛一样的东西，长短不一，分布不均。凑到跟前仔细看时，还能看得出鼓皮上的粗大毛孔。老人说，向阳的一面长得更多些，而从鼓的边缘能更清楚地看出毛不是粘上去的。

不但老马皮会长毛，而且田背村的村民还说，马皮鼓上的毛会“越长越长，越长越多”，短的会慢慢长长，而长的就会生长得比较慢，保持一定的长度。

这究竟是怎么回事呢？会不会是因为田背村气候潮湿高温，马皮长出了霉菌？

当初马皮鼓长毛的消息刚刚传出时，也有村民们议论纷纷怀疑是鼓皮发霉了。尤其是一些年事已高的阿婆，她们认为一旦鼓上长了霉菌（真菌），全村都会跟着倒霉。云霄阁可不是普通的寺庙，它是当地村民烧香祭拜祖先的地方，供奉祖先的云霄阁应该是圣洁的，长了真菌就是对祖先的大不敬。所以，几个村民商量以后偷偷做出了一个大胆的决定——烧！

因为是偷偷烧的，其他人也不知道当时是怎样的情形，有没有一些毛发燃烧的异味等等细节也都无从考察。唯一能够看到的是，烧黑的鼓面上仍然有着“马毛”。

自然界的真菌有成千上万种，它们一般都喜欢阴暗潮湿的地方，不会迎向阳光生长。真菌是由许多细长的菌丝组成，这些菌丝寄生在物体表面，就像是粘在上面的，所以真菌的根基很不牢固。真菌和毛发最大的区别就在于根部，毛发的根是一个个独立的毛囊，正常情况下，毛囊整齐有序地扎根在真皮层，相对稳定，不会轻易被抹掉。

由此看来，马皮鼓上的鼓毛并不是霉菌。

动物的毛发和人的头发很相近，现在很多人为了有一

为了让记者看得更加清楚，老人把鼓取了下来

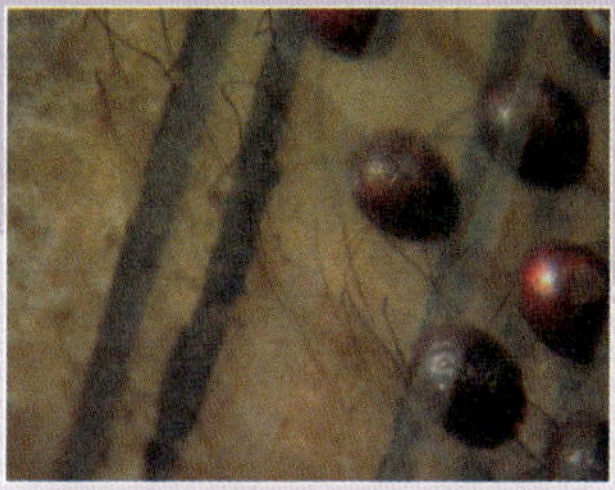

马皮鼓边缘上的毛看得更明显

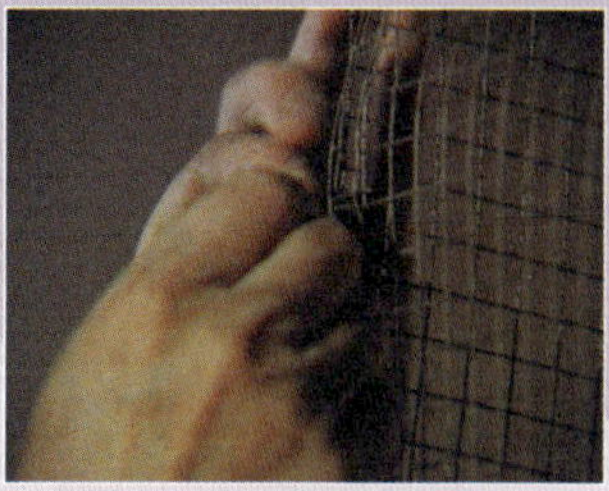

把鼓上罩着的铁丝网取了下来

凑近甚至还能看得出鼓皮上的粗大毛孔

对着阳光一面的鼓面上毛长得多

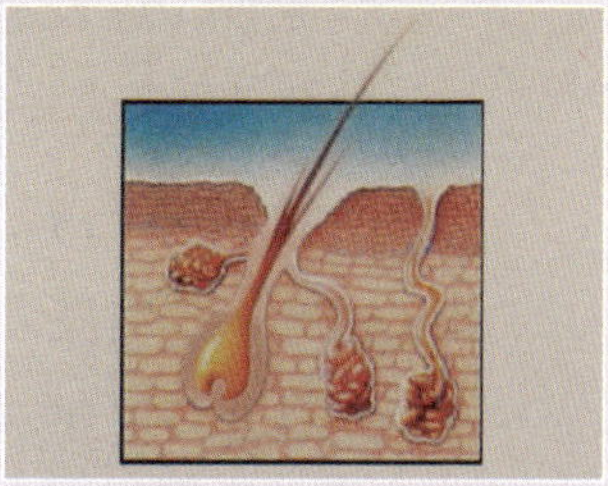

如果毛囊还活着，新的毛发会从毛囊里长出

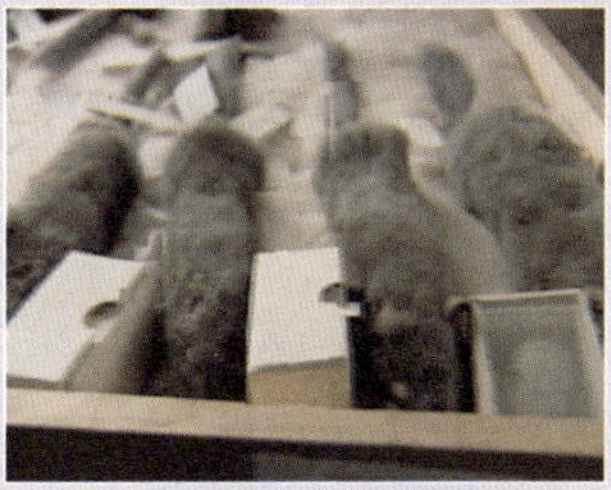

记者从老马皮鼓的鼓皮边缘割下一小块带着毛的皮子

鼓皮上的东西表面上看确实像毛

它们没有毛发本该有的光泽

据说马皮鼓上的毛越长越长，越长越多

一些年事已高的阿婆怀疑鼓上长了霉菌

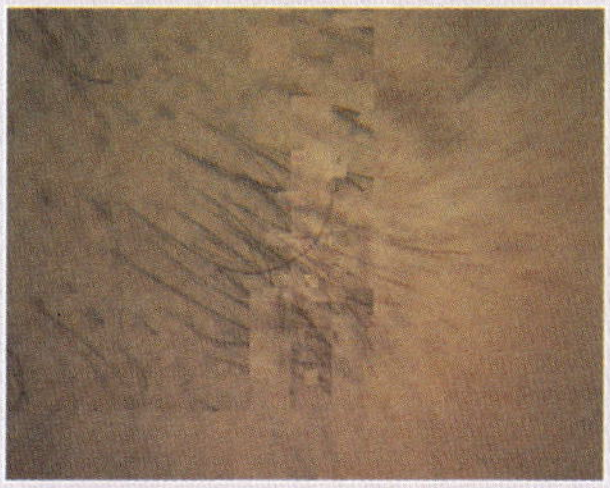

霉菌和毛发最大的区别在于根部

头浓密的头发而想尽了办法，用营养洗发水，多吃核桃芝麻，甚至还有人想到了种头发。可想而知，头发掉了要重新长出来有多难。毛囊和流动的血液，是毛发生长的两个必要条件，二者缺一不可。可田背村的马皮鼓不但能长毛，而且被火烧过的地方仍然还会长出新的马毛来，别说鼓皮上早已经没有流动的血液，就连毛囊也早就死掉了，更何况还被火烧过，这几乎就是不可能的事情。如果鼓毛真的在长长、长多，那就不应该是马的毛，可不是马毛又会是什么东西呢？

有人说，这表示田背村的风水很好，会出大人物了。也有人传说在鼓里看到了神像。二十多年的老马皮鼓又重新长出新毛来，这消息越传越远，越传越神。许多人开始觉得这是一面有灵性的神鼓。渐渐的，附近的村民开始经常前来上香叩拜，而以前认为鼓毛是真菌的村民也把马皮鼓当作神灵供奉了起来。不仅如此，还有人说，马皮鼓上的毛会变颜色，它能显现出吉凶运势。

云霄阁是田背村的一个古建筑，已经有近五百年的历史

“原来在里面朝南那个方向的毛是黄色和棕色的，棕色的那些以前一直都是这个颜色，最近一段时间变成黑色的了，前面的毛也长得比较多，比较长了，旁边的也长出来了，也比较长了。”

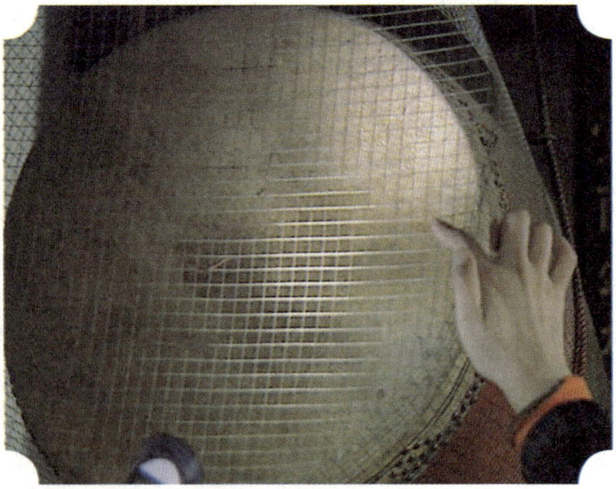

几年前村民们把这面鼓用铁丝网罩了起来束之高阁

煞有介事的传言让事情越发扑朔迷离了。

为了进一步确定马皮鼓上的东西究竟是什么，需要带一些样品请专家做进一步鉴定。记者在征得村民同意后，从老

马皮鼓的鼓皮边缘割下了一小块带着毛的皮子，还从鼓面上取了一些毛，和一位村民一起来到厦门大学生命学学院再次找到了王义权教授。

毛囊整齐有序地扎根在真皮层，轻易不能用手抹掉

通过显微观察，科研人员发现，田背村马皮鼓上像毛一样的东西很粗糙，也没有毛发本该有的光泽。 因为大型哺乳动物的毛发结构都很相近，为了让结果更加清楚明白，记者当场剪下一根自己的头发和鼓毛来进行对比。相比较之下，人的头发显得很光滑，更为重要的是，人的头发中间还有一道明显的光亮，这是毛发都应该有的毛髓腔。而在马皮鼓上取下的毛发上却看不到毛髓腔。毛髓腔是毛发的一个重要标志，正是这个管道一样的毛髓腔提供了让营养贯穿整根毛发的通道，这样毛发才能不停长长。

一个依山傍水的村子，一面二十多年历史的陈年老鼓，鼓面上竟然长出新毛！

这是不是就能说明鼓毛并不是真正的马毛呢？

如果马皮鼓鼓皮上的东西不是马毛，那会不会是真菌类的微生物呢？为了弄清楚事实真相，记者又联系到了专门从事微生物菌类研究的专家黄耀坚教授。

黄教授很干脆地否定了老马皮鼓的鼓毛是菌类的猜测，因为把它放大后看不到真菌根部必不可少的细长菌丝。

2. 找到了老鼓的制作者

两位专家也没能给出一个明确的结论。看来只有从老鼓的来源去着手调查了。追根溯源，记者终于找到了当年这面马皮鼓的制作者。

据当地人讲，这面马皮鼓是来自一个家族手工作坊，姓游，是祖传三代的做鼓世家。根据记者从鼓皮上剪下的样品和鼓皮上的特殊记号，游老先生毫不怀疑地肯定了鼓是出自自己的作坊。虽然时隔太久，当年的细节早已经模糊了，可是游先生很清楚地记得老鼓的鼓面不是马皮，而是牛皮。马皮鼓突然变成了牛皮鼓。看来当初田背村买鼓的村民对这面鼓的情况也并不是很清楚，才会一直误以为是马皮鼓，久而久之，以讹传讹之下牛皮鼓就真被当成了“马皮鼓”。

可是，究竟是什么皮并不是问题的重点，牛毛也好，马毛也罢，要紧的是得弄清楚这鼓皮上的到底是不是毛。

带着对老牛皮鼓的种种疑问，记者回到北京，把样品送到了中国科学院动

鼓朝南方向的毛是棕色的

在龙岩田背村一带，祭祖时晚上要击鼓

许多人开始觉得这是一面有灵性的神鼓

物研究所做鉴定。和动物打了半辈子交道的冯祚健教授是我国著名的动物学家，冯教授又联系了一位专门从事生物繁育研究方面的专家彭教授。两位专家研究认为，这些确实是毛发，可是不是新鲜长出来的，而是当年加工时没有刮干净而残留下来的牛毛。

可是这个说法却遭到了这面鼓的制作者游老先生的反对。游老先生说，虽然做鼓的时候距今已经有二十多年了，当时的情况也有些记不清楚，但不管怎样，制鼓的程序几十年都没什么变化，尤其是鼓皮的熟制过程，是游家祖传严格恪守的程序。去毛的工序比较复杂，去毛的要求也是很高的，客户和作坊对这一点都比较苛求，“我们的鼓出厂后是不敢有皮毛存在的”。

通常，人们把新鲜皮子加工成鼓皮的过程叫“熟皮子”，熟皮子的过程中要刮 3 次毛。第一次粗刮过后，接下来就要用冷水浸泡，至少要泡两天。这时候皮子上确实还残留有一些长短不一的毛。那么那面老牛皮鼓上的毛是不是当初没刮干净，或者漏了什么程序呢？

村民认为马皮鼓上的毛会变颜色，能显现出吉凶运势

游老先生否认了这种说法：“不是啦，肯定是要干净的，干净以后它发音才准。”因为鼓的发音是靠鼓面的震动产生的，如果毛没有刮干净就会影响音质。只有把毛全部刮干净了发出的音才能标准，不然出来的音就不对。

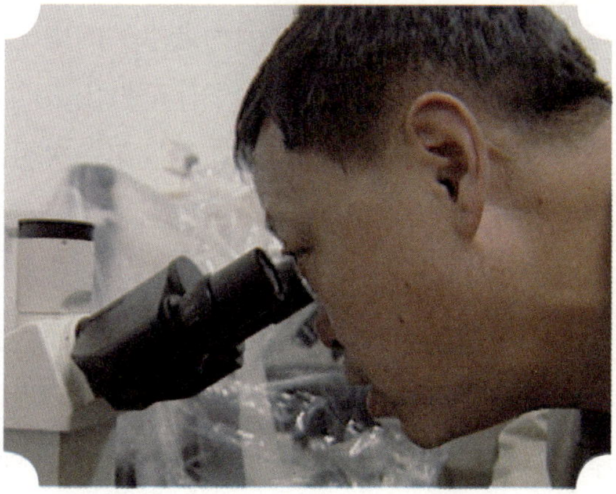

科研人员进行显微分析和成分鉴定

鼓，应该算是人类最早的乐器之一了。距今四千多年以前，我们的祖先发明了鼓。当时，为了传递消息、躲避野兽的侵略，人们把动物的皮罩在掏空的木

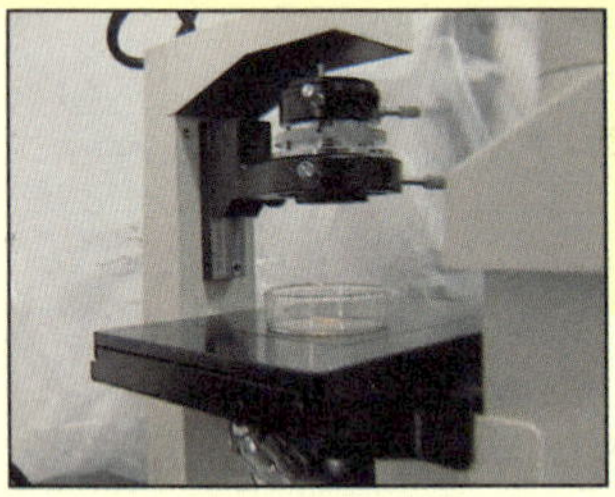

显微镜观察

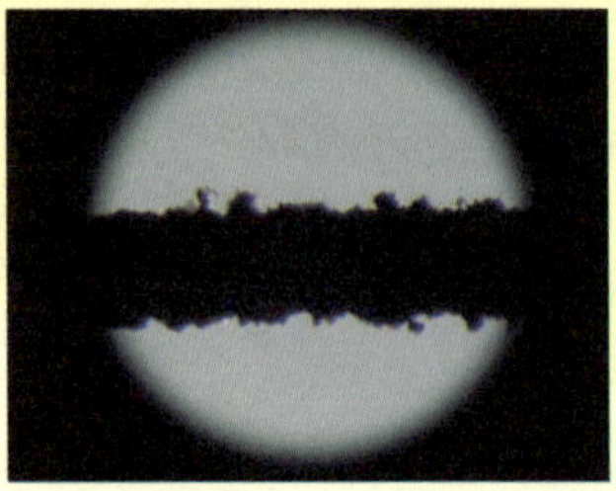

科研人员发现马皮鼓上像毛一样的东西很粗糙

放大后的鼓毛上看不到毛髓腔

记者从鼓皮上剪下样品

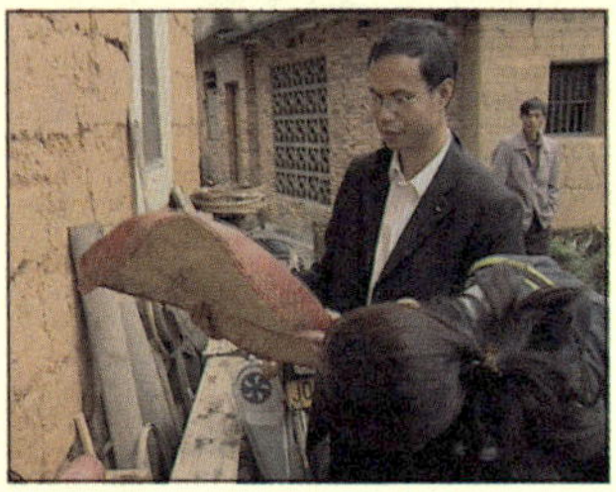

游老先生毫不怀疑地说牛皮鼓肯定出自他的作坊

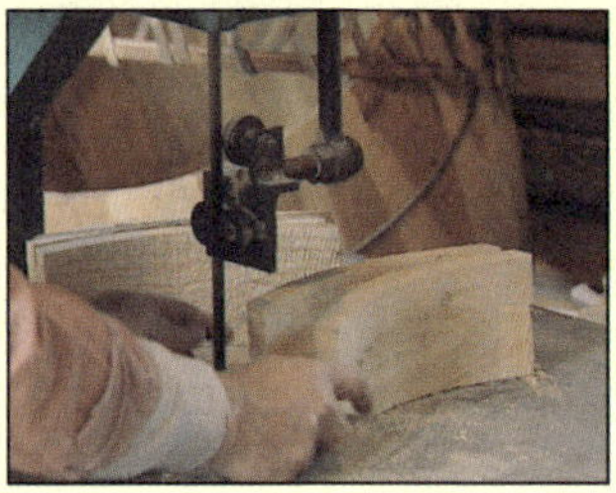

距今4 000多年以前我们的祖先发明了鼓

桶上敲击，声音能传出很远很远，这就是最原始的鼓。鼓的音质音量与鼓皮的薄厚直接相关：皮子越薄，鼓声就越高亢悠扬；反之，皮子越厚，鼓声就越低沉郁闷。所以，鼓音的好坏与皮子的薄厚和质地密切相关。

游老先生的作坊制作鼓通常都采用水牛皮："我们本地的耕牛，5 年、7 年或者十几年的老水牛。"因为老水牛的皮一般比较坚硬，皮的厚度也比较厚，而毛却是相当难去除的。为了保证做出来的鼓具有良好的音质，不仅要把毛刮干净，而且还要把皮子削薄。经过第一次粗刮并且已经泡过两天的皮子上面还留存有许多的毛和脂肪。游师傅强调，削薄之前还要进行第二次刮毛。这一次，是要用煮沸的开水烫过毛根，让毛根变软，这样才会好刮一些。可即使这样，要想把牛毛彻底刮干净还是相当困难。而整张均匀去薄后的皮子还要被放在特制的防腐药水里浸泡一天，然后再经过阳光的暴晒，把水分全部晒干，期间还要边晒边拉皮，以求让鼓面更有弹性，整个晒的过程就是一个拉的过程。拉皮这道工序比较复杂，用的力度也是根据鼓面的大小不同而有所不同。如果小的鼓要求就没那么严，而像直径达到1.5米左右的鼓，要求就相当高了。经过反反复复几道工序，原本凹凸不平的牛皮现在已经变得非常平整柔软。到了这一步，牛皮才能上架成为鼓面。

但是加工工序还没有结束，上架后的鼓皮还要经过第三次的刮毛。为了让这次刮毛更加干净彻底，首先就要把鼓面固定。游师傅特别强调，最后一次刮毛连边缘处的细小牛毛也不能放过，刮干净了皮毛，音质才能好。这时候，仍然要反复把鼓面尽可能地拉伸，刮毛和拉伸交替进行。在这样的拉伸过程中，鼓皮上原本微小的毛囊也被扩张开来，任何一点细毛都逃不掉被刮除的命运。

从整个制作工艺来说，鼓皮里面应该是不可能再有活的细胞和微生物存在了。对于老鼓皮“长”新毛的事情，游老先生也从未见过，唯有连连称奇，想不出个道理来。

一个没有生命的鼓，一张不可能存在活的细胞和组织的牛皮，按常理是没有可能长出新毛来的。可是制鼓师傅说肯定不是当年没刮干净剩下的，专家又认定不是霉菌也不是新长出来的，那它到底是什么呢？

人们把动物的皮罩在掏空的木桶上，就是最原始的鼓

皮子用冷水浸泡，至少要泡两天

老的水牛皮一般皮毛比较坚硬

鼓音的好坏与皮子的薄厚和质地密切相关

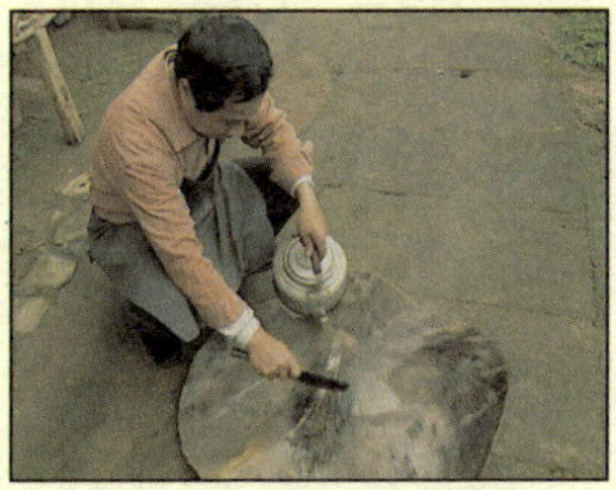

第二次刮毛要用煮沸的开水烫过毛根，让毛根变软

要想把牛毛彻底刮干净也相当困难

会不会是毛囊在拉伸扩张的过程中被一些微生物钻了进去，进而繁衍生殖，长出像毛一样的特殊生物呢？

3. 鼓毛的真相

上架后的鼓皮还要经过第三次的刮毛

为了更加准确地探查鼓毛的真相，记者又把田背村老牛皮鼓上的鼓毛连同游家作坊里刚割下来的新鲜牛毛一起送到另一家科研单位——中国科学院北京微生物研究所，进行成分和年代鉴定。记者事先并没有表明动物学家已经得出鼓毛就是牛毛的结论，只是请生物学家就鼓毛成分和形态做一些化验检测。

北京微生物研究所的文教授电脑桌面上有一张图片，上面也是一些看起来很像毛的东西。而它们实际上是一种特殊的微生物，叫黏菌。密密麻麻抱成一团的黏菌，乍一看也很像毛，难道老牛皮鼓上的鼓毛是黏菌？

黏菌属于真菌一类的微生物，真菌喜欢寄生在阴暗潮湿的地方，如果牛皮鼓上长的是菌类微生物，那么鼓的表面应该有明显的腐烂痕迹。虽说田背村的气候温暖潮湿，但是当地村民一直把老牛皮鼓挂在通风干燥的地方，鼓皮边缘也已经干裂开缝。干燥的牛皮鼓表面似乎并不能提供适合真菌寄生的条件。

专家仔细辨认了记者带回来的老牛皮鼓上的鼓毛，并且详细询问了牛皮鼓的来龙去脉之后，明确肯定鼓毛不会是菌类微生物。因为既然是做鼓的牛皮，当初“它就拉得很直很平，虽然老百姓说空气湿，但是不至于湿得使皮子整个变成软的，所以它的水分达不到让这些菌类繁殖的要求”。

文教授又从记者带回来的样品中挑选了几根相对完整的鼓毛，仔细观察了鼓毛的两个端头。发现鼓毛顶端有被尖锐东西刮断的痕迹。这不禁让人回想起游师傅在熟皮子的时候费力刮毛的情景。难道这就是当初刮毛的痕迹？

为了进一步确认，文教授把新鲜牛毛和老牛皮鼓上的鼓毛分成了两组，分别进行燃烧比较。结果，老牛皮鼓的鼓毛明显味道比较淡，而从牛身上取的新鲜毛味道就比较浓。同时，新鲜牛毛和鼓毛烧过以后味道虽然略有不同，但它们的末端都表现出非常一致的卷曲。这又意味着什么呢？

毛发燃烧后会发出异味，是因为它主要由蛋白质构成，蛋白质燃烧会发出刺鼻的味道和少量烟。新鲜毛可能蛋白质含量比较高，味道就浓一点；而老鼓毛已经有 20 年了，蛋白质等营养成分自然比较低，燃烧后的味道也就比较淡。

至于烧完发生卷曲，也是毛发类的特征。不同的东西质地和组成都不一样，以植物为例来说，它主要是由碳原组织组成纤维，所以燃烧后产生的就是灰粉，就像咱们抽烟产生的烟灰一样，随便弹一下，它就散开了。燃烧鼓毛的灰烬里并没有发现散落的烟灰，这就排除了鼓毛是植物的可能。而鼓毛燃烧后末端发生卷曲，恰恰是蛋白质的特点，这就可以说明老牛皮鼓上的鼓毛就是牛毛。

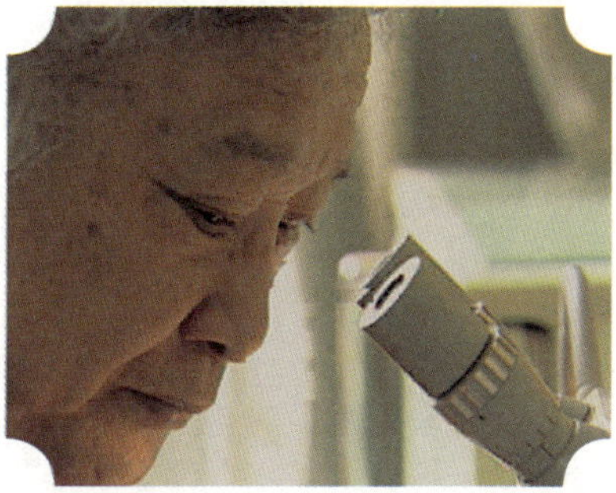

专家仔细辨认记者带回来的老牛皮鼓上的鼓毛

最后，专家把新鲜牛毛和鼓毛切断进行了年代检测。在两组对比样品中分别滴上软化液体，鼓毛立刻变得很混浊，而新鲜牛毛则没有任何变化。15 分钟之后，检测结果显示，鼓毛至少有二十多年的历史。之所以它的表面看起来非常粗糙，是因为上面附着了很多脏东西。正是这些脏东西让它在显微镜下看起来没有光泽，不像新鲜牛毛。

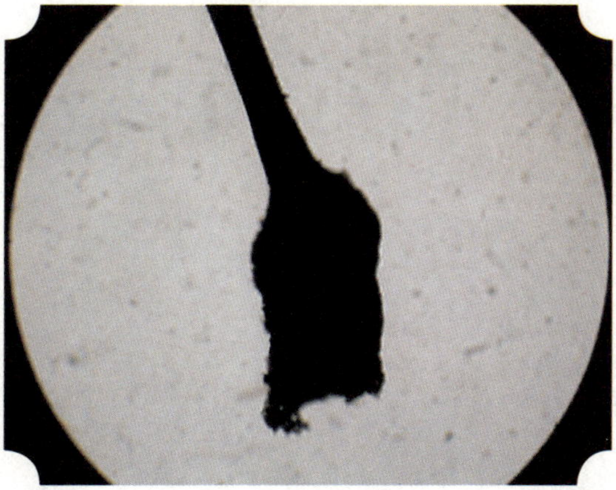

一些脏东西让它在显微镜下看起来没有光泽

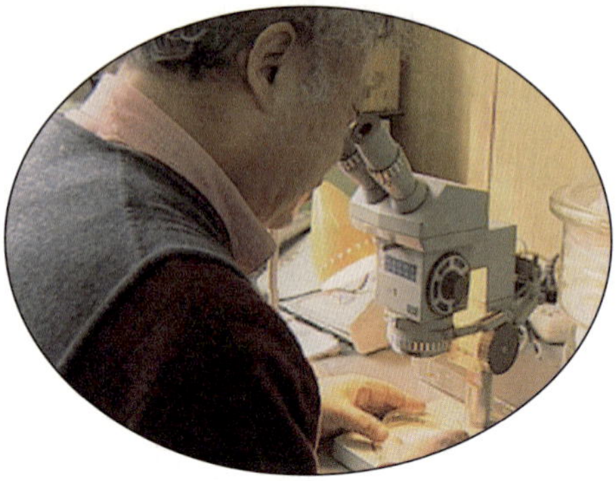

无论是直观判断还是实验分析，答案就是当初加工鼓皮时没刮干净留下的

无论是直观判断还是通过实验分析，微生物学专家和动物学专家都得出了完全一致的结论——老牛皮鼓上面的鼓毛就是牛毛，而且是当初加工鼓皮时没刮干净留下的。

可是，为什么村民和制作鼓的师傅都以为牛皮鼓上的鼓毛是后长出来的呢？

也许只能猜测，因为这面被村民当作神鼓的牛皮鼓并不专属于某一个人，也不是经常有机会被敲响，所以没有人对它有细致的了解；虽然做鼓的师傅说鼓毛一定要刮干净，否则会影响音质，可是毕竟鼓面上的毛也不是非常浓密，影响应该还是有限的；再加上这面鼓一直是放在云霄阁用来祭祖的，所以村民的心里很容易把它神化。种种因素综合，最终就导致了“神鼓长毛”的传说出现。

（陈沫）

诈　尸

在地处广西梧州的藤县山里，最近这里的生活不再宁静，大家都在讨论村民梁金石的事，他竟然在死了两天、下葬了3小时之后，又活了！难道他真能从坟墓里复活？

这到底是怎么回事……

1. 纯朴山村传出诈尸新闻

那年6月19日的傍晚，广西梧州藤县塘步镇的坤兰来到一座坟墓前，躺在里面的人是她的丈夫——梁金石。按照当地的习俗，坤兰来为丈夫送行，突然她听到坟墓里有动静，此时顾不上别的想法，大声叫着丈夫的名字，里面竟然有回应……于是坤兰赶紧找人来帮忙，挖出棺材。

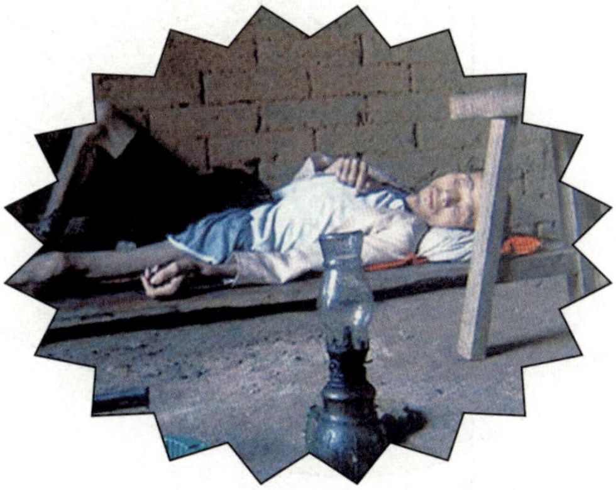
生病的金石独自居住在祖屋

人们把棺材给弄了出来，打开盖儿一看，梁金石果真还活着！不仅活着，还说，我要喝白开水。但是当时没有白开水，只给他灌了几口茶水，于是七手八脚把人开始往家里他竟然在死了2天、下葬了3小时之后，又活了！
难道他真能从坟墓里复活？

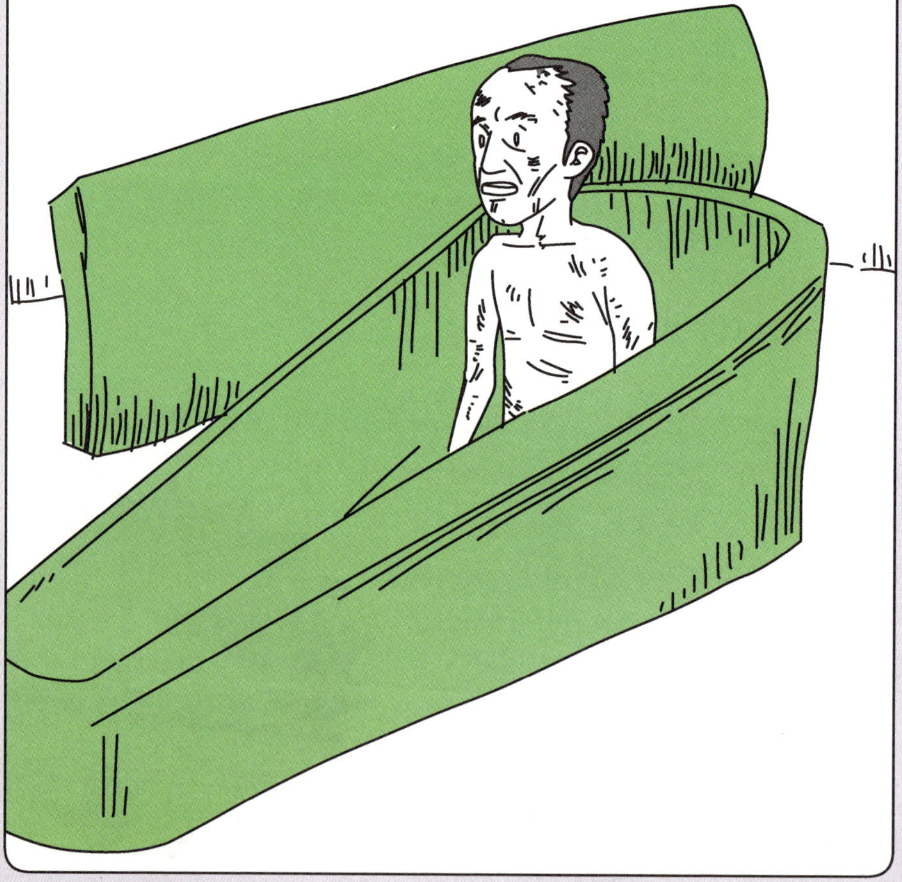

抬。咱们且不说这家人怎么样，单说这个消息马上就在村子里传开了，全村人都跟炸了锅一样，这不是诈尸了吗？好好的死人，都入了土了，他怎么又活过来了呢？这个消息就像插上翅膀一样，一时间天下皆知。于是我们的记者也亲自跑了一趟，想知道为什么死人入了土，他还能复活。

带着疑问，我们来到广西梧州，找到了第一个报道这件事情的当地记者颜桂海。

颜桂海说："读者向我们爆料，我们就感到很惊讶，也感到很奇怪。这个线索一定不能够放过。二话没说，我们就赶了过去，可是没想到……"

颜桂海接着说："镇政府的一个人就说没有这回事，不可能的事情，他说从科学的角度来说，根本就不可能，难道这消息是假的？"

颜桂海觉得不能就这么回去了，应该到事情的发生地南安村去看一看。

颜桂海说："走了大概四十多分钟才赶到现场，来到梁金石的家里面。我就看到，他躺在老屋的地板上。"

原来事情不是空穴来风，于是颜桂海就写出了这篇报道，后来被广泛流传。当得知我们明天一早就想去南安村找金石的时候，颜桂海却告诉我们："那个地方很不容易去……特别不好走。"

除此之外他还告诉我们，当地人的话我们根本听不懂。但是梧州还有一个人，可能对我们的调查有帮助，因为他也见过梁金石，并且正在调查梁金石死而复活的原因，于是建议我们先去找这个人。

他叫俸东升，是梧州市红十字医院内分泌科的主任。

记者："您好！俸主任吧？"

俸东升："对。"

当明白我们的来意后，俸主任同意马上下乡，带我们去南安村看望梁金石，但要做好准备，因为路途遥远，下了车还要坐船才行。

上了船一路往西，俸主任告诉我，梁金石是个糖尿病患者，自己是个研究糖尿病的大夫，所以想搞明白梁金石的死而复活与糖尿病有没有关系。此时船老大很热情，有说有笑，可当我问起有没有听说，南安村有个人不久前死而复活的事时，船老大却不愿多聊。

将近一个小时，我们终于到达了南安村。这是一个普通的南方山村，想到马上就能见到这个死而复活的人，于是加快了脚步直奔梁金石的家。

在梁金石家里，我们第一个见到的人是梁金石的妻子坤兰，随后又见到了梁金石的母亲，但却没有看到梁金石。此时发现由于语言不通，沟通真的很难，但我注意到，他们家有些与众不同的地方，门窗上贴了红纸。

倖东升："这个上面的红纸是为什么贴的呢？"

坤兰："以前不是红纸，他回来后贴的。"

梁金石活着回来了，就贴红纸了。

原来老太太有 6 个孩子，梁金石是最小的一个，今年 40 岁了。最早发现梁金石死的人就是她，聊天中我们知道了那天事情的经过。

6 月 17 日上午，老太太像往常一样，给生病独自住在祖屋里的梁金石送饭，也和往常一样喊他起来喝粥。

梁母对儿子说："喝粥，喝粥。"

可是无论母亲怎样呼喊，梁金石都没有反应。

梁母说："他没有反应。"

老人用手摸，发现人已经没气了，于是马上喊来大儿子，梁金石的大哥。

梁大哥说："我妈叫他没有答应，我去看看发现他手脚已经硬了，已经没有生命，已经死了。"

此时，梁金石的母亲还有他的哥哥们都认为梁金石已经离开人世了，为什么呢？因为呼吸没有了，心脏停止跳动了，手脚冰凉，而且都已经僵硬了，所以赶快给他办丧事。按照当地的习俗，请来道士给他做法事，超度亡灵。与此同时再去通知他在外地打工的媳妇坤兰，还有他的女儿回来奔丧。

梁金石在得病以前身体非常好，是一个壮劳力。但自从梁金石得了这个病之后，身体一下就垮了。妻子和女儿出去打工，他在家里由母亲来照顾，所以一个多月之前，当他的病情恶化的时候，他的妻子并不知道。

短短一个月时间，梁金石右脚已经烂得不成样了。

梁母："一个脚烂了。以前只是一个小小的疮，后来就烂了。"

掀开棺材救出金石

别人不清楚但梁金石自己知道，得了病的身体又拖了四五年已经不行了，眼看着脚又烂得厉害，怕是日子不多了，可是家里已经没钱治病了。按照村里的习俗，将死的人要离开自己的家独自住到祖屋里，所以他住进了祖屋，唯一不变的是老母亲每天还会按时送饭来。可是就在 6 月 17 日这天老人发现，她叫不醒梁金石了。

妻子坤兰听到噩耗连夜带着女儿往家赶。

坤兰说："我回来已经夜里两三点钟的时候，多亏大哥他们帮忙。"

当坤兰在灵堂看到了丈夫遗体的时候，她才相信梁金石真的死了。当地村民都认为入土为安，看到坤兰和孩子也回来了，于是决定当天下午安葬梁金石。

梁大哥说："大概 4 点钟就入棺了。"

此时是 6 月 19 日，从 17 日发现梁金石死亡到现在已经整整两天了。家里离坟地并不远，可出殡时的天气让人感到压抑。

梁大哥说："当时乌云密布。"

坤兰也说："天不好，很黑，响大雷，吹着大风。"

好在下葬的过程顺利，很快一座新坟出现在南安村村尾的山坡下。按照村里的规矩要祭七，考虑到家里的实际情况，坤兰打算早些出门打工，就想着赶当天晚上七点钟这个七。眼看着乌云也散了些，于是带着鞭炮蜡烛红纸这些祭祀用品来到丈夫梁金石坟前，此时坤兰无法想象即将发生的事情。

坤兰说：“在铺红纸的时候，我听到有声音，就弯腰下去听，也马上叫孩子去叫人。我就在那里挖。”

随后赶来的人又重新掀开棺木，果然梁金石在里面活了。

仵作祝叶生：“我拖他出来，就听到他说话说不太出声，支支吾吾的样子。”

坤兰说：“我不怕，我没有想到其他事，我只是想到他死而复活了。”

于是就看到了梁金石家人在家里到处贴起了红纸，以表示对生命的敬重，这人能复活是好事，然而村里人却并不这样想。

村里人甲说：“以为就是鬼、怪啊什么的。”

村里人乙：“不信，我根本就不相信他是死而复生。”

村里人丙：“我听到这个消息以后，心里面就很害怕了，怎么他会这样的，我想。”

因为大家谁也没见过这种事，现在梁金石活过来了，村里人担心会不会马上要有个人代替他死去呢？我们不相信这些说法，但看到村民们的不安，我们希望能尽快找到梁金石死而复活的真正原因。

2. 生还之因

安葬金石

虽然梁金石是活着从坟墓里出来了，但是身体状况糟糕透了，病情非常严重。藤县人民医院听到这个消息之后，马上派出了医疗队，连夜把他从家里接到了医院，进行治疗。说到这儿，可能大家也都觉得奇怪，这个人当初肯定是没有死，那么如何判定他当时已经死了呢？到底是谁下的这个定论呢？

梁大哥："我叫仵作来看，仵作说他已经死了。"

他们提到的仵作名叫祝叶生，是南安村里断人生死最有经验的人，他做仵作很多年了。

祝叶生说："我当时摸摸他的额头，已经冰凉了，手脚僵硬，身体冷血，由此判断他可能已经死了。就是这样的情况。"

然而专业的医生们却不同意这种说法。

"只不过是因为家人对病人病情判断失误，其实他并没有死。"

"我个人觉得，他应该并没有死。"

"肯定没有死。"

当我们在病房里看到活生生的梁金石时，此时可以确定，那天他肯定是没有死。那是什么原因使家人、仵作都认为他死了呢？

"当地人看不出来，人如果没有呼吸，超过了 6 分钟，是不可能的事情，一般是脑死亡。"

"没有受过专业的培训，他摸的位置可能不对，比方说脉搏和大血管的位置，他也不知道在什么地方，他只是根据叫不醒了，还有手脚有点冰冷了，就判断他死了。"

如果 6 月 17 日当时是医生们在场，他们会怎样判断梁金石的死活呢？

"从科学的角度来讲，我们要看他的一些生命的体征。看脉搏，看心跳，看呼吸。"

"比方说可能会马上按下他的眼眶，看他有没有反射，摸一下脉搏，听一下他呼吸，看有没有。"

医生判断当时梁金石肯定是没有死，可能只是处于深度昏迷，对外界的反应没有一点知觉了，所以说，他应该是假死。但是梁金石的这些亲朋好友都说，那不可能啊！他家办丧事，灵堂我们也去了，亲眼看到他直挺挺地躺在那儿，什么反应都没有，旁边还有道士做法，他怎么可能没死呢？而且再给大家说一点小插曲，就是当时不是请道士超度了吗？但是梁金石复活的这个消息传来之后，他的一位亲人，就是帮他请道士的那个人，听到这个消息，不但没有赶快去看一看，反而是先打一个电话给那个道士问，说你怎么回事，花钱请你来给我们做超度亡灵的法事，你是不是把我们亡灵给超度反了，怎么他又回来了？所以我们可以想象，在当地，我们现在的一些医学观点并没有深入人心，所以他的老婆也认为他当时是死了，她现在还记得，当时跟她的老公分别的场景。

她说："我在床边站了一个多小时，叫他没有反应，他眼睛紧闭，手紧抓。"

此时村里人更是说出了亲身经历，证明梁金石当时肯定死了。

某女："当时他都已经硬了，还能复生么？"

一男："人死怎么会有复生的可能呢？"

另一女："他当时就是硬了。"

这些就能说明梁金石死了吗？医生们认为梁金石两天没反应也有别的可能。

梧州红十字医院内分泌主任倖东升说："那两天在家里，放在那个地方我觉得意识障碍是肯定有的。"

藤县人民医院院长徐医生说："只不过是由于病人血糖很高，处于高渗性脱水，或者是高渗性昏迷。"

然而梁金石的大哥还是相信弟弟是死而复活的，并要带我们去村子的路边看看，说那里有东西能证明这一切。在路边，他指着白布告诉我们，那是梁金石死时穿的袜子，这个就是人死了，到阴曹地府了，就穿这个袜子了。接着又带我们到了坟地，在现场我们发现村里人很忌讳这个地方。有没有可能梁金石在死和被埋的过程中是活的，只是没人敢接近他，才没被发现呢？当时离他最近的人是仵作祝叶生。

祝叶生："当时没有什么特别情况，盖上了土，听听，都没有什么感觉，没有什么声音。"

仵作祝叶生确信梁金石当时肯定是死透了，就是不明白为什么梁金石死了，埋起来之后，还能够活过来。但是有人推测，这可能跟当地独特的墓葬形式有关，它不像我们别的地区，是在地上挖一个坑，然后把棺材放进去，拿土一盖，因为那样的话，他即便活过来，估计也很快死于窒息了。当地这个风俗有点意思，它是找一个大土坡，横向掏一个洞进去，棺材不是直接落地，它是像放一个抽屉的抽匣一样推进去的，推进去之后，如果没过头七的话，它要在前面搁上一些沙袋，不用完全给封死。

所以有人估计，是不是这种独特的埋葬方式有利于梁金石的复活呢？

颜桂海说："从我们科学的角度来说，外面的空气和墓洞的空气有相通的地方，梁金石在里面还是能够活过来。"

此时我们很想知道梁金石是什么时候活过来的，在经历了那么不寻常的两天后，他还记得些什么呢？

"想问问你，还记不记得那两天的事情？"

"记不起来了。现在什么都不记得了。"

"什么都不知道了么，记得他们把你抬起来了？"

"抬起来？不知道。"

"那你还记得那时候，把你放到棺材里面的反应么？"

"不知道。"

"那你什么时候开始有反应？"

"墓穴那个小地方呼吸很难。"

这说明梁金石是在墓穴中恢复知觉的，可是当时他没有经过任何医疗救治怎么就活过来了呢？

"墓穴中缺氧是一种促醒的作用，它对大脑皮层是一种刺激，是一个信号。但那时他再不醒的话，生命可能就完了，就结束了。"

梁金石复活之后，并没有窒息，恰巧他的老婆来上坟，他又大声呼叫，于是听到了，然后出现了这样的情况。

虽然我们知道他并没有真的死，可是当地人不这么认为，认为他身上充满了晦气，很不吉利，他是所谓的生鬼。以至于梁金石在医院看病的时候，都只是他的妻子在陪同，三个孩子不敢来。因为按照当地的说法，孩子们身上的阳气会被父亲——这个生鬼所吸走的。这些思想工作我觉得以后还得再做，我们现在要解决的问题就是，梁金石他到底是怎么回事，为什么会出现这种深度昏迷的假死状况呢？这跟他的疾病有很大的关系。

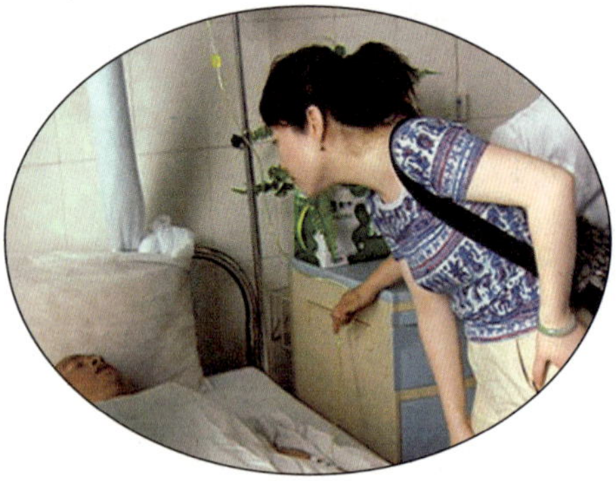

金石来到医院看病

原来梁金石得的是糖尿病，通常血糖数值高就说明病重，而刚入院时，他的血糖高得吓人。

我们通过测量得知，他是38.28毫摩尔/升。

问："正常人血糖是多少？"

"我们正常人是5.9以下。"

"而脚烂也是病情恶化的信号。"

"我们医学上说，这种糖尿病烂脚，应该是到了糖尿病比较严重的一种阶段，足部这个溃疡面积实在太大了，几乎整个脚都烂了。"

然而当时梁金石身边人并没有意识到这一点，任由病情恶化就造成了后来假死、诈尸的整件事情。而在医生们看来，死而复活是不存在的。

"病人属于高渗性脱水，或者是高渗性昏迷，病人的呼吸跟脉搏是很弱的，而且他的四肢是冰凉的，关节是僵硬的，没有经验的临床医生，可能都会认为是死亡了。"

"所谓的死而复生，只是有很多碰巧的情况。"

原因找到了，梁金石心里也踏实了。此时病情已经控制住了，他觉得活着真好。而坤兰更感到欣慰，因为自己的丈夫又回来了。

我们发现，因为梁金石几年来糖尿病一直没有得到正确的治疗和有效的控制，导致出现了这种深度昏迷的情况，匆匆地被掩埋了，幸亏妻子及时地赶回，上坟过程当中听到了他的呼救声，真是不幸中的万幸，否则一个大活人就这样被活埋了。

梁金石怎么会走到这一步呢？恐怕还是因为对于自己的病情没有找对医院，宁肯相信一些所谓的专治百病的药物，而不去正规的医院取得有效的治疗。其实，现在糖尿病是比较常见的，治疗方法也很简单，口服或者注射胰岛素，价格也是非常低的。

（李杨琛）

大地湾之谜

8 000 年前的原始部落，7 000 年前的防火理念，6 000 年前的彩雕，5 000 年前的“宫殿”。大地湾惊现史前人类居住了 3 000 年的大型遗址。

1. 原始部落的防火理念

8 000 年对我们而言实在是太遥远了！8 000 年前是没有任何文字记载的史前时期，按历史学的界定这一时期属新石器时代。据史料记载，在距今大约 1 万年前，中国大部分地区开始陆续进入新石器时代，它与旧石器时代的不同之处是出现了陶器、农业、居民部落、氏族制度等，特别是这一时期人们使用的工具发生了很大变化，不再仅仅是砸制或找到什么就用什么了，而是根据用途来磨制工具。我们知道，中华文明具有 5 000 年的悠久历史，那是有文字记载的，千真万确的。而 8 000 年前至 5 000 年前是人类从愚昧走向文明的前夜，是史前社会发展变化的重要时期。这一时期究竟发生了什么？我们只能从历史书中的传说与神话来考订那一洪荒时代，让人觉得有些扑朔迷离。而考古发掘就是要把地下的古迹和古物揭示出来，通过实物来了解这一时期的状况。那么，大地湾这个遗址的发现是否能为那些传说与神话般的历史提供一些有力的佐证？为此《走近科学》的记者前往大地湾一探究竟。

2007年，记者在获得国家文物局批准后，从甘肃省兰州市驱车三百多千米前往大地湾遗址。一想到很快就能饱览那壮观的古人类遗址，迈入史前人生活的空间，让人在兴奋的同时又多了一点神秘的感觉。

大地湾，当地并没有这个名字，它的由来源于一条由东向西流淌的小河——清水河。20世纪70年代，在大搞农田基本建设时，人们为了向河滩要地，让这条小河在村边拐了一个弯。当年发掘现场就在小河的转弯处，许多慕名而来的人在找不到路的情况下，有人就会告诉说“沿着河边走，就在转弯处。”这样一个指路的标记事后就成了遗址的名称——大地湾遗址。

程晓钟，甘肃大地湾文物保护研究所所长，副研究员，复旦大学文物与博物馆系毕业。他在这里担任所长已经十多年了，据他介绍，大地湾从1978年开始发掘，历经了7年时间，1995年又进行了一次补充发掘。从目前的情况来看，大地湾遗址的分布，从清水河南岸平缓地带一直延伸到山坡上。

来到了山上，我们一下子呆住了，这里只是一片宁静的山坡，根本就没有遗址群落。那么考古发掘留下的现场究竟在哪里？

赵建龙（甘肃省考古研究所副研究员）：“我们经过了7年的奋战，在这个地方挖了将近13 000平方米，实质上只占了很小的部分。这个很小的部分，把文化的内涵基本上涵盖了，这些东西我们就地保存，铺垫了沙子进行回填。”

由于这些遗址在地下已经沉睡了好几千年，出土后，在没有针对性的保护

大地湾遗址

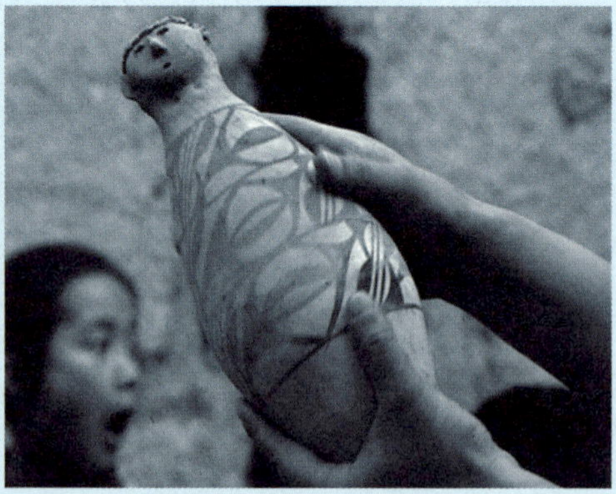

文物

措施下经风吹日晒很容易氧化分解，失去原来的风貌。大地湾遗址发掘出的面积虽然只有1万多平方米，但全都在裸露的状态下保护起来也是有一定难度的。所以，发掘后很快又将这些遗迹重新埋入地下保护起来。

二十多年过去了，如今这里的环境状况和周边已经没有什么区别了，如果没有人告诉我们这里曾经发生过的一切，没有专家的指点，我们不会感觉到脚下这片土地的神奇。那么，当年的考古工作者们是怎样发现并准确找到这些遗址的呢？

赵建龙：“我们在调查的过程中，一般都是在一种土层里面去找这个陶片，像这个地方就有这么一块陶片，从陶片可以判断出当时这个范围内，肯定有人类活动，除了发现这样的陶片以外，我们也从灰层上来分析。”

在人类长期活动的地方，地表上都会留下一些痕迹，不管时间过去了多久或者被尘土覆盖多深，这种土的密度、颜色都有它的不同之处。许多遗址的发现就是根据痕迹来判断的。

程晓钟：“这就是我们新发现的一座房屋遗址，从暴露在断面上的这个遗迹来看，这个房屋遗址面积也很大，暴露在断面上的长度大约有二十多米长，从遗迹看这个房子达5层之多。这是第一层，也是最早的一层，这是第二层，这儿是第三层，这是第四层，这是最上面的一层。从这个状况反映出这个房子的情况，是有人在这个房子里面住了很长时间，最早居住在最下面的这一层，然后可能随着居住时间长了，这个房子地面有所踩踏或者有所破坏，他在原基础上再进行加工，这样依此类推，达到了5层之多，在这个房屋遗址里面居住了很长的时间。”

尽管大地湾经历了7年的发掘，但绝大部分遗址仍然在地下沉睡。如今，就是这已经发掘出的小小的一部分也重新埋入了地下，看来要掀开大地湾的神秘面纱，我们只能从头开始走访了解了。

说起大地湾遗址的发现，还得从它所在的小村——邵店村说起。邵店村对于很多人来说恐怕是一个非常陌生的地方，因为它只是甘肃省秦安县东部一个偏远的普通小山村，距兰州有三百多千米。由于这里山高路险，交通不便，过去很少有人到这里来，这里的人也很少出去，世代都以种地为生。如果说这地方有什么特别之处的话，那就是村边有一条从东向西流淌的小河。我们知道，我国的地势是西高东低，大部分河流都是自西向东流，而由于这里地理环境特殊，它却由东向西流。邵店村就坐落在这条小河的南岸。就这么一个偏远宁静的小山村，到了 20 世纪 70 年代末期却突然热闹了起来，这里究竟发生了什么呢？

20 世纪 70 年代末，在这个偏僻的小山村里，忽然隔三岔五就来几个类似“货郎”的人，这些人一不吆喝二不叫卖，而且有人拿钱来买也不卖，只是用人家窗前屋后闲置的破陶烂罐来换。

这让当地村民兴奋不已，纷纷拿出各式各样的破旧陶罐进行交换。

村民张德禄这两年正为自己捡到的一个破陶瓶发愁呢。

张德禄（天水市秦安县邵店村村民）：“1976 年的 4 月份我们在平整土地时发现的，当时旁边有些陶片，这件器物发现时断为两截，里面有土，当地老乡说是晦气。回家之后用清水洗，然后用水泥黏接上，拿回家后时间不长，家里猪死掉了，怀疑与此器物有关。”

原来村里有个说法，认为地下的东西属于明器，不吉利。许多人遇到后不是把它砸碎就是再把它扔掉，即便把有些好看和实用的拿回了家也不放在屋内。特别是家里面再发生一些大事小情就更认为这些东西晦气。

当张德禄听说有人要收购这个破陶瓶，他也就同意了。

可让他万万没想到的是，就这么个旧陶瓶竟让收购人员兴奋不已，把剩下的物品全都给了张德禄，然后小心翼翼地放好陶瓶，迈着兴奋的步子急匆匆地消失在夜幕中。

主持人手里拿的这个陶瓶，就是当年村民张德禄从地里捡到的陶瓶，当然它是复制品了，正品现存放于甘肃省博物馆里面，它已经是国家一级文物了，而且是一件器形不多见的文物。在陶瓶圆雕的人头上，额前和脑周围披有整齐短发，这种发式我们在今天仍然可以见到，双耳穿有系饰物的小孔，五官安排得均匀恰当，造型准确生动，它下面的彩陶纹饰至今没有脱落。那么，这个图案清晰、做工精良、造型奇特的陶瓶出自什么年代呢？据考古专家说，古时候的陶器一般很少有人物造型，更何况还是一个女性造型。那么，为什么这个陶瓶就塑造了一个女子形象？正是这一系列问题，促使收购人员将陶瓶收回。那有人就要问这些慧眼识珠的收购人员究竟是干什么的？其实他们并不是真正的“货郎”，他们的真实身份是当时甘肃省文物管理委员会的工作人员。既然是国家工作人员为什么到这么远的一个偏僻的小山村收购陶器呢？这还得从这个小村的过去说起。

很早以前，这里的村民在自家的房前屋后或山坡上经常看到一些破旧陶片，偶尔也能捡到一两个比较完整的陶盆陶罐。

赵建龙（甘肃省考古研究所副研究员）：“当时认为这都是甘肃仰韶文化，也就是过去认为的马家窑文化，也就没有在意。”

“文革”开始后，许多文物被砸碎毁掉，还有一些被村民拿回了家。

那么这些被毁坏的文物究竟是什么？它们到底有怎样的价值？甘肃省文物管理部门一直在关注着这里。“文革”刚刚结束，文物管理部门还没有完全恢复其行政职能，就派考古人员悄悄地下来走访调查。前面提到的那些被当地人称作“货郎”的人就是文物管理部门的工作人员。

在走访调查中他们发现，这里的家家户户几乎都捡到过一些陶盆陶罐，而且这些东西的分布远远超出了他们的想象范围。

岳邦湖（原甘肃省考古研究所所长）：“山上遗址很丰富，它起码有地面的断层，里面有白灰面，这白灰面就代表房子的线索。这个白灰面和一般白灰面不太一样，这个白灰面相当厚，而且很结实。一看到这些东西就引起了我们很大的兴趣，不单是墓葬区，而且有居住区。”

赵建龙：“这样一来就报请国家文物局，在这个地方进行抢救性试掘。”

在试掘中他们的推测很快就得到了

文物被村民拿回家

验证。

岳邦湖："不但东西多，而且这个古迹遗址是比较丰富的。"

赵建龙："可以说在甘肃的考古发掘界引起了轰动。紧接着就继续向国家文物局申报，我们开展了大规模发掘。"

时光在一锹一铲中流逝，出土的东西一天比一天多，遗址的规模也越来越大。7 年后，当大地湾考古发掘成果面世时，立刻在中外考古界掀起了轩然大波。原来这里竟然是一处总面积有 275 万平方米，在考古界实属罕见的大型古人类文化遗址。

更让人意想不到的是，这个遗址中出土的文物经国家有关部门检测，年代最早的距今大约 8 000 年，晚一点的在 5 000 年左右，整个遗址共分为 5 个时期，全部分布在清水河南岸。

一期遗存分布在靠近河边的平缓地带上，靠山面水，年代在 8 000 年前至 7 400 年前左右；二期遗存在一期的基础上向靠山的方向逐渐扩大，年代在 6 500 年前至 5 900 年间；三期遗存已经发展到了山脚下，年代在 5 900 年至 5 600 年间；四期遗存已经分布在了半山腰，形成了以大房子为中心，相对开放式聚落的格局，年代在 5 500 年至 4 900 年间；五期遗存没有继续向山上发展，而是转向东南大约 160 万平方米的范围。

目前，仍然能看到的遗迹只有两处，一处

遗址专家

专家走访

遗址一角

就是距今5 000年左右，被人们称作“宫殿式”的建筑；另一处就是距今年代最久远的原始村落。

程晓钟：“这一座房子是已经发掘的大地湾一期的文化房屋遗址，距现在8 000年。这个房屋遗址在国内目前只发现4座，这是其中保存最完好的一座。”

从这4座房址的分布可以看到，它们的间距一般在二三十米，房门全部面向清水河，看来那时古人就遵循了依山面水的择居原则。

程晓钟（甘肃省大地湾文物保护研究所所长）：“这个房屋的地面，没有经过刻意加工，而是人为踩踏自然而成的，我们在这个基础上，在这个地方复原了一座。”

从这里我们可以看到，这一时期所谓的房屋实际是在地穴上面用木柱支起的一个草棚。

程晓钟：“它是圆形地穴似的房屋遗址，里面很不规整。”

这一时期的房屋低矮狭小，面积只有6平方米左右。没有用火的地方，门设计得也比较小，里面潮湿闷热。在这样的环境中先民如何躲避漫长而寒冷的冬季？他们吃什么、穿什么？又将怎样生活呢？

程晓钟：“这座房子编号F301，是大地湾二期距今6 000年的一座房屋建筑遗址，是属于半地穴式近似于方形的一座房屋遗址，面积已经在第一期的基础上有所突破。”

这一时期的房屋不论从面积和形状都比前一时期有了明显改变，形状由一期的圆形地穴式发展成方形或长方形半地穴式，四周出现了墙壁，地面也比较平整了。特别是在进门处有了一个大大的地坑，是用来烧火做饭用的，叫灶坑，在它的后面还有一个小洞，据考古人员介绍，别看这个洞小，它可是早期人类经过几百年甚至上千年的摸索才发明的一个洞，是涉及当时人们生死攸关的一个洞。

赵建龙：“古代的时候（因为烧的火种必须要埋在灰里面藏起来）没有火柴，必须有一个藏火种的洞。”

李子伟（天水市民俗专家）：“现在保留火种是很一般的事情，没有什么了不起的。可是古人发明保留火种，这个过程相当漫长。过去取火，最早可能是取天火，后来可能是钻木取火，再后来可能用石镰、火镰来打。发现火种可以长期保留，像木炭，晚上埋在灰里面，第二天下午扒开以后，仍然还在，保留火种是文明的进步，非常大的进步。”

这是在原遗址基础上复原的房屋，与一期相比不仅面积增大了，而且高度也增加了许多，屋顶部出现了窗户，改善了室内的采光和通风。特别是这个灶坑，它说明当时的人们已经掌握了火的习性，这样人们不仅可以吃到熟的食品，而且还可以驱散潮湿，抵御严寒。这一时期的灶坑为什么要在地面以下呢？

遗址复原现场

赵建龙："那个灶炕比较深一些，而且在房子里面，是深坑，通风差一些，火不是太旺，不然的话，茅草棚低容易引起火灾。这就是说古代的防火意识还是很强的，另外在用完火以后，把火熄灭，把火种藏在里面，灶炕里面是基本上没有火的，不容易引起火灾。古代的人都是先用这种办法来防火的。"

275 万平方米的大型史前聚落遗址现在能看到的仅仅只是几座房址了。从这几座房屋的遗址来看，大地湾遗址从距今约 8 000 年到距今约 4 800 年一共历经了 3 000 年。这 3 000 年跨越了新石器时代的早、中、晚期。在以前考古发掘中，新石器时代的早、中、晚三个时期的遗址也都发掘过，比较典型的早期的有裴李岗遗址、中期的有仰韶遗址、晚期的有龙山遗址。它们前后都只延续了一两千年，而大地湾遗址从持续的时间上看是最长的，新石器时代早中晚三个时期它都经历了。275 万平方米的土地上竟承载了 3 000 年的历史，不能不说是一个奇迹，说明这片土地一定有着得天独厚的有利于人类繁衍生息的优势。有人曾说过要通过考古给历史指认一个立体的、有序发展的"文化现场"，这样就可以使由于时间的推移而被泥土掩埋起来的人类历史得以再现，使人类的发展史连续下来。大地湾究竟是怎样走过这漫漫的 3 000 年历程？循着这 3 000 年的轨迹我们又会看到些什么呢？

2. 炭化了的植物种子和动物的遗骨

大地湾，是甘肃省秦安县东部邵店村边的一个普通的小河湾。很早以前，这里的村民在自家的房前屋后或山坡上经常看到一些破旧陶片，偶尔也能捡到一两个比较完整的陶盆陶罐。

岳邦湖（原甘肃省考古研究所所长）："烧了一辈子窑了，但还达不到大地湾的水平。"

经过长达 7 年的发掘，这竟是一处距今约 8 000 年，前后延续了 3 000 年的新石器时期的古人类遗址。这一发现立即在考古界引起了极大的轰动。

岳邦湖："不但东西多，而且古迹也比较丰富。"

为了更好地保护这些遗址，部分发掘现场已经回填，仅剩下几座房址，就这么几座房址，它能折射出8 000年前的历史吗？在这么几座房址中我们又会有哪些新的发现呢？

在我们的记忆中对古人类的印象是长长的毛发，树叶兽皮遮体，在丛林中摘野果子、捕杀动物，过着居无定所的游荡生活。虽然8 000年前人类已经进入了新石器时代，但由于那时还没有文字记载，人类的活动都是口耳相传留下来的，所以我们对先人的感知除了最原始的印象外，更多的是通过一些神话故事和传说来认识。听到最多的有盘古开天地、三皇五帝的故事等，大地湾这处遗址的发现实实在在地展现了古人类的生活状态，在这处遗址，古人类整整生活了3 000年。这说明大地湾的先民们已经有了日出而作、日落而息的相对规律的生活，已经不用再"打一枪换一个地方"居无定所四处漂泊了，这种生活就要有相对稳定的食物来源作保证，那么他们是怎么获得这些生活必需品的呢？我们知道有被列为三皇五帝之首的伏羲的传说，说他"养牺牲以供庖厨"，意思是饲养家畜以供食用。还有一个关于种粮食的传说，说是有一个人为了能从植物中获得食物，他尝百草，历尽艰辛，多次中毒，又找到了解毒的办法，终于选择出可供人们食用的植物，然后经栽培繁殖，最终发展成农作物。后人则把他传誉为农业的创始人，这个人就是神农氏。大地湾的先民们是不是在那时就已经能够像伏羲氏和神农氏那样，会农耕、会饲养家畜，自给自足了呢？

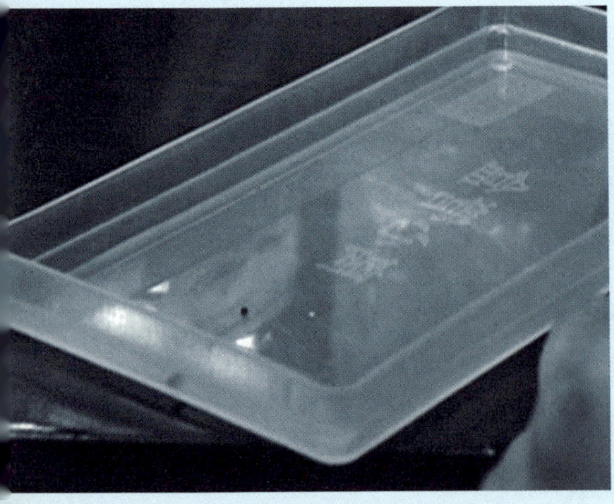

植物种子

当记者驱车前往大地湾时，一到天水市境内就立刻感受到了浓郁的伏羲文化。在中国古代的神话传说中，有许多关于伏羲的故事。传说他智慧超群，不仅始画八卦，代替结绳记事，而且教会人们结网捕鱼、驯养家畜。甘肃省天水市就有明代兴建的供奉“人文始祖”的伏羲庙，传说他是最早开发西北的先民首领。那么这些传说究竟是否可信？

郎树德，甘肃省考古研究所研究员，他参与了大地湾遗址的考古发掘工作，是发掘报告整理、编写的主要人员。

遗址模型

郎树德：“我们一共发掘了 10 个发掘区，加起来一共有 163 个探方，还有 6 条探沟，发掘的面积大概是 14 752 平方米。”

据考古人员介绍，在大地湾遗址发掘过程中，仅房屋遗存就发现了 240 座，在我国数以万计的新石器时代遗址中不仅数量最多，而且房屋状况也保存得基本完好。其中，距今 6 500 年至 5 900 年间的二期遗址就发掘出 156 座房址。

郎树德：“根据目前我们发掘和研究的成果，对大地湾二期这一阶段的生活环境，搞得比较清楚。”

考古工作需要仔细而有耐性，不放过任何蛛丝马迹。在清理大地湾二期遗址时，考古人员发现了一些形状怪异的小颗粒，这一发现立即引起了考古人员的注意，这些黑的像炭一样的颗粒究竟是什么东西呢？它们会是植物的种子吗？

兰州大学西部环境教育重点实验室，曾对大地湾远古时期的农业发展状况做过考古调查。吉笃学是这个项目的主要研究人员之一。

吉笃学（兰州大学西部环境教育部重点实验室博士）：“植物的种子有它本身的特点。在植物考古学上，第一个原则就是说，你发现了植物种子，如果是古代的植物种子，它必须已经炭化，如果你发现的种子是像现在这样光鲜的颗粒的话，很难判别它是现在的植物还是古代的植物。所以在植物考古学上，古代遗存的判定，原则就是首先必须炭化。

这么说这些已经炭化了的小颗粒很可能就是植物的种子，如果是的话，它们又会是什么植物的种子呢？是粮食作物吗？

很快考古人员把这些种子送到了有关部门进行鉴定，结果发现这些小颗粒就是当地普遍种植的粮食作物黍和粟。

黍（shǔ）是一种煮熟后有黏性的食物，有人也把它称作黄米，粟（sǔ）也就是我们俗称的谷子、小米。

有历史记载以来，黍和粟就已经在河西走廊广泛种植。直到今天，它仍是甘肃的常见农作物。

这样看来，早在 6 500 年前人们已经知道收藏植物的种子，表明他们已经会耕作和收获了。那么这时的农业是最原始还是已经发展到了相当的程度呢？

吉笃学："中国农业是目前世界上唯一一个无法证明它是从什么时期发展起来的一个地区。"

在国际上有一种说法，说中国的黍来自国外，而国外最早的黍的标本是希腊的阿尔基萨前陶期地层中出土的，距今 7 000 年左右。那么在大地湾找到的这些黍的种子能不能证明中国的黍不是来源于国外，而是我们的祖先用他们的聪明智慧在长期的劳动中亲手培育起来的呢？于是有关人员将这些种子送到

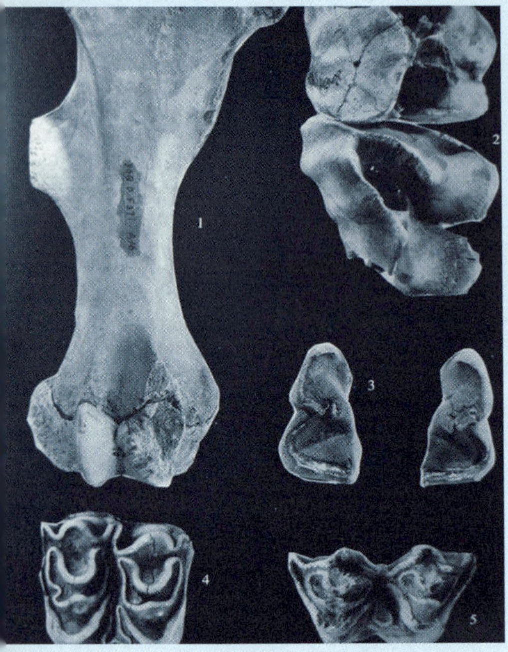

动物的遗骨

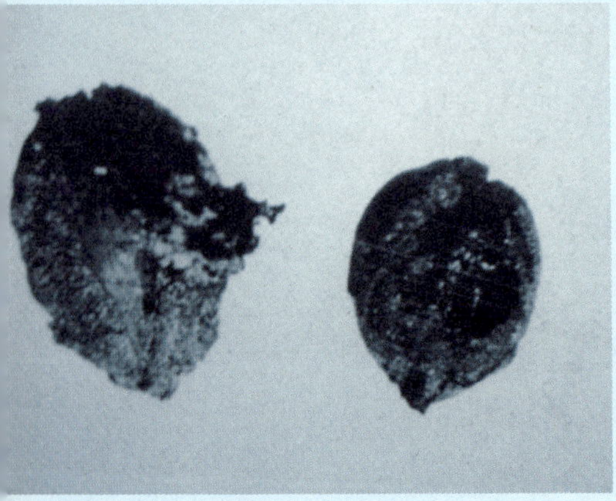
炭化了的植物种子

了有关部门进行了年代检测，结果发现这些种子的年代最早的在6 700 ~ 6 800年前，并没有超过希腊种子的年代。难道中国的黍真的是从国外引进的吗？要证明这些黍确实是在这里土生土长的就要拿出科学的证据，最基本的证据要有两条：一是必须要有可做鉴定的植物种子的遗存，这个现在有了，但年代较晚还得继续找；二是这些遗存应和这个区域广泛分布的同种类野生植物有着密切的关系。于是，我们的有关科研人员首先把当地种植的黍和野生的黍进行杂交，结果并没有出现变异，而是一种正常的中间类型，这结果就表明陇中黄土高原长期种植的黍并不是外来的作物，确实是在原生地发展起来的一种植物。但这似乎也不能完全说明黍就不是外来的，也许是从外面进来，然后经过几百年的驯化，在大地湾扎下根的呢？野生黍不也被驯化了吗？因此，要证明这种黍不是来自外国的品种，还要做一件事也是最关键的一件事，就是还要在大地湾继续找，要找到比7 000年还要早的黍的种子遗存。那么在已经挖掘的仅有的一万多平方米的遗址中会有这样的种子吗？如果有的话，这比小米粒还要小得多的已经炭化的黍的种子又会在哪里呢？

在大地湾遗址发掘过程中，虽然发现了许多遗迹遗物，可要在这样一大片山野下面寻找比小米粒还要小，而且早已炭化了的植物种子，绝非一件容易的事情。甚至有人认为这是件可遇而不可求的事情。

然而功夫不负有心人，在大地湾一期遗址中的一个灰坑中，考古人员终于找到了黍的种子，经鉴定这些种子的年代距今约7 000年，与希腊黍的年代不相上下，这也说明陇中黄土高原就是黍的原生地之一。

吉笃学：“2004年我们在大地湾进行考古发掘的时候，就特意在剖面上从

专家考察中

实地考察

仰韶晚期到半坡一期到大地湾一期，甚至到地下的黄土堆积里面，采集土壤，回来以后进行浮选。”

经过浮选发现了植物种子，并立即将这些种子送到兰州大学进行年代检测。

目前，年代检测普遍采用碳 14 测定方法。碳 14 是一种放射性同位素，在宇宙中数值恒定，在自然界分布均匀，含有碳 14 的二氧化碳通过光合作用进入植物体，之后再通过食物链吸收进入动物或人类体中，在这样一个不断产生、不断吸收、不断衰变的过程中，植物和生物体中的碳 14 是一个恒定数值。当植物和生物死亡后，交换过程停止了，其体内碳 14 随时间开始衰变，越来越少。这样，我们通过对残余碳 14 含量的检测，就可得到其具体年代。

经检测，这些种子的年代不仅把大地湾有农业的起始时间大大提前，而且也证明了大地湾早期的黍，其年代远远超过了希腊阿尔吉萨前陶期地层中出土的黍的年代。

陈发虎（西部环境教育重点实验室主任）：“大约 7 800 年，可能还会更早，已经开始有很发达的农业，农业有一个发展过程，事实上中国的农业起源应该更早，因为大地湾文化已经有粮食在那儿，要形成农业，还有一个漫长的过程，就是说从采集到农业耕种这个过程，应该有几千年。”

近年来，随着对大地湾遗址考古进一步发掘，大地湾遗址演变发展的脉络逐渐清晰起来。

陈发虎：“大约是 3 万年前这个区域一直有人在那里活动，他不一定住在那儿，因为当时不像后期的人是聚居的，当时可能晚上住在洞穴里面，但是这个区域一直有人活动，因为那里的位置很好，周围有水、有草。”

从人类发展的过程来看，农业出现前人类在几百万年以上的时间里一直过着原始采集狩猎的流浪生活，由于居无定所，随身携带的物品有限，生活水平受到很大限制，发展很慢，技术、生活方式方面的发展和变化微乎其微。只有进入农业社会后，人类在知识、科技等方面才爆炸式地发展起来。农业社会的出现到现在才短短一万多年，所以有人说，农业的出现是人类发展史上的一件标志性事件，是人类发展的一个里程碑。因为这里面有一个非常重要的因素，就是农业的出现可以让采集狩猎的人们定居下来，过上安居乐业的生活。可能农业刚开始时的刀耕火种阶段，人们并不一定完全定居，但农业发展到一定阶段肯定会定居。定居后人们都聚集在一起生活，可以让许多技术、知识、物品一代一代积累，不仅会大大促进生产能力的提高，也使人口增长加快，这样村庄、聚落就会出现，发展到后来城市也出现了。所以说定居及农业时代的到来是文明得以积累、快速发展的前提。

这是甘肃省博物馆根据大地湾遗址发掘报告制作的一个二期聚落模型，它的实际面积约两万平方米，有 70 户人家左右。从这里我们可以看到，当时的人们在忙着建房、织布、烧制陶器，一片繁荣安定的景象。在它的四周有壕沟围绕，形成一种凝聚式聚落格局。

这一时期房屋不再是依山面河了，而是围绕聚落的中心呈扇形多层分布，而这个聚落的中心地带竟然是一片公共墓地。那么这一时期的人们为什么要把墓地置于中心位置呢？

郎树德："这些墓葬现在看来都是一种正常死亡的状况，尸骨都比较齐全、规整，有一些随葬品，但是没有明显的差别。所以我们说，那个时候大体上整个社会是平等的。一个大的家族，是以母系为首领的。"

这件有着女性造型的人头雕刻陶瓶，经鉴定就出自这一时期。从磨损程度上看，它不像是一件实用物品，很可能是母系社会带有图腾性质的一件礼器。

既然母系社会人人平等，那为什么要在氏族居住的周围修建壕沟呢？

郎树德："目前一般认为仰韶早期的壕沟是防御性的，主要是防御动物对人类的侵害。我们在大地湾的壕沟里头，曾经发现一些完整的动物骨头，可能是这些动物在要闯进来的时候掉到沟底下的。”

仰韶遗址

据考古人员介绍，在大地湾遗址发掘过程中出土了许多动物遗骨。其中有大象、棕熊、猎豹、犀牛的遗骨，也有猪、马、牛、羊、鹤的骨头。其中猪的骨头最多，而这些猪骨头中1至2年的幼猪比例高达78.9%，这与现代人宰杀猪的年龄相当。这些幼猪到底是饲养的家猪还是狩猎来的野猪呢？伏羲“饲养家畜以供食用”的传说那时候就已经存在了吗？

为此我们再次来到了兰州大学西部环境教育重点实验室。

陈发虎：“如果猪完全吃草，与当时草的成分是相结合的，如果是圈养，主要是吃人剩下的东西，吃粮食。”

那么怎样才能鉴别出6 500年前这些猪到底吃的是草还是粮食呢？

原来在自然界的植物中，不同植物所含的同位素是不同的，比如草中的同位素是碳3，农作物里面的粟和黍都是碳4植物。如果猪吃的是这种农作物，那么在它的骨头中体现的稳定同位素应是碳4。

吉笃学：“于是我们在大地湾遗址里面采集了大量的动物骨头，主要有牛、马、羊和猪的骨头。牛、马、羊的同位素基本上没有变化，都是以碳3为主，但是猪的同位素变化非常大。在大地湾一期主要是碳3同位素，说明猪主要是以碳3植物为主，但是到了大地湾二期之后，以碳4植物为主，说明当时猪可能也在食用这些农作物，这就说明当时也可能在圈养。”

野猪的寿命一般在10年左右，把野猪驯化成家猪从遗传学的角度讲，至少要经历10代的驯化，按3年一代也得30年，这还得在了解野猪的一些习性后才能做到。在当时的条件下野猪如何被驯化？在这个驯化过程中是否就有伏羲的身影？我们无从考证，但伏羲饲养家畜以供食用的神话故事确确实实在这里曾经发生过。古人把野猪驯化成家猪，用现代的观点来讲就是把一种有限的资源转化成可持续发展的资源，这其中最关键的一点就是农业的产生，农业不仅使游猎的人定居下来，还发展了饲养业。

近年来关于农业考古的话题越来越热，农业起源的探讨结果也不尽相同。我国幅员辽阔，东西南北自然条件千差万别，那么农业的起源也必然是多元的。比如在黄土高原上最早的农作物可能是黍，而在南方亚热带地区就可能是稻了。从大地湾遗址的分布来看，是从河谷开始的低地向高地发展的，而且黄土高原好多文化遗址都呈现出由低地向高地发展的规律，这说明了什么呢？我们知道，原始人征服改造自然的能力是很低的，要受制于环境的因素，那么他们在农耕之初就要在海拔、气候、地形上有所选择，水则是首当其冲要考虑的，这可能就是最早的遗址都是从河谷开始的原因，探寻大地湾农业发展的历程在一定程度上揭示了这个地区农业起源的模式和规律。

炭化了的植物种子和动物的遗骨从某种角度为我们揭示了几千年前大地湾先民丰衣足食的生活，那在这里我们还会探得哪些秘密呢？

3. 一座宫殿式建筑

20 世纪 70 年代我国西部地区一次重大的考古发掘——大地湾考古发掘。这个遗址经历了新石器时代早、中、晚三个阶段，我们的祖先在这里繁衍生息了三千多年。我们知道，新石器时代是人类从愚昧迈向文明的前夜，是史前社会发展变化的重要时期。由于这一时期文字还没有出现，许多史实仅限于传说，比如饲养家畜的伏羲、发明农业的神农氏，历史上是否确有其人，我们无法考证。但从大地湾遗址发掘的情况来看，早在三四万年前甚至更早的时候这个区域就有人活动了，到了距今 8 000 年前这里出现了农业，人们就开始在这里定居，出现了饲养业，那些神话故事确确实实在这里曾经发生过。大地湾先民在农业、饲养业发展起来，解决了吃的问题后，又将如何发展呢？

由于保护遗址的需要，大地湾已发掘的一万多平方米大多被回填了，几乎

原始宫殿遗址

看不到发掘过的痕迹。只有山坡上的一座房子还依然矗立在遗址区域里面，这就是 F901 遗址。

F901 位于遗址核心区域，大部分遗址都分布在它的周围。

赵建龙："F901 地点是比较开阔的，它东可以看到 5 千米以外的村庄，西可以看到 10 千米以外的莲花乡。就是说，这一段全景尽收眼底。"

说起这个遗址，当年的考古人员至今还难以忘怀。

郎树德："大地湾那个地方自然环境比较艰苦，发掘就在太阳下，没处躲，尤其是在山上发掘没处躲太阳，没有阴凉地，只有在探方里面蹲着。"

1983 年，大地湾遗址发掘进入第六个年度，发掘区域已经从河边的台地扩大到了半山坡上。

一天中午，考古人员为了躲避强烈的太阳，来到了半山腰一处断崖下乘凉。在乘凉时，有人无意中发现断崖下面的草丛中有几个小洞，好奇的人就围了过去往里面掏，掏了几下没有掏出什么东西，他们就用铲子向底下挖，结果竟铲出了几块黑木炭。有人认为这很可能是一处房屋遗址。

这座房屋究竟会是什么样子呢？于是考古人员决定把第十发掘区的第一座房址就定在这里，命名为 F901。

由于不知道这个房屋遗址究竟埋在地下有多深，工作人员除掉上面的庄稼和杂草后开始了小心翼翼的发掘。

郎树德："我们几个工作人员在那个地方发掘了两年，是一个铁钎子、一个小刷子、一个小铲子，一点一点非常细致认真地抠出来的。"

功夫不负有心人。两年后，F901 的真面目终于露了出来，虽然房子的上半部分没有了，但房基和部分墙体依然清晰可见。

从房基留下的痕迹看，F901是一座多间结构比较复杂的建筑。中间长方形的房屋是整座建筑的核心，被称为主室，长15.2米，宽8.5米，面积约128平方米。两边各有侧室，左右对称，后面有后室。主室前面有附属建筑和宽阔的场地，总面积有420平方米。整个建筑布局井然有序，主次分明。经年代检测这座房址距今大约5 000年。

当记者走进这5 000年前的房屋遗址里面，亲手触摸它的时候，一个意想不到的情景出现了。

迄今为止，我国发现新石器时代文化遗址有近万处，正式发掘的只有一百多处，目的就是为了很好地保存这些遗址。大地湾遗址发掘后，1988年就被定为国家一级保护文物单位。发掘结束后，大部分遗址被回填保护了起来。F901则在原址的位置上修建了保护房，房内修建参观平台，这些措施都是为了更好地保护这个遗址。像许多名胜古迹的重要文物旁边都立有严禁闪光灯拍照的提示，就是怕文物受到强光照射会加速它的衰退，有些重点文物保护单位甚至谢绝拍摄。我们这次拍摄就是在经过国家文物局批准后才得以成行的。但也遇到一个问题，遗址的工作人员不允许我们的摄像机器材进入这个遗址里面拍摄，摄像机的三脚架更不能放在这个遗迹的地面上，因为这个地面太珍贵了，所以现场不得不临时借调长的摇臂把架子架在遗址外面进行拍摄，这引起了我们记者的注意。当记者在工作人员的陪同下，走进这座5 000年前的房址里面用手轻轻地抹去地面上的尘土，意外地发现这个地面竟然非常光亮平整，用手在上面敲了几下后更感到吃惊，它的手感、强度绝不逊色于当今的水泥地面。这个经历了5 000年大自然的洗礼后，仍然平整、光滑、坚硬的地面是古人做的吗？在那样的年代，他们又是怎么做出来的呢？

据工作人员介绍，敦煌研究院研究员李

F901遗址

最雄对这个地面颇有研究。于是记者来到了敦煌。

李最雄（甘肃省敦煌研究院研究员）：“1983年这个房子刚一出土我就到了。我当时在考古所搞保护工作，感到很吃惊，他们用拖把把那地面一拖，就像是我们把自家的地刚拖完，地面发亮。”

经过仔细查看，这个跨越了5 000年时空的地面至今仍然能够保持完好，不仅材料特殊，而且在最初建造时人们就对它进行了精心设计。

整座地面共分4层。最下面的一层是大约10厘米厚的夯土，第三层是大约15厘米的红烧土，它起到隔潮保温的作用，第二层是大约20厘米厚的胶结材料，也就是类似现代的混凝土，最上面一层是2至3毫米厚的原浆磨面。

李最雄：“最上面是很细很细的面，当时在做装饰凝固的时候，用石头磨的痕迹非常明显，它是用石头磨的，就像我们现在的水磨石地面那种做法。在那个时候能做出这样的地面，我感到非常吃惊。”

这个经过精心设计、类似现代水泥的地面究竟是否具备现代水泥的特性呢？李最雄首先对100号水泥标准试块做了抗压测试。

水泥标号是指水泥的抗压强度，也就是单位面积受压力的大小，标号越高则强度越高。水泥按用途可分为通用水泥、专用水泥、特种水泥3种。100号

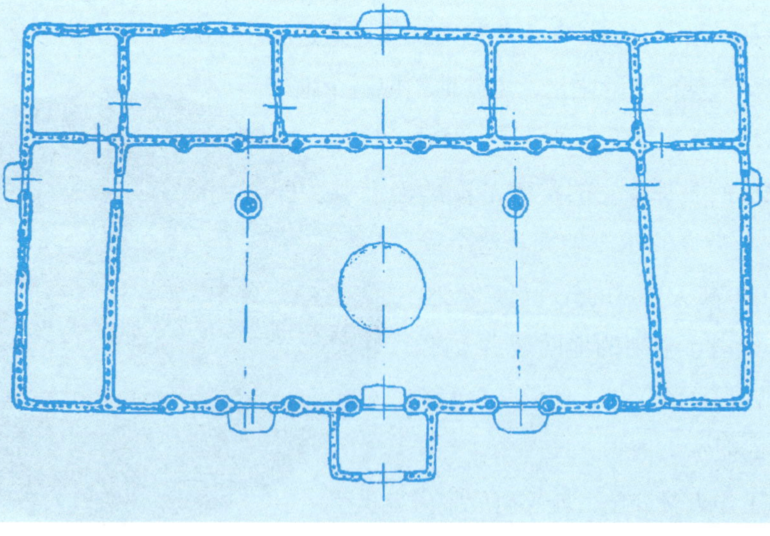

遗址分布图

水泥是通用水泥中标号较低的一种，主要用于普通民房的地面装饰。

随后李最雄又将 F901 收集来的小碎块做成试验用的标准碎块进行抗压检测。

李最雄："当时做这个地面的强度测试有很大的困难，首先你不能破坏它，按现在规程的话你必须用 5 乘 5 的试块去压它的强度。但是不可能从地面上取这样的一块，我们就用周边堆积的一些小块，做一些非标准试块，但是非标准试块怎么折算现在的强度啊，我们就用微型的回弹进行回弹，或者是用微型的小的非标准试块进行抗压计算，计算出它竟然含有 100 号混凝土的强度。"

经历了五千多年的漫长岁月，受到了自然界各种环境的侵蚀破坏，现在仍然有着 100 号水泥物理特性的地面究竟是不是水泥制成的呢?

李最雄："因为我们测验出它的强度大约是 100 号，但是它跟我们现在普通的 100 号的混凝土不一样，一测发现，它比重上比较小，跟现代的轻型混凝土有点相近。"

目前，轻型建筑材料主要用于高层建筑，由于它比重轻、抗压能力强，可以大大缓解建筑物的压力，是高层建筑必不可少的一种材料。

难道早在 5 000 多年前，大地湾的先民就发明了轻型建筑材料了？它究竟

挖掘现场

对F901地面做化学分析

是由什么东西做成的呢？

于是，李最雄又对 F901 地面做了化学分析。

李最雄：“是不是水泥最关键要看它的成分，经过研究发现确实有水泥的成分。但是它是怎么做的呢？我们又经过调查以后发现这个山坡上的一种石头——料礓石，它跟地面的成分相近。”

这就是大地湾脚下的清水河，一般的河大部分从西向东流淌，它却从东向西流淌。

程晓钟：“料礓石这样的石头在当地的河道里面，包括大地湾遗址附近的浅地层里面普遍存在。它是钙质的，比较疏松、易碎，一般都是空心的。”

大部分水泥是经过高温烧制后形成的，那么料礓石烧制后能有这样的特性吗？

李最雄：“现在烧水泥是 1 300 ～ 1 400℃，但是当时只能烧到 900℃，就是当时烧陶最高达到了 900℃，所以只能在这种条件下进行模拟实验，结果做出来了。”

随后，李最雄将这一结果在国内外权威杂志上发表，立刻引起了极大的轰动。

李最雄："罗马水泥是火山灰，不是人工的，所以最早的水泥不是出现在古代罗马，而是在中国。"

让我们更感到欣慰的是这种工艺并没有失传，邵店村许多人家里的炉台和炕面仍然采用这种古老的方法。

邵永安："这个炕头是我们农村用料礓石制作的，已经二十多年了，这个东西不但光滑，而且颜色也很漂亮。"

据李最雄介绍，他们把 F901 地面材料的成分与世界上最早的古希腊水泥和罗马水泥做了对比，发现其中很多指标都高于古希腊的和罗马的水泥。我们知道，古希腊和罗马水泥也是应用当地特有的材料石灰和火山岩烧制而成的，但它们的发明时间是在 18 世纪末，到 19 世纪中期才广泛应用在土木建筑工程中，这比大地湾烧料礓石作水泥应用在建筑中整整晚了 4 000 年。至于轻型建筑材料，在全世界古人类建筑史上还从来没有记载过。这不得不让我们对大地湾的先民们产生由衷的钦佩。那么这座在 5 000 年前就有着如此光滑平整坚硬地面的房子，它究竟是一座什么样的建筑，又会有着怎样的功能呢？

从古建筑学上讲，F901 是中国非常典型的对称式建筑，主室不仅位于建筑中心，而且面积也是最大的。在它的两侧各有一个"旁"，"旁"的后面称作"夹"。从图上看这个"夹"有点像我们现在说的贮藏间。主室和后室不是直通的，如果想到后室去，必须通过"旁"和"夹"才能进去或者从前门绕过，这样看来似乎有些不便，但古人既然这样做了就自有他这样设计的道理。

在主室的正前方，考古人员发现了 18 个洞眼。从它的位置上看，说明这座房子的前面有一个棚子。

如果将这个棚子称作"轩"的话，中间的主室就是"堂"了，正所谓"堂"前设"轩"，大有"天子临轩"的味道。这样一座"天子临轩"建筑是干什么用的呢？

赵建龙："F901 这个大型房子是五道门，两扇窗，基本上说来到处都是通道，在里面居住，那就更不方便了，那么它可能就只是一个集会点，也就是当时的一个议事厅，所以我们把它叫作宫殿式建筑，它只是当时的一种宫殿。"

在房屋的正中间是一个直径两米多的圆形台子，据考古人员介绍，这是一个灶台，是5 000年左右非常典型的灶台，上面有一个盆形口，里面生火，上面放陶罐加热。

有趣的是在F901的侧室里考古人员发现了8个陶制的钵，也就是当时吃饭用的碗。一个公共聚会的场所，里面又有直径两米多的灶台，为什么只有这么几个大碗呢？

赵建龙："说明在这儿集会吃饭的人并不多，专门在这儿吃饭的就是一些部落的首领。他准备了七八个钵，其他的人是自个儿想办法。"

从房屋的结构和设计理念上看，它的公众性和礼仪性远远大于它的实用性。所以有人说，这座建筑绝不是一座普通的住宅，而是"宫殿"色彩十分浓重的具有公众性的建筑。

在大地湾二期也就是距今六千多年前，大地湾还是半地穴式的房屋，仅仅过了一千多年，到了大地湾四期时，房子不仅从地下、半地下建到了地上，而且房屋格局和性能也发生了根本的改变，从小面积到大面积，从简单到复杂，从灶坑到灶台，从普通民宅发展成"宫殿式"建筑。大地湾先民在农业上发展起来，首先解决了吃的问题后，在一千多年后也把建筑推向了当时的一个极致状态。所以有人把F901称作"宫殿式"建筑一点也不为过。从"宫"字的起源也可以说明它是一座宫殿式建筑。这是"宫"字篆刻写法，在中国人发明"宫"字的时候对"宫"字的理解是，宫要有"人"字形的房顶，旁边要有墙，墙上有窗户和门。可以说，这些条件在这座建筑中全部具备。据史料记，在中国最早的宫殿建筑是关于夏后氏"世室"的传说，"世室"是指复合体的大房子，从形式上讲是"前堂后厅"的建筑，从功能上说就是"前朝后寝"。夏距今是四千一百多年，而这座宫殿式建筑早在五千多年就诞生了，比历史记载的宫殿式建筑整整提前了将近1 000年。另外，从它的建筑数据和构成理念上看，堂的长宽比为2 ∶ 1，整座建筑特别强调了中轴对称，前有"轩"后有"室"的王者风范，所以说它是宫殿式建筑并不为过。在当时的社会状况下，主要的生产工具仍然是石刀石斧，人们建造这样一座庞然大物，绝非一般氏族所能做到的，那么在当时的生产力状况下，人们是如何建造这座“宫殿式”建筑的呢？

4. 它有着怎样的功能

大地湾惊现 5 000 年前“宫殿式”遗址，考古界引起轰动。

李最雄（甘肃省敦煌研究院研究员）：“我第一眼看到它的时候感到很吃惊。它规模庞大，结构复杂，大有‘天子临轩’的味道。”

赵建龙（甘肃省考古研究所副研究员）：“我们把它叫作‘宫殿式’建筑。”

5 000 年前的地面如今仍然平整、光滑、坚硬，与现代水泥不相上下。

李最雄：“世界上最早的水泥不是在罗马而是在中国。”

那么这座“宫殿式”建筑，它有着怎样的功能呢？

程晓钟：“它有可能是清水河流域、渭河上游地区一个氏族部落酋长聚会的地方。”

在 5 000 年前只有石刀、石斧的生产力状况下，究竟是如何建造起来的呢？

这是 F901 遗址的后墙，在它的中间有许多圆孔，这些圆孔又是起什么作用的？难道早在五千多年前就有隔热保温的空心墙了吗？

程晓钟：“我们发现这个墙壁很有特点，它先是把木桩比较均匀地立起来，然后在两边用树枝或者藤条做成类似于篱笆的东西摆在旁边，在中间填泥。填完了以后，感觉表面有点粗糙，不是很美观，再在上面抹一层泥，这种做法在考古学界称作木骨泥墙。”

原来，这么厚的泥墙多年不塌不倒是由于里面有许多木柱作为骨架支撑。这种建筑方法现在看起来并不陌生，如今到处可见的混凝土浇筑不就是这样做的吗？只不过今非昔比，使用的原材料不同而已。

既然这么厚的泥墙有木柱作为支撑，那么在前后墙壁上为什么还有许多柱子泥？它们又有什么作用呢？

程晓钟：“这个后面的墙壁和前面的墙壁上面各有 8 根附壁墙柱，这个墙柱又比木骨泥墙里面的木头要粗大得多，它主要起扶助墙壁的作用。”

赵建龙：“茅草的压力是很大的，一般的草墙是承受不了的，通过增加这个附墙柱来支撑重量。”

据考古人员介绍，古代建筑墙体本身并不承担房顶的重量，它只起到间隔和保温的作用，房顶的重量由附壁柱和顶梁柱来承担。这种建筑方式具有墙倒屋不倒的特点。

这就是顶梁柱，在这座房子里面有两根，我们发现室内所有的柱上都裹有一层一层的泥土，这又是为什么呢？

赵建龙：“现在我们发现的这些大型房屋里面的柱子都是用草包裹的，外面又涂上了一层白灰面，既是装饰，同时又起到了防火作用。

说起防火理念，早在七千多年前大地湾遗址中就有所体现。大地湾一期时，人们在没有完全掌握火的习性时，房子内没有准备用火的地方。到了大地湾二期的时候，虽然房子里有了灶坑，但灶坑都在地面以下，是一个深坑。”

赵建龙：“深坑通风差一些，火不是太旺，不然的话，茅草棚低容易引起火灾，这就是说古代的防火意识还是很强的，另外在用完火以后，把火熄灭，把火种藏在里面，灶炕里面基本上没有火，所以说不容易引起火灾，古代的人是用这种办法来防火的。”

从这种防火理念上看，大地湾一二期的时候，人们还处于一种被动式的防火阶段。到了这个“宫殿式”建筑时期，人们主动把容易着火的木柱用泥给裹了起来，有了积极主动的防火意识。这种木柱上裹着的厚厚泥土是否就如同我们今天的防火涂料，它具不具备防火性能，这还有待于专家的检验。

程晓钟：“这种土叫作红黏土，在当地广泛分布。当地人把它称为红胶泥，因为它的黏度很好，黏性很强，在考古当中发现，在 F901 的那个附壁墙柱上第一层就抹有这样的红黏土，因为它的黏结程度很好，强度很强。”

从残留的泥柱来看，这个顶梁柱的直径大约有半米。这样粗的顶梁柱的高度究竟有多高？也就是这座房子能有多高呢？

赵建龙：“附墙柱倒塌下来的里皮，长度有 3.3 米，这就证明了墙的高度

“宫殿式”遗址及异型器

必定在 3.3 米以上，就是说中间的这个里柱肯定是很高的，因为这样的话出水比较容易，不然，草上是会停留住水的，有水就会向室内漏，草棚式的建筑解决出水问题，必定是很陡的。”

如果这座建筑的墙体高度有 3.3 米，按照当时普通房顶的坡度我们不妨来做个比较。

大地湾早期的房屋，面积有二十多平方米，如果按照这个比例来计算，这座大房子的屋顶高度至少有 4 米，加上墙体 3.3 米高，房屋的高度要在 7 米以上，相当于我们现在 2 层楼的高度。

程晓钟：“我们在清理 F901 时出土了大量陶片，根据考古发掘要求，这些陶片要复原，我们复原了大量陶器。”

在复原的过程中，考古人员又遇到了新问题。

程晓钟：“在复原的陶器中有一些器物奇形怪状，怪到什么程度呢？怪到无法命名，以至于把这些器物统一命名为异型器。”

这些奇形怪状的异型器究竟是做什么用的？让当时的考古人员百思不得其解。

程晓钟：“这些器物是干什么用呢？这时有人发现其中有一件器物的形状很像当地称量使用的木抄，就联想到这些器物会不会和粮食有关，把它们装上了粮食，结果发现一个有趣的现象。

10 个条形盘的粮食装满一个木抄，2 个木抄的粮食装满一个陶铲，5 个陶铲的粮食装满一个四把罐。”

赵建龙：“这一组 4 件东西就是当时十进位和二进位制的一种量器。”

我们知道，两千两百多年前秦始皇统一中国后，制定了一项很重要的措施就是统一度量衡，因为统一之前各地方的尺度、重量、容积等标准是不同的。比如容积的大小，一般根据各地区所崇拜的鼎的大小来制定各种量具的大小。统一之后，各地区要上缴粮食等物品就出现了数量相同但重量不等的现象，同时也给各地区之间的交流带来了许多麻烦。秦始皇统一中国之后，首先是统一度量衡。俗话说：人心之不公，才始有斗秤。从这里我们也可以看到，我们的祖先使用度量衡的时代是很早的，但究竟度量衡是从何时开始的，“籍载类多渺茫或属揣拟之间，口口相传，并无实物依据。现在所见之度、量、衡器的实物证据，确系未过于周。且多为春秋、战国以后之物。”因此人们对度量衡的研究仅限于距今两三千年前的实物之上。大地湾这批古代陶量的出现，将我国度量衡史的实物资料提前了两千多年。所以，可以称得上是我国考古界的又一个重大发现。据考古人员介绍，这一组量具是在F901的主室内发现的，出土时表面并没有磨损，不像被人经常使用的样子，专家们认为这很可能是该地区的公平秤或者是标准量具，由F901的主人来使用和看管。

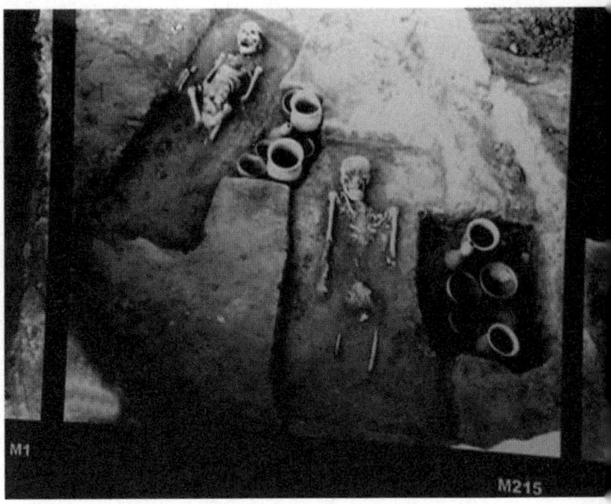

遗骸

这座有着规模又存放着标准量具的F901到底有什么用途呢？于是有人推测：从大地湾发掘的情况来看，这一时期人口的数量已经很多了，人一多，产生矛盾冲突就不可避免了，个人的小矛盾很可能引起部落和氏族之间的争斗。谁来解决？这就需要有个权威人士来承担。在哪儿解决？解决之后是不是还要发布一些安民告示，在哪里发布？这很可能就是这座建筑出现的一个原因。还有一种推测：当时人们对一些自然灾害和疾病无法抗拒，就向上天和神灵祈祷，为了能更好地接近上天和神灵就修建了这样一座高大雄伟的房子。如果这些推测成立的话，那就是说F901是一个承担社会责任的建筑。通过对大地湾遗址的考察能为这些说法找到支撑点吗？

从大地湾遗址的分布情况来看，最早来大地湾定居的人分布在清水河南岸靠近河边的平缓地带上，随着人口的增加，人们的房屋逐渐向山坡上发展。

朗树德（大地湾考古研究所研究员）：“大地湾一期是最早的一批居民，大概有几十个人。大地湾二期是大地湾文化繁荣的阶段，当时的人口可能已经迅速发展到三四百人了。到了大地湾四期，这个部落可能就要接近千人左右，已经达到一个空前辉煌的发展时期。”

从大地湾发掘出的5个时期文化来看，距今5 500年至4 900年的四期是史前大地湾最鼎盛时期，这一时期不仅房屋的分布格局与以前大不相同，就是墓葬的形式也变了。

郎树德：“我们大概发现了七十多座墓葬，早期的大地湾一期和大地湾二期的墓葬基本上都是竖穴土坑墓，单人仰身直躺，在墓葬里的随葬品也比较平均，晚期的墓葬我们发现了一些非正常死亡的、扔在坑里头的尸骨。”

虽然这一时期考古人员没有发现成片的墓地和大量的墓葬，但从一些零星墓葬中，他们却发现这些墓葬不仅大小不同，而且随葬品的数量也不相等。这一时期的墓葬，有的尸骨不全，有的姿态扭曲，等级差别非常大。这两个时期为什么会出现这么大的差别呢？

郎树德：“根据学术界一般的研究情况，比较多的学者认为仰韶文化晚期，至少已经进入了父权制社会，或者说是父系社会，这个时候从大地湾的社会来看肯定是有很多的部落，乃至于部落联盟。F901这么大的房子，就是部落联盟开会的地方。另外，我们还发现陶祖，就是男性崇拜物，都说明了这些问题。”

这样看来，距今6 500年至5 900年大地湾二期仍然处在母系社会，而到了距今5 500年至4 900年大地湾四期却是父系社会。如果上述说法成立的话，这就说明大地湾从母系社会过渡到父系社会的时间就发生在这400年的时间里。

400年对于我们来说是个漫长的过程，但对于历史而言却是转瞬即逝。正如沉睡了五千多年的大地湾的这座古建筑，当它醒来的时候虽然已经时过境迁，但它仍然气势恢宏。

母系社会是氏族社会的主要阶段，也就是人类以血缘关系聚集到一起生活的阶段，这一时期妇女居于支配地位，辈分从母系计算，财产由母系继承归整个氏族共同所有。父系社会是男子处于支配地位，妻子从夫而居，辈分从父系计算。婚姻向一夫一妻制过渡，共同的财产变成了单个家庭的私有财产，社会出现贫富和等级现象。据史学家介绍，母系社会制度从旧石器时代一直延续到新石器时代，持续了大约10万年左右时间；父系社会却很短，它是一个过渡时期，然后进入了文明社会。这个即将进入文明社会时期又存放着这么重要的标准量具的 F901 到底是个什么样子？我们能否用现代的科技手段将其复原呢？

这是中国社会科学院考古研究所研究员杨鸿勋在多次考察后，根据他多年的考古建筑学的经验亲手绘制的大地湾遗址 F901 的立体图。我们在征得了杨鸿勋先生的同意后，根据他多年研究的结果和所得出的数据制作了这一画面。

F901 的前轩，前面八根柱子下铺有石板，很可能是参加聚会或举行仪式时各部落的首领位置。主室前面有三个门，两扇窗户。在主室的正中间是一个直径两米多的炉灶，后墙上摆放有各种陶器，两侧各有一个旁门通向侧室，从侧室通往“夹”，主室的高度在 7 米左右。主室的后墙并没有门窗，如果从主室进入后室，必须从前门或左右两个“旁门”才能进入。整座建筑由后室、旁室、大厅和前轩组成。

郎树德：“到了大地湾五期，房屋遗存主要分布在半山及其以上的部位，这个时候的人突然减少了，文化衰落了，从四期到五期的这个变化，到底是什么原因？”

陈老师：“就是说人类文明演化得很好，突然间一个文明从一个区就消失了，或者展现到另外一个空间，什么东西驱动它？”

赵建龙：“为什么到仰韶晚期，突然这个地方没有人了，这个遗迹并没有一直延续下去？”

是啊，大地湾为什么会突然消失了？如果它能一直延续到今天又将是什么样子呢？这是我们做这个系列节目一直在思考的问题。从大地湾发展过程来看，从采摘野生植物，到将野生植物培育成可以年复一年连续再生产的人工栽培作物；从捕杀动物，到将某些易于驯服且繁殖较快

建筑复原图

的动物驯化为家畜，大地湾的先民们首先解决了吃的问题；从低矮潮湿的地穴式房屋，到地面上的宫殿式建筑，住的问题也逐步得到了改善；从室内没有炉子到有炉子，从炉子在地面下到地面上，人们对火的性能也逐渐掌握。人口从最初的几十人增长到上千人，社会制度从母系转向父系社会，领导者不仅具有很高的号召力和影响力，而且应用简单的科学办法制定和管理标准量具。从社会发展学的角度来看，大地湾的吃、住、社会体制、管理体系是经过长期摸索而发展起来的，它应当向着更高层次的方向发展，可是为什么当它到了最鼎盛的时期就很快消失了呢？是什么原因使大地湾三千多年创造的辉煌在短短的时间里就毁得殆尽。是战争？是瘟疫？还是自然灾害？这里究竟发生了什么？

5. 大地湾消失之谜

提起大地湾，对于很多人来说恐怕是一个并不熟悉的地方，因为它是甘肃省秦安县东部一个偏僻的小河湾，但对于考古界来说，它可是一个耳熟能详的地方。1978 年在这里发现了一个大型新石器时代遗址。新石器时代是距今 10 000 ～ 5 000 年的一个历史时期，而这个遗址从 8 000 多年前到 4 800 年前历经了三千多年，走过了新石器时代的早、中、晚 3 个阶段。在这里我们不仅验证了许多古老的神话故事，也发现了大量古老而新鲜的事情。比如 F901 的地面在经历 5 000 年的掩埋出土后如今依然光洁、平整、坚硬，与现代普通民用建筑水泥难分高下。另外在这里面还发现了一组二进制、十进制的量具，吃、住、用火、社会制度、管理体系等方面的辉煌或地面和量具等等。可是有一个问题始终在我们的脑海里挥之不去，随着采访调查的一步步深入，想探究这个问题的想法越来越强烈。那就是大地湾已经有了 3 000 年的发展史，人文环境、社会制度及管理体系已经初具规模，按理说应该继续发展继续繁荣。比如香港在远古时候就有人在那居住了，秦始皇统一中国后对香港进行了守卫和开发，一直发展到现在成为举世闻名的东方明珠。而大地湾为什么在它发展到了最辉煌鼎盛的时期却突然消失了？

朗树德：“大地湾四期，这个聚落可能就要接近千人左右，已经达到了一个空前辉煌的发展时期。到了大地湾五期，这个时候人突然减少了，文化衰落了。”

程晓钟：“就是说人类文明演化得很好，突然间一个文明从一个区就消失了。”

赵建龙：“为什么到仰韶晚期，突然这个地方没有人了，这个遗迹并没有一直延续下去？”

为了搞清楚这些问题，记者先从宫殿式建筑F901是怎么消失的开始了调查。

这就是5 000年前大地湾先民们发明建造的大型宫殿式建筑F901，建筑总面积有420平方米，它由后室、旁室、主室和前轩组成，主室前后各有8根附壁柱将主室划分为8柱9间式的宫殿格局，这些附壁柱和顶梁柱构架起这座宫殿式建筑的主体，墙是厚达0.25米的木骨泥墙，起到间隔和保温的作用，并不承担屋顶的重量，整座建筑有着墙倒屋不倒的特点。那么这样一座建筑它是怎样毁掉的呢？

郎树德：“根据学术界一般的研究情况，比较多的学者认为仰韶文化晚期，至少已经进入了父权制社会，或者说是父系社会，这个时候从大地湾的社会来看肯定是有很多的部落，乃至于部落联盟。”

赵建龙：“父系社会发展到这个时候，互相之间的打斗是不可避免的事。”

难道真的是部落内部发生了争斗或者是部落之间发生了战争，而使这里毁

宫殿格局

宫殿内遗迹

于战火之中吗？

马俊（国防大学教授）：“原始社会前期的战争具有自然发生的性质，而这个时候由于劳动有了剩余，氏族内部有了剩余产品，于是掠夺成为战争目的，一般意义上讲，原始社会末期也就是原始社会第二个时期的战争不会造成失败者被消灭的结局，往往是失败者被奴役。”

F901 位于山坡上，如果不是战争将其摧毁，会不会是突如其来的山洪暴发、大量的泥石流将这里掩埋掉了呢？

程晓钟：“从遗迹上看，洪水造成的房屋倒塌或者毁灭的原因，不是很明显。因为洪水冲击夹杂的土质比较细腻，另外，可能里面还夹杂一些石块之类的洪水冲刷物，从这里基本上看不出这些迹象，所以说这与洪水应该无关。”

既然不是战争和洪水让这里快速地黯淡萧疏，那又是什么原因呢？

李兴王（北京地坛医院主任）：“这个地方很可能是暴发了瘟疫。在远古的时候已经有瘟疫，那时的人们对瘟疫还没有太多的认识，抵抗瘟疫的能力也非常有限，当瘟疫暴发后不得已就迁走了。”

难道当时的人们真的是被瘟疫折磨得无可奈何，放弃这里的一切而远走他乡的吗？

从 F901 出土的文物上看，人们在离开它之前，并没有把粮食、礼器、量具等重要的物品带走，反倒像是一场突如其来的灾难让它失掉原有功能和价值，人们才不得不弃它而去。

这一突如其来的灾难究竟是什么？难道是火灾吗？

从大地湾三千多年的发展演变过程来看，人们对火的认识逐渐清晰，使用和防范措施不断地完善。大地湾早期建地穴式房屋时，人们对火的习性还没有完全掌握，不敢把它轻易地请进屋里，过了一千多年，房屋内才出现了灶坑而且是一个深坑。

赵建龙：“深坑的通风调整差一些，火不是太旺，失火的可能性相对要小一些。”

从这个藏火罐来看，即便是寒冷的冬天，他们也不会通宵达旦地烧火取暖，而是把火种藏到火罐里保存起来，以防夜间失火。

赵建龙："火烧的这种概率，在早期发现得比较少一些，到了中期略微有一些增长，而到晚期呢，比较普遍。防火的建筑提高了，但是灶炕也提高了，他把灶炕加建于地面之上，筑高后就成为灶台，再加上通风条件提高了，火也就比较旺了。"

火的使用对于人类的进化和发展起到了至关重要的作用。按照现代的人类进化理论讲，人是由猿演变过来的。早在几百万年前猿还没有直立行走的时候怎么区分人和猿呢？有人曾说过："当火出现在远古时代猿的面前时，有的猿利用了火，它就逐渐向人猿的方向发展，而见了火就跑的猿从此和人类再没有了缘分。"人类诞生大约在距今450万年左右，150万年后才学会了使用工具，350万年后才能掌握简单的用火，掌握简单的用火比使用工具整整晚了200万年，可见远古时期人类掌握用火的技巧要比掌握工具难得多了。在大地湾遗址中，我们也可以看到，他们对火是十分敬畏的，为什么把用火的地方放在房屋的正中间最醒目的地方呢？一来是便于烤火做饭，二来恐怕就是便于看管。到了仰韶晚期的时候，在房屋周围的木柱子上已经涂有一层厚厚的红黏土，也就是类似于我们今天的防火涂料。根据文献记载，2 500年前春秋战国时期我们才有消防记载，大地湾遗址的发现，把中国消防文明、消防历史推前了三千多年。尽管大地湾先民在很早以前就有了防火理念和具体措施，可火灾还是频繁发生。据考古人员介绍，在大地湾遗址发掘中发现了许多被火烧毁的房址，经统计早期的失火概率在20%左右，到了晚期则上升到50%以上。那么F901会不会也是被大火吞噬的呢？

如果F901是被大火吞噬的，这把火究竟是怎么着起来的，什么样的大火能将这座宫殿式的建筑烧毁呢？

从这里我们可以看到，整座建筑中唯一用火处是主室内直径两米多的灶台，在它的周围是泥土垒起的木骨泥墙，房间内所有的木柱上面都包有厚厚的红黏土，地面是与现代100号水泥相似的胶泥地面，整座建筑不仅具有相当超前的防火设计理念，而且还有很高的防火能力。那么普通的柴草温度真的能把这座

F901室内木柱

宫殿烧毁吗？

为了得到这组可靠数据，我们来到了中国科技大学国家重点火灾实验室。

试验人员首先对普通木柴的燃点和燃烧时释放出的热量进行了测量。

邓志华（中国科技大学火灾科学国家重点火灾实验室助理研究员）：“普通木材在450℃可以燃烧，木材燃烧的最高温度在800 ~ 900℃。”

F901室内泥土

这个实验说明，如果F901室内的木柱没有裹上胶泥，普通木材燃烧时释放出的热量很快就会把木柱燃烧。

将木柱外面裹上胶泥，再用普通木材燃烧时释放的最高温度900℃来烘烤，它会不会燃烧呢？

10分钟过去了，裹有胶泥的木柱依然没有燃烧。

记者：“现在里面的温度是多少？”

专家：“950℃左右！”

30分钟过去了，还是没有燃烧。看来短时间很难将这根木柱点燃。

邓志华：“这应该是人们最初想出来的办法，就是把可燃物跟火源隔离开，像现在的防火涂料可以做到只刷涂几毫米，而当时没有这么好的隔燃材料，或者说，没有那么好的一种能够隔离的、密封性比较好的材料，用泥巴糊上以后，就能够起到这样的作用，跟现在防火涂料原理的出发点是一样的，就是把火源跟可燃物进行隔离。”

要让物体燃烧，简单地说必须具备三个条件——氧气、火源、可燃物。阻燃，只要缺少这三个条件之中的任何一个就可以达到目的。这根裹有胶泥的木柱之所以不燃烧，一是它外面这层胶泥不是可燃物；二是胶泥起到了阻隔火源和可燃物的作用，看来F901木柱上裹着的胶泥不仅美观，而且确实起到了防火涂料的作用，虽然它没有现代防火涂料那么先进，但我们的祖先早在5 000年前就已经有了这种防火概念并加以实施，这不得不使我们对他们的聪明才智产生由衷的钦佩和赞叹。从刚才的实验看，仅凭普通木材的燃烧温度很难在短时间内将外表裹有20厘米厚的胶泥木柱烧毁，除非让它长时间持续燃烧，或者要有比木材燃烧温度还要高的燃烧物才能将这种泥木柱烧着。可是这种比木材燃烧温度还高的材料目前在大地湾考古发掘中还没有找到。另外，让这样一座在当地人心目中有着至高无上地位的宫殿式建筑，长时间持续燃烧而大家无动于衷也不大可能。那么这座建筑真的是被大火烧毁的吗？

为了弄清这个问题，我们请来了《中国消防》杂志总编辑李彩芹，他长期从事火灾研究和火灾历史图书的编撰工作，当他得知大地湾遗址的消息后曾多次来这里进行现场调研，这次应我们栏目的邀请，他不顾76岁高龄从上海再次来到大地湾。

李彩芹："我们当时研究了甘肃省文物考古队的报告，它里面提到有四个方面的痕迹，我们认为这四个痕迹就足以证明它是火灾现场遗址，我们来看看这四个方面的痕迹。"

李彩芹："第一，屋顶塌落，就是整个平面都覆盖满了，厚65厘米，这个上面就有火烧的痕迹，还有炭的痕迹；第二个痕迹，我们看这个墙，有烧得比较红的，有烧得比较暗的，有颜色发黑的，这是由于温度不同造成的一种效果；第三个证据就在这个木柱洞里面，当年木柱烧了以后，木炭仍旧在炭洞里面，这是一个最权威的证明。这种木炭不仅在这个木柱洞里面有，门框里的炭灰痕迹还非常清楚；第四方面的证据就是在这个木柱上面，涂了一层胶结材料，这层胶结材料我们认为它就是最早的防火涂料。这种东西经过高温烧烤以后，结成了硬块，好像釉质硬面。"

李彩芹："从这四个方面的痕迹证明它是一个火灾现场。大地湾古人遗址，

F901火灾遗址

不仅是一个古人类遗址，或一个大型宫殿遗址，而且是一个5 000年前的火灾现场遗址。

这样一个5 000年前的火灾现场遗址，为什么能够保存下来呢？

李彩芹："由于当时火烧以后就废弃了，可能和当时对火的敬畏有关，或者是对火的信仰有关，因为烧过火以后就不再住人了，就把它废弃了。由于沧桑巨变就掩埋在地下，完整地保存了下来，一埋就是5 000年。"

既然F901确实是一个火灾遗址，那么什么样的大火能将这座有着较高防火性能的宫殿式建筑吞噬掉呢？仅凭普通的柴火能将整座建筑烧毁吗？

从表面上看，这座房屋在设计和建造过程中添加了许多防火设施，比如它的后墙没有门窗，一旦发生火灾，大火不会通过门窗蔓延到后面去，起到防火墙的作用。但是从现代防火角度上看，F901存在很多火灾隐患，比如房屋里有这么大的灶台能不储备柴草吗？门窗较多，有助于火势燃烧，尤其是左右两扇侧门一旦形成对流，火势就更难以控制。

邓志华："如果房间里存在对流的话，对火来讲有很好的助燃作用，因为新鲜空气能被大量补充，在有新鲜空气大量补充的过程中它的燃烧基本上就不会受限制。"

特别是F901的高度是导致它最终毁于大火的关键所在。

邓志华："实际上它就是一个烟筒效应，热空气从下往上升，如果你限制一定空间，那个空间不向两边扩散，那么它在只能往上升的情况下，就会呈现一个加速过程；由于这样走了多少空气，就会有多少空气进来补充，等于走掉的是烟气，补充进来的却是新鲜的空气，对火灾来讲，由于新鲜空气大量补充，火灾的发展就会更快。"

原来，F901 内堆放有许多木材，本来这些木材在短时间内是不会把房屋烧毁的，但由于房屋的高度过高产生了烟筒效应，使这些木材燃烧时发挥了超强的威力，在人们还没来得及扑救时，肆虐的大火就将这座“宫殿式”建筑给吞噬了。

虽然 F901 被火烧毁了，可它仅是一座房子而已，为什么整个大地湾都不复存在了呢？ F901 对整个大地湾的消失有多大的影响？

赵建龙：“是不是因为火灾频繁发生，人害怕了。或者说这个地方容易发生火灾什么的，他们对这个地方产生了忌讳。”

陈发虎：“有的人认为是游牧民族侵入，破坏了原来的农业，整个甘肃区域马家窑发展起来了，大地湾的重要性就衰落下去了，很可能随着政治中心的转移这里发生了变化。我们发现，有些时段在这个区域发生了连续百年的大干旱，这种干旱把一个文明给破坏掉了。”

郎树德：“或者另外一支有文化的人进到这个地方，将这个仰韶文化的人赶跑了，或者消灭了，存在着这些可能。但是目前还没有定论，我们还很难说这个仰韶文化的衰落到底是什么原因造成的，它至今还是一个谜。”

从 8 000 年前到 5 000 年的历史沧桑巨变中，大地湾有过蹒跚的步履，有过茁壮成长的身影，有过史诗般的辉煌，正当它振翅翱翔飞向文明的彼岸时却转瞬间陨落了，在这漫长的三千多年时间里，大地湾的先民们不畏艰辛、义无反顾、不断追求、提升自我的执着精神，犹如凤凰涅槃般惊天地泣鬼神。虽然大地湾最终是缘何而消失的，目前还没有准确的答案，随着大地湾考古的进一步发掘，这一结论终究会找到的。

（高山）

探秘中国巨龙阵

1988 年，姜窑村村民一次平常的挖沙取土，使得沙中埋藏的巨大“龙骨”重见天日。村民们之所以认为这是“龙”，正是因为这些巨大的长石有如脊椎骨一般，并且还有“龙爪”的发现。在这个村庄里历来流传着无数龙的传说，还有很多“龙的遗迹”，村民们认为，巨型石龙的出土便是传说的最好印证。20 年过去了，围绕着这片巨大的龙阵，无数猜测让人迷茫、困惑。《走近科学》记者探访“龙乡”，开始了在古城邯郸的探索之旅，初识了姜窑这个神秘的中原村落，也第一次走近了这些令人匪夷所思的“巨龙阵”。

1. 神秘的“龙乡”

我们说，地球上的生命，只要有诞生就会走向灭亡，这是一个自然规律。有人统计过，从地球上有生命的那天算起，到目前为止，大概有 99.99% 的生物都已经灭绝了。有的动物，伴随着我们人类走到今天，也有的动物虽然灭绝了，可是它有化石存在，能够让我们复原出它当年的样子。可是也有一些动物，消失在历史的长河中，我们也不知道它存在时是什么样子。在我们人类的世界中，有这么一种生物，它既没有化石的遗存，也没有生物个体的存在，但是偏偏很多人都认为它的存在是天经地义的。比如我们中国人自称是“龙的传人”，但我们中国的这个龙，既不等同于恐龙时代的那种恐怖巨大的蜥蜴，又不等同于英国或者西方社会传说中的那种会飞的、喷着火的 Dragon，实际上是存在于我们想象当中的一种文化象征符号而已。它代表了正义也代表了邪恶，代表了火也代表了水，同时它又是帝王的象征。就是这么一个面目狰狞的形象，却存在于我们文化生活的每一个角落、每一个领域，真的是让人啧啧称奇。虽然我们很多人都坚信，龙是一个臆想出来的生物形象，但是也有人始终认为，龙是真实存在的，这种争论一直是有的，只不过有的时候闹得大一点，有的时候小一点而已。而我们今天的故事，要讲的是什么呢？就是关于龙的一件扑朔迷离的事情。

这些废弃的房子从前是一个繁荣的村庄，村名叫做姜窑。姜窑村位于河北省邯郸县西北，在 20 世纪末，这里还居住着一百多户人家。如今，昔日的农家小院已经被彻底地废弃，放眼望去是一片萧瑟荒芜的景象。关于龙的故事就是在这里开始，并且已经流传了几个世纪。

据村民老姜回忆，那是在 1988 年初的一个早晨，他去村前的土坡上挖沙取土，准备修葺自家的房屋。这一天正好是农历的二月初二，也就是我们常说的“龙抬头”。

姜廷芳：“我去挖沙盖东房。当时我们这个村周围，包括南北高峒、周黄窑都来这里挖沙。”

姜窑村村前的土坡对于很多村民来说是块宝地。这里的山体中，有一块巨大的石头，石头的正中间有水流出，石头旁边有各种各样粗细不同的沙子。

姜窑村世世代代在这里居住，也世世代代在这里挖沙取土。他们把这块大石头称为石杠，因为它看起来很长，就像插在土里的一根杠子，但是没想到，这一次挖掘，老姜发现插在土里的石杠越来越长，而且看起来有点怪异。

姜廷芳：“周围整个都是黄沙。把沙子四周的黄沙全部清除干净以后，发现石杠有六七米，一节一节的，中间的黏合物不是石质的，好似一种水泥性质的东西。”

大家越来越好奇

长出山体的石杠

像一条巨大蛇骨

老姜越看越奇怪，好奇心使他忘记自己本来是来挖沙子的，他看着土里露出的这一截一截怪异的石头，心中忐忑不安。这大石头怎么会这么奇怪呢？老姜赶紧放下工具，准备叫村里的人一起帮忙。

村民们一直都觉得这里面的东西可能很不一般，老姜这么一说，大家都上阵挖掘。因为在这个村里，有着无数的传说与遗迹，眼前的大石杠会不会和这些传说与遗迹有关呢？他们迫不及待地想尽快把沙中埋藏的怪家伙挖出来。

本来就已经长出山体的石杠，现在在里面又发现了更长的延伸，一节一节的石头紧密咬合直插在黄土坡中，就像是一条巨大的蛇骨。但是，村民们却认为，这根本不是蛇，而是一条巨龙！

姜廷芳：“为什么我们认为它是石龙呢？因为我们这个地方就是龙的故乡，东边那个沟叫五龙池，原来我们村上面有卧龙岗，卧龙岗传说有九个龙头，上面架有五龙庙，五龙庙下面是卧龙池，东边是输元河。”

说实话，“龙的故乡”这个词在中华大地上太过敏感了，应该讲，历史上中国出现了好几个龙的故乡，比如说 1988 年河南濮阳发现的用蚌壳堆成的墓葬中龙的形象，有人就把它说成是“中华第一龙”。它属于仰韶文化，距今 7 000 多年。还有人把华夏银行的那个标志，赤峰地区出土的玉龙，也就是红山文化的代表，称为是“中华第一龙”。到了1998年，在辽宁阜新地区的前红山文化地区，我们又发现了一条用石块堆积而成的二十多米的龙的形象，更有人把它说成是“中国第一龙”。看来，要想把自己说成是中华龙的故乡，必须得拿出点真凭实据来。但是，姜窑村的这十条巨龙阵，只有身子没有脑袋，似乎不足以证明。最为关键的就在于这个东西到底是什么？是人为的，还是大自然鬼斧神工的造化，现在谁也给不出一个定论。因为各方面专家都有自己不同的见解，有的人认为这是人工开凿的，给王陵作为驱邪避鬼的东西，也有人认为它是古代海洋古地质的结果，另外的一些人认为它恐怕是自然的伟力，沙石化的现象。现在，有关媒体在介绍石龙的时候，也喜欢把其中的一些论点当成是最终的结论，但是详加思考和研究之后，您也许就会和我们一样发现这种种理论都有它的不足之处，或者说是有偏颇之处。在这种情况下，我们不能轻易地相信任何一个观点，因为它们都有能够被人攻破的地方。那么，我们能不能找到一个令人满意的答案呢？

早在春秋战国时代，邯郸作为赵国的都城，就已经发展成为繁华的都市。在几千年的风雨历程中，这座城市始终饱含着生机，孕育出诸多名人，留下了无数文化瑰宝，仅现在可以具体考证的、出自邯郸的成语就达到数百条之多，这里也被称为“成语之都”。到了今天，石龙的发现更是给这座历史文化名城增添了更加神秘的色彩。

石龙的发现地点是在邯郸县的西北部，三陵乡姜窑村旁的山坡处。我们驱车前往的时候，当地文化旅游部门的工作人员介绍说，村民们的说法基本都是真实可信的，而当时挖掘出来的所谓“石龙”，现在已经被保护起来，并且以它为中心建立了一个旅游风景区。近年来不断有人前来关注和研究“石龙”，众说纷纭，但是难以辨别，即使过了这么多年，大家依然对石龙的来历琢磨不透。

当记者步入这个叫作“龙馆”的大型展示厅，眼前的石龙阵形的巨大与宏伟着实令人惊叹。但问题也就随之而来，首先，当初村民们挖掘出来的不过是一条巨大的断节的“龙身”，而眼前不但龙身已经有十条之多，而且每条龙身上都有着形态鲜明的龙头。在保护区工作人员王岩岭的介绍下，我们逐步了解了这惟妙惟肖的“石龙”阵的来历。

王岩岭：“从这儿开始，这一节往后。”

记者：“是天然形成的，挖出来什么样现在就是什么样吗？”

王岩岭：“嗯，原来就是这样的。石头从哪儿来的，为什么会在这么厚的土层下面埋着，为什么会是一节一节的，中间的那些黏结材料又是怎么回事，现在都没有搞清楚。”

现在展现在我们眼前的石龙，规模庞大。村民们在 1988 年发现的就是位于正中央的“大龙”，而两侧左四右五，分布着随后陆续发现的九条“小龙”。居中的大龙长度达到二十多米，形态完整。忽略前面人工安放的龙头，后面的部分还保留着原始挖掘出的模样。所有的石龙均平行排列，体形细长，质地坚硬，但是“龙身”可以看见明显的断裂的痕迹，分布大致均匀，类似脊椎动物的脊柱骨骼结构。

更让人惊奇的是，在大龙的左侧，有一个不规则形状的物体与龙身紧密相连，而这个就是当地人称为“龙爪”的东西。

王岩岭：“你们这次来，我特别希望把事情搞清楚，我们现在也很迷茫。”

王岩岭告诉记者，这些石龙刚出土的时候，村民们怀疑，会不会是一种巨型动物的化石。

在我们生活的这个地球上，曾经出土过众多史前动物的巨型化石，这些化石告诉今天的人们，这片神奇的土地曾经被谁主宰。然而，如此有规模的长形巨石却是第一次出现在世人眼前，令人不由得怀疑，这会是什么？是一条条巨大的蛇，还是恐龙，抑或是人们从来没听说过的史前生物？村民们不禁想起流传在当地的龙的传说，难道在历史典籍中记载，但是在现实中从未发现的神秘生物，真的就在他们的眼前吗？

当地人言之凿凿地说，这就是龙的化石，猛一看，他们说的确实也有一定道理。因为按照龙的形象说，它的身体部分接近于蛇或者是接近于鳄鱼，不管是蛇还是鳄鱼，它都是脊椎动物的一种。我们这里有一个猫的骨骼标本，如果是脊椎动物，我们可以来看一下，衡量脊椎动物一个非常重要的标准就是，在身体的中间部分，有一条骨头横贯躯干，起到连接大脑、连接头颅的作用。而且每一节和每一节，基本上可以说是划分得比较均匀，而且它的形态，也可以说是骨骼嶙峋的样子。从这点上看，所谓龙的化石似乎符合这一点。但是如果我们仔细观察一下就会发现，每一个骨节和每一个骨节并不是非常均匀地分配，也不是按照大小合一的排列顺序排过来的，有的地方粗，有的地方细，有的地方大，有的地方小。如果从这一点来看的话，它绝不可能是生物体所拥有的正常骨骼。因为正常的骨骼，我们看猫的脊椎，它底下的部分是比较大的，上面的部分是比较小的，不过，它是一个渐变的过程。因为脊椎中间是要连接脊髓的，在这个过程当中，就必须要求是这种方式。可是在这个所谓的龙的骨骼身上，我们看不到。另外，我们说按器官相关定律的话，如果能看到身体的某一部分，基本上就能构想出它相应缺失的那一部分。比如说这条龙有一个所谓的爪子，可是在它另一侧，同样的位置，我们找不到这个爪子的存在。可如果说它是受外伤损失掉了的话，起码一些遗迹应该还是能够看到的。因为就算是一些已经退化的肢体，比如说在鲸鱼或者海狗、海象这些动物身上，我们虽然看不到手脚，看到的只是鳍，可是一旦把它们鳍上连接的皮膜肉质全部去除之后，还是能够发现非常清晰的趾关节的存在。但是在这个所谓的龙的身上，我们根本找不到这样的迹象。从这个角度讲，这个化石应该不是什么古生物的遗存。

既然这个“石龙”并不是真正的“龙”化石，为什么当地人一直称它为龙，而且越传越远，使得政府也如此重视，进行保护性开发呢？“龙的故乡”这样的说法究竟是夸大其词，还是有着足够的依据？和民间传说的“龙”的形象如此相似，它真正的来历又是什么？就着这些线索，我们开始了在姜窑村的考察之旅。

现在姜窑村的整体已经搬到了石龙景区的边上，交通更为便利的位置。今天的村民，对这些形态怪异的东西又是如何看待的呢？

老村民：“卧龙岗、卧龙池，我们就知道那里有龙，有龙是真的。我小时候就不敢到那个龙身上去，不敢从那儿经过，知道是龙。”

村民们说，这个村子周围有着很多龙的传说和“龙的遗迹”。这些遗迹在现有的资料中也有着明确的记载。卧龙岗就是发现石龙群的黄土坡，坡的上面是修建已久的五龙庙，而在卧龙岗旁边，有一个在“文革”期间被“破四旧”彻底毁掉，只剩下残垣断壁的遗址，这个遗址的名称就是“龙兴寺”。龙兴寺在明清版本的县志中均有记载，村民们在原来的遗址处重新修建了一座小庙，并且摆放了很多龙兴寺原有的物件，希望这里的神灵能够继续保佑这一方风调雨顺。

事实上，在我们国家的很多地方，尤其是干旱地区，龙王庙是很常见的，都是当地人为了祈求神龙降雨而设的。仅有这些庙宇，似乎并不能说明这里就是“龙的故乡”。就在这时，我们找到了更多的线索。

在石龙发现之前，这里就是一个风景区，而这个风景区曾经的中心，就是“罗敷潭”。罗敷的故事在中国民间传说已久，《汉乐府·陌上桑》中有着这样的描述：“日出东南隅，照我陌上桑。秦氏有好女，自命为罗敷”。而关于这个好女罗敷的故事，在邯郸县我们找到了发源之地。《邯郸县志》明确记载着罗敷的籍贯就是邯郸县，这里不但有罗敷的墓葬，还有一个传说，传说中罗敷被赵王相中，但她已有夫家，坚贞不屈投潭而死，而这个地方就是罗敷潭。现在经历了几千年的风雨，罗敷潭的水早已不见踪影，只留下深深的洼地，如今已经长满植被。但是在当地村民口中，罗敷潭却并不是罗敷潭，而是叫作龙池！

姜窑

村民：“那里边也有一个池，不过现在干了。”

记者：“是不是现在叫罗敷潭的那个地方？”

村民：“对，原来它叫龙池。”

村民的说法在明清版本的县志中的确有着相应的证据。而这还不是全部，在调查中，村民和保护区的工作人员告诉我们，这里有一条河也是龙的遗迹，叫作输元河，现在也和罗敷潭一样断了水，这条河与龙又有着什么样的关系呢？

王岩岭："这条输元河的发源地旁边就是龙兴寺。当地有一个传说，在远古时代，龙鼋大战，龙胜了，鼋败了。龙让鼋修一条河，叫输鼋河。当地老百姓为了纪念龙打胜了，建了一座寺叫龙兴寺。"

原来，输元河的"元"字原本并不是这样简写，而是当地传说中龙鼋相斗的"鼋"。鼋在我国的古籍记载中并不少见，它其实是一种大型的淡水鳖类，在邯郸县的传说中，有着输鼋河的来历传说，龙鼋相斗就发生在姜窑村的"龙池"处。

石龙的周边，龙池、龙兴寺、五龙庙、卧龙岗、输鼋河，紧紧地将石龙包围其中。而这些遗迹都是在发现石龙之前就早已经存在于这个中原村落——姜窑。

老村民："知道是石龙，都没人去那里挖沙了。"

记者："大家现在都把它当成龙看待吗？"

村民："咋不当龙看待？我小时候就知道那个是龙神，很害怕的。"

在姜窑村的初步走访，我们已经深深地感受到这个平凡小村的不凡之处。谜一样的村落，有着诸多谜一样的遗迹，神秘石龙群的出土，会不会让这个村庄里多年流传的龙的谜团得到解答呢？

2000 年，著名龙文化学者，《中华龙种文化》一书的作者王大有听说了邯郸出土巨型石龙的事情。他回忆说，8 年前他得知这件事的时候，心中非常激动，同时也十分迷惑。

王大有："因为我是搞龙文化研究的，他们说你如果不表态、不去看，这条龙就'活不了'。他们当时说那条龙是没有头的，是条伤龙，说你要去把它救活。"

如果说是人工建造的建筑物的话，那么在地球上确实有太多的石造建筑，留给我们诸多的谜团。比如英国的巨石阵，比如南太平洋复活节岛上的那些守望大海的石雕巨像，另外，还有印第安人的马丘比丘遗迹等等，都给我们提供了太多的遐想空间。但是面对着这样一个巨龙阵的时候，我们确实不得不说，恐怕就是因为它看起来像条龙，所以在人们还不知道它到底是什么的情况下，依然倾尽全力对它进行尽可能的保护。不过王大有先生是从事龙凤文化研究的，他告诉我们说，以前他来到这个地方的时候，看到的龙不是这样的，那个时候龙都没有头。这些头，都是后来的人安装上去的。因为当地的人告诉他说，这些龙为什么留在我们村子不走了，就是因为这些龙都是伤龙，没了头，估计是被人砍掉了，所以飞不走了等等。事实真的如村民所说的吗？这些东西，是怎么来的，它与周围所谓的各种龙文化的遗存，又有什么样的微妙关联呢？

2. 巨龙的伤痕

许多人认为传说中的“龙”这种生物的存在，就在邯郸巨龙阵的出现中得到了印证。然而在调查中，我们并不认为类似龙骨的东西就是传说中的“龙之化石”。但是我们却在和龙凤文化研究学者的交谈中，发现了更不可思议的事情。世人传言，邯郸巨龙阵的十条石龙是濒死的“伤龙”，而“伤”的原因，竟然是这些石龙是无头之龙。原始龙头究竟是有是无？我们在探查中不断发现更多的疑点，而专家更是告诉我们，这些无头巨龙可以在土中自己生长！石龙能否自然生长？这片神奇的土地，又究竟隐藏着多少秘密？记者的调查目光逐渐转移到了七八千年之前。

故事依然要围绕着河北省邯郸市邯郸县的姜窑村展开。要说这个小村子本来没有什么奇特之处，不过您要是亲自去游览一番的话就会发现，这个村子的周围关于龙的或者说是带“龙”字的地方特别多，各种遗迹比比皆是。另外，还有一些地方，虽然看不到龙的写法，但是隐约地能够感觉到它包含了龙的含义。大家知道现在很多地方都兴起了一股文化热，不过这股文化热的背后透露出来的是对于经济增长的渴求。很多地方都是千方百计地把自己和历史文化名人、历史文化事件扯上关系，搞一些故里之游、祭祀大典，总是希望能够吸引更多人的注意，引来投资、引来旅游者，从而推动经济的发展。但是姜窑村这个地方，很多研究历史的人却是不请自来。原因就在于 1988 年的时候，村民们无意之中发现了一条巨龙在村子当中，不过这个巨龙从质地上看，似乎应该是石质的。后来陆续发现了十条，被人称作是巨龙阵。一开始当地的领导也好、村民也好，都没有意识到这件事情有多么重要，只是觉得是挺奇怪的，为什么会出现这么多怪模怪样的东西，为什么它会呈现出一个龙的身子的形象来？于是，人们想尽了各种办法对它进行保护。但这个东西的来历，谁也说不清楚。倒是有一些专家学者亲自到这里进行过走访考察，可是，每个人都是站在自己学科的角度提出不同看法，谁也说不服谁。对于我们而言，更是想知道其中的奥秘。所以说现在我们感觉到，整件事情倒不是经济在推动，真的是因为“龙”这个文化符号的存在，才吸引了如此众多的目光。

20 世纪 80 年代的意外发现，成全了流传已久的传说。埋在土坡里的石杠，如今展现在世人面前，却变成了十条巨龙，周边围绕的是邯郸县姜窑村自古以来便长久留存的龙的遗迹。

在调查走访的过程中，我们把石龙与周边很多与龙有关的遗迹联系起来，希望能够理出一个明晰的线索。自古以来，龙就是中华民族长久流传的神物，虽然龙本身已经被证明是一个不可能存在于现实世界当中的生物体，而是虚构出来的神话形象，但是在我国各地仍然广泛存在着崇拜龙的风俗和遗迹。出乎意料的是，这些风俗和遗迹居然在姜窑村这个普普通通的中原小村落如此密集，而石龙更是直接出土在这里。作为一种地方风俗，诸多龙的遗迹和神话传说，本来并不是那么让人费解，但是当石龙出土之后，对龙的遗迹的印证就不可忽视了。

老村民：“我小时候就知道龙池那儿有龙神。”

村民：“为什么我们认为它是石龙呢？因为我们这个地方就是龙的故乡。”

1988 年，姜窑村村民在挖沙取土的时候将石龙从黄土坡中挖掘出来，而现在石龙的面貌已经和挖掘时大不相同。处于正中央的是最早被发现的“大龙”，两侧左四右五，分布着随后挖掘出的 9 条“小龙”。居中的大龙长度达到二十多米，形态完整，忽略在前面人工安放的龙头，后面的部分还保留着原始挖掘出的模样。这些石龙体形细长，质地坚硬，但是可以明显地看见“龙身”断裂的痕迹，分布大致均匀，类似脊椎动物的脊柱骨骼。甚至在龙身的一侧，还有像龙爪一样的枝杈存在。因此曾经有人提出，这些怪石可能就是巨型动物的骨骼化石。虽然这种可能性已经被排除，但是石龙奇异的形态仍然让人惊奇。

王大有："整个身子像脊椎骨一节一节的，这个让我非常惊讶。因为那个东西太像骨节了，一节一节的，而且它是分成段的，里面又是空的，就像脊椎骨里的脊髓腔似的。"

王大有是我国著名的龙凤文化研究学者，他早在2000年就得知了邯郸出土巨型石龙的事，并且进行了考察。

如今十条巨龙已经被庞大的龙馆保护起来，与外界隔离，最初挖掘时的面貌得以保存，用当地人的话说"石龙"有救了。而唯一与当初挖掘时原貌不符的便是龙头。这些石龙最初挖掘的时候并没有明显的龙头，这便是王大有所说的"伤龙"的来历。在走访中有的村民对我们说，现在的龙头是人为安放上去的，而更为久远的时候，这里已经有过龙头，只不过在被挖掘之前已经不知去向了！

左边是2000年王大有先生到当地之后拍摄的一张照片。仅从照片这一部分上看，有香炉，有供桌，说明当地人对这条龙是非常重视的。但是我们再看看这个出水口的形象，感觉是支离破碎的。当时王大有先生去，有点被人忽悠了的意思。有人告诉他说，了不得，邯郸县姜窑村出了一条龙，但是这条龙的脑袋被人给毁了，活不了了，你如果不去就来不及了。于是王先生这才去了，去了之后也觉着奇怪，为什么人们会先砸了它，然后又把它搁在一起，还对它烧香、顶礼膜拜呢？这件事，让我们想到了历史上赫赫有名的克里夫兰巨人事件。克里夫兰巨人事件的骗子是为了赚钱，在那个时代很多人都相信有过巨人存在于这个地球之上，于是有两个骗子就做了一个石膏像，用硫酸腐蚀，并且扎上了很多洞眼模拟毛孔，埋藏在地下然后

秋户与供桌

再挖出来，说是巨人，命名为克里夫兰巨人。在美洲大陆引起轰动。有几个学者也来看过，并且认同这种说法，于是这两个骗子依靠它，在整个美国展览，赚了不少钱。过了很久，事情真相才大白于天下，不过现在还有人依然抱定了念头，认为石膏像就是巨人的遗骸，可见真的是流毒不浅。按照这个思路，我们就想，村民们前倨后恭的态度，恐怕就是一开始他们并不觉得这是龙的形象，后来想到靠这个是不是可以拉动旅游，推动村子的经济发展，才想到了这样一个办法让它成为一条传说中的龙呢？如果按照这样理解的话，这个结局不言而喻。可事实真的按照我们主观臆测的方向发展吗？

村民：“过去据老人们说，龙头是有的，但是从我这一辈是不记得那个事儿了。”

记者：“老人们说有过龙头，那么老人们说的龙头是什么样的？”

村民：“具体描述也不太清楚。”

姜廷芳：“老人们说，以前那个龙体，再往前能推 50 米，他们只认为是山中的石杠，没有说是石龙。”

记者：“也没有人说它有个龙头？”

姜廷芳：“没有。”

我们在这里深深地感受到，大多数村民都是发自内心地信奉龙神，正是因为信奉，才有了今天重塑的龙头，而过去的原始龙头，更多的人已经不再去渲染和流传了，只不过在他们的记忆中，还有那种依稀的影子。但是如果这种记忆是真实存在的，真的曾经有原始的龙头，这庞大的石龙阵的形成，一定有人为的因素在里面！既然龙阵本身不是姜窑村民修建的，那又会是什么人呢？这一切都让人迷惑不解。

王大有告诉我们，他不相信村民们有龙头的说法，更不相信石龙

村民挖掘中

是人为修建的。他认为，石龙完全是在土中自然生长而成！那么，是什么样的土，又为什么会生长出这些形态奇特的石龙群呢？

王大有："他们说有头我就不相信，因为它是一节一节的，分得很清晰，底下那个托盘，只是上面露出来像脊椎骨，如果是动物的话，比如说蛇，蛇底下是圆的，不会再有托盘，托盘肯定是原来的泥浆，或者是河底下的泥浆逐渐往上就产生了一个托盘。那个被包起来的龙爪子，它也不是咱们现在看的龙的爪子，它是长得七竖八叉，一点规则都没有，就是说它逐渐在向外延伸，这也是自然生长，它长成什么样算什么样。"

王大有向我们展示了很多他考察时拍摄的石龙照片。8年前当他来到邯郸的时候，当地人又说有龙头、又说这些是龙骨化石，但是他经过观察之后对这些说法一概不信。

王大有："这个东西应该是化石，但是不是动物的化石，我是这么判断的。它这个料很特别，它外面有一层就像鸡蛋壳似的，外面是黄的，里面是灰的，全是这种结构，当时我就很奇怪，这怎么跟鸡蛋壳似的，里面好像有一个鸡蛋黄，后来我查资料，才知道原来料姜石是这种结构。"

王大有口中的料姜石，是一种广泛存在于我国北方地区，似石而非石的不规则块状物。因为形态各异，有的就像姜一样，所以老百姓给这种奇怪的石头起了一个形象的名字——料姜石。那么，它究竟是一种什么样的石头，又为什么会生长呢？

前面讲述《大地湾之谜》的时候提到了F901遗址，就是一间房子的遗址，在这间房子里人们发现它的地面非常平整光滑，就像水泥一样，但是据考证，这不是水泥，而是一种被称之为料姜石的东西。据说这种东西，古人早就把它运用在了建筑中，那么料姜石它到底是什么呢？在这里我们准备了一些黄土，这些黄土就是从我国北方较为干旱地区的黄土中取来的，还有一些石灰，料姜石和黄土、石灰之间有什么关系呢？据分析，在我国北方地区这种干旱性的黄土中，含有不少碳酸钙成分，遇到下雨的时候，我们都知道碳酸钙是不溶于水，也就是说，它溶解在水中的量非常少，可是一旦雨水降落下来，毕竟还是有一部分被溶解到土壤之中了。等干旱的时候，因为它很难溶于水，干燥之后，在这种状况下就很容易达到饱和，于是就析出了。之后就形成了一个个小块的颗粒，这些小块的颗粒就把黄土给包裹起来了。现在给大家做一个演示，我们把一些黄土装到这个口杯里头，再放一点石灰，然后把它搅拌一下，让它变得均匀一些，用这个来模拟一下北方地区黄土的结构，当然这不是一个定性定量的实验，只是借助这种道具给大家做一个简单的演示过程。现在我们用喷壶洒水，您注意一下这个边上，一些白色的溶液就是演示过程中非常重要的溶解环节。我们把水喷进去之后，好比天下雨了，雨水都渗到土壤中，我们再把它搅拌一下，像和泥一样，不过我们这个雨量，还有雨水的降落程度，肯定是跟大自然没法比的。将它搅拌搅拌之后，您就会发现，就像是下过雨之后泥泞的土地一样。等它稍微干一点之后，就会出现料姜石。我们现在把它拿去烘干，因为这个过程比较长，我们就用提前准备好的实验给大家展示一下。最终，这些东西在干燥了之后，就形成了这样一个一个的小结核，在地质学上把它叫作钙质结核。虽说这个看起来跟我们想象中的料姜石不大一样，但是它的原理是完全一样的，这里面包裹的东西，有可能是黄土，也有可能是沙子。可能有的朋友说，为什么我们在这个地方看到的是那么大个的料姜石，而你拿的却这么小呢？您看，这个是我们从别的地方找来的料姜石，它看起来形体就比较大了。可以说，王大有先生正是想到了这个之后，又去寻找证据。果不其然，不久之后他在一本书中找到了有力的证据支持。

在《中国自然地理图集》中，有一幅华北平原成长示意图。在这幅图中，邯郸的位置边上有一条标识线，而这条标识线，正是 7 400 年前的古代海岸线。根据这张图示，在 7 400 年前，邯郸这个地方还是一片汪洋大海，而后海岸线逐渐退却直至今天的位置。王大有认为，这足以证明邯郸姜窑村这个地方，曾经有过海蚀的现象，而料姜石遇水正好会凝结收缩，形成如今天的石龙一样的纹理和形态。在石龙的周边，王大有也找到了支撑自己论点的证据。

王大有："他们告诉我卧龙岗的上面，还有一个卧龙坡，说那上面有龙蛋，我说那你们带我去找吧，结果我一看就笑了，我说这不是龙蛋，这是海龟蛋。

它要是别的东西，下的蛋不应该是这样，有大的，有小的，一层一层有水纹，有的比较深，有的就是浮在上面，你可以把它抠出来。我在他们说的那个卧龙岗发现了好多海龟蛋，海龟蛋也可以证明这里当时是海边。”

在我们生存的地球上，海洋占据了超过三分之二的面积。在地球漫长的进化过程中，陆地与海洋不断发生着此消彼长的变化，许多广袤的土地曾经是一片汪洋大海，同样也有许多的海域，在千万年前还是生长着茂密树木的土地。距今七千多年的华北地区，海洋曾经覆盖到今天的京广铁路一带，而后随着气温降低、海平面下降以及陆地河流的冲击作用，不断生长的陆地终于长成今天的华北平原。王大有正是因为找到了这样的线索，才认定邯郸的巨龙阵是海洋与料姜石共同形成的自然遗迹!

就着王大有提供的这些线索，记者继续在姜窑村的周边进行调查。然而令人失望的是，连续几天，记者都没有找到照片中的海龟蛋。整个卧龙岗及其周边，覆盖的都是形态不同的棱角分明的岩石和厚厚的黄土，完全看不到古代海洋的遗迹。这究竟是为什么？权威出版的《中国自然地理图集》中既然给出了明确的图示，那么为什么无法在现实的环境中找到印证呢？究竟是哪一方面出现了疏漏？

这时我们得到消息，王大有照片中的海龟蛋一类的海相化石，原来已经被姜窑村村民姜廷芳悉数收藏，我们找到了姜廷芳，并且见到了这些圆滚滚的石头，但是它们是否就是海龟蛋形成的化石呢？是否能够成为古海遗迹的有力证据呢？我们找到了对当地地质环境十分熟悉的游传泽老先生。

姜窑村周边

游传泽：“按地质图来圈的话，古代海岸线，在各个不同时期是不一样的。在第三纪和第四纪时期，根据土层的颜色来看，好像是陆地，也就是说干旱的陆地，为什么说是干旱的陆地？因为它成土的颜色都是红色，红色就是氧化铁，如果是海岸线的话，应该是灰色和灰蓝色，灰褐色，那是水泡了。这个是氧化铁。至少在龙这个位置没有出现海岸线。”

游传泽在退休之前担任河北省地矿局第一地质勘查大队的总工程师。他所说的第三纪和第四纪，就是地质年代上的新生代，是距离现在最近的一个时期，这一时期包含了 6 500 万年的时间范围。而距今 7 400 年这一时间段，正好处于第四纪的全新世。

经过这样一番调查之后，我们真的觉得非常糊涂。为什么？我们可以看这张地图上面，标注得很清楚，7 400 年前的这个海岸线，明明确确地从邯郸经过，以至于现在的地图上，“邯”写在这边，而“郸”写在另一边，这条海岸线从中穿过。为什么到了游老先生这儿，海岸线就没有在这里存在过呢？我们又不得不相信游老先生说话的权威性，首先人家是这儿土生土长的，当然这个并不是最重要的理由，但关键在于人家搞了一辈子的地质工作，对于这里非常了解，他的话应该不会有太大错误。王大有先生又为什么提出海洋遗迹的说法呢？难道说这个地方不仅仅有过水，而且曾经是汪洋一片，只不过是我们现在的地图还有游老爷子都搞错了，因为有海龟蛋可以给我们作一个实证。如果说王大有先生错了，这个地图也错了，那我们就非常矛盾了，不知道到底该往哪一个方向走，怎么去合理地看待这个奇特的现象。这种神秘的巨龙阵，它到底是文化，是生物，还是自然奇观呢？

3. 海底龙宫之谜

在对邯郸巨龙阵的调查中，一份来自《中国自然地理图集》的指示，让我们追寻几千年前的海洋足迹。究竟在 7 400 年前，古城邯郸是否就是一片汪洋大海？而这些汪洋大海又能否孕育出巨型石龙阵呢？通过探寻华北平原的成长历程，我们与这些问题一一碰撞，寻找最直接的证据，了解到地质学家如何解释沧海桑田的变幻。在与老地质工作者的交谈中，很多线索使沉默的黄土开口说话，给我们指引了探寻的方向，人为修建龙阵的说法，就此浮出水面。

庞大的古石龙群，就出现在距离北京四百多千米、河北省南部的邯郸。在姜窑村，在石龙发现地的周边，遍布着自古以来长久流传的“龙”的遗迹，而这里便被认为是龙的故乡。

应该讲，对于当地村民而言，他们坚信这个巨龙阵就是龙的化石、龙的化身。为什么呢？因为在村子周围，我们可以看到比比皆是的和龙有关的文化历史遗迹，可见当地村民对于龙神的崇拜有着根深蒂固的想法。从这个角度讲，村民们认为它就是龙的形象。但是我们说，任何一个东西如果我们把它看成是龙的形象的话，必须保证它具有像龙一样曲折的身子，还得有龙头、龙爪、龙角、龙鳞，可问题就在于在这个地方，我们只是看到了酷似蛇又像龙的一些生物的身体，但是却看不到它们的脑袋，非常奇怪，这些龙的头似乎都不存在了。而更有些传闻说，龙的头是被村民们给砸掉了。既然村民们尊崇龙，崇拜龙，又怎么会把龙的脑袋给砸掉呢？众位专家，可以说每个人都有自己不同的见解，到底我们应该相信哪一位，又有哪些可以作为我们可信的依据，来进一步调查巨龙阵的形成之谜呢？

现在的巨龙阵已经和当初挖掘出来的石龙大不相同，而变化最为显著的便是龙体前面的“龙头”。这些龙头是在进行保护和开发之后重新人工塑造的，而村民口中最原始的龙头却早已不知去向。早在1988年石龙群展现在世人眼前的时候，就已经是只有龙身而没有龙头了。当地村民对于原始的“龙头”也是众说纷纭，大部分人从来没有见过，但是还有一些上了年纪的村民告诉我们，龙头曾经真实存在过！对这些来源并不真实可靠的民间传言，究竟如何进行辨别？

众说纷纭的不仅仅是龙头的下落，还有关于石龙的来历。从石龙被发现至今，国内诸多学者专家前来进行过探究和考证，国内著名的龙文化研究学者王大有曾经在2000年来到姜窑村进行考察，他认为，石龙既不是古代动物化石，更不是人工雕塑而成，而是由于古代海洋的作用自然形成！

石龙的组成结构

“龙的化石”

水脉

进行考察

在中国地图出版社出版的《中国自然地理图集》中，有这样一幅图示，图中的邯郸被明确标出，而一条长线穿越了这个地名的所在，这条线就是7 400年前的海岸线！而这，也就成了王大有一切结论的出发点。

王大有："现在有龙的那个地方，原来是浅海的海底，是海滩。因为海逐渐往回退，然后土就往上落，往上落以后又变高，最早形成这条龙的地方，海边上有条暗河，我叫它水脉，水流过的时候，料姜石自己就聚集，中间那个腔里就是流水，那里面是黑的，然后一层一层包，慢慢变大，它是这么形成的。"

就着王大有提供的这些线索，记者继续在姜窑村的周边进行调查，并且最终在姜窑村一位村民的家里见到了这些圆滚滚的石头，它们就是王大有所说的海龟蛋一类的海相化石。但是，这是否能够成为古海遗迹的有力证据呢？带着这些问题，我们找到了在邯郸土生土长、对当地地质环境十分熟悉的游传泽老先生。

游传泽已经年近七旬，在退休之前担任河北省地矿局第一地质大队的总工程师。对于古代海洋的问题，我们和游传泽老师进行了一番探讨。他告诉我们，他在石龙所在的姜窑村进行过周密考察，而他根本就不认为石龙是海洋形成，因为周边地质地貌已经证明，那里一直都是干旱的陆地！

游传泽："为什么说是干旱的陆地？因为它成土的颜色都是红色，红色就是氧化铁，如果是海岸线的话，应该是灰色和灰蓝色、灰褐色。"

游传泽从地质的角度给出了关于古海变迁的说法。首先是土质的颜色，在地质学中，红褐色的土壤形成于干旱的气候，因为土层中的氧化作用，形成红褐色的土壤，这与海岸的湿润气候所形成的土质有着明显差别。我们随后带领游传泽一起到了村民的家中，他看到那些圆滚滚的石头后对我们说，这些根本不是海龟蛋。

记者："为什么说不是海龟蛋？"

游传泽："这种颜色要是海龟蛋的话，它不可能在这边形成一层一层的，腌咸鸡蛋还不会这样，你看它是斜交的，要说是个结核形成这种情况还有可能，如果从成分上说，我现在初步判断，和钙质结核是一致的。这个属于颜色性的差异。”

说实话，这个圆圆的像蛋一样的东西太迷惑人了。如果让我在野外看见这么一个东西的话，我会认为它可能是恐龙蛋，或者是古生物的蛋类化石。其实不仅仅是我犯这样的错，实际上在我们这个社会当中，这种事情还不是第一次发生。2006年四川广元爆出一则消息，说当地发现了数量众多的恐龙蛋，很多专家去研究，结果发现那些恐龙蛋只不过是钙质结核，只是个头大一点、圆一点而已。看来，对钙质结核上当的人还不只我们节目当中提到的这些。游传泽老先生搞了一辈子地质工作，对这个应该是非常熟悉了。这种钙质结核实际上就像是海龟蛋一样，它本身就是钙质在土层中不断地溶解饱和析出、胶结之后形成的一种特有的地质上的东西，但是它与古生物真的是没什么关系。这一下，就让我们更加头疼了。头疼在哪儿呢？本来我们是指望海龟蛋这种所谓的海洋遗迹，来验证王大有先生所说的石龙是由海水和料姜石共同完成的一种自然变化。现在倒好，我们想拿来作为理论支持的依据，也就是我们当初认为的海龟蛋，现在看来，它不是海龟蛋，反而是料姜石。

游传泽有着几十年的地质工作经验，他断定村民家中收藏的所谓的海龟蛋其实就是地质学中十分常见的钙质结核，也就是和料姜石同样作用形成的物体。如果真的是如他所说，在石龙所在的位置并没有出现海岸线，那么王大有古海遗迹说法的参考——《中国自然地理图集》上标注的古海岸线又如何解释呢？

带着这个疑问，我们找到了中国科学院地质与地球物理研究所研究员袁宝印。

记者：“邯郸这个地方在图上标注有海，这是不是可信的？”

袁宝印：“在七八千年之前，气温比现在要高得多，气温比较高的时候，海平面就会升高，当时的海面比现在要高四五米，海岸线会往西延伸，往西侵入到平原。如果它到了邯郸这个地方，它一定会在原来的海边上，留下一些海洋的生物贝壳，一些遗体，还有海洋里浮游的有孔虫的贝壳的一些壳体，在沉积物里头沉淀下来。”

有孔虫是一种生活在海洋中的单细胞动物，因为壳上有很多小孔，并从孔中溢出丝状的足而得名，它的化石可用来测定岩石的地质年龄以及海洋所覆盖的范围。

袁宝印："现在我们在地表上看不到原来海的沉积了，但是打钻或者是看剖面，我们还是可以看到有海洋里浮游的有孔虫的壳体，这个绝对不会是人带来的，所以就可以证明海岸线在这个地方存在过，海面曾经到过这个位置上。"

当然，仅仅在一处地层中发现有孔虫并不能完全确定海洋的范围，必须找到多个发现有孔虫的点并且连点成线，才能确定海岸线曾经的位置。《中国自然地理图集》的绘制是严格根据地层中的发现物来确定地貌的变迁，邯郸地区的地层曾经有过有孔虫等海洋生物遗体的发现，所以能确定在 7 400 年前海岸线的位置，但是即使是这样的海岸线证据也并不能表明石龙的形成与古代海洋有关。

邯郸市区的部分是平原地带，而姜窑村和石龙所处的位置是海拔 130 米左右的丘陵，这样的丘陵地貌肯定形成了不只几千年，如果 7 400 年前的海岸线曾经到达过这里，那说明在几千年的时间内海平面经历了一百多米的高度变化，而事实上，因为气候的差异，七千多年前的海平面也只不过比现在高出四五米，不可能存在如此之高的落差。不仅如此，我们在调查中得知，类似海龟蛋等形状的钙质结核的存在，本身就排除了姜窑村这个地方曾经是海的可能！

袁宝印："这个料姜石绝对不会是在海边上，或者说跟海是毫无关系的。"

记者："它是存在于内陆的一种东西？"

袁宝印："对，而且是在干旱地区。如果在南方地区，它也形不成，因为南方水非常多，水多的情况下，钙质再多都可以继续把这钙质淋沥下去，不会达到饱和。"

按照袁教授以及游传泽游先生的说法，我们可以得出这样一个结论：石龙绝对不会是海水侵袭之后留下的一个遗迹，因为海压根就没有到过这个地方。这个地方曾经桑田没有错误，但是如果说它曾经沧海变迁，估计这个理论就站不住脚了。游先生为什么会有这么多的证据呢？就是因为他是这件事情的亲历者。1988 年当我们首次发现石龙的时候，游先生就是第一个赶到此地进行科学考察的科研人员，并且做了一个结论报告书。在这个报告书中绘制了一个当地地质构造的剖面图，熟悉这方面情况的朋友都知道，这个地质剖面图往往是因为地质构造中，每一个年代和每一个年代土壤的成分、密度不一样，经过亿万年的累加之后，就像是把一本本书搁在一起一样，每一层和每一层之间有非常明确的分界线，一目了然，错落有致。但是如果看到这个分界线不是错落有致的，而是混乱不堪的话，要么就是这个地方曾经有过大规模的地质运动，要么就说明人为地挖开过，就是所谓的人为扰动了。我们现在就把游先生的地质剖面图用道具为大家演示一下，为什么有必要说它，因为这是一个关键点，它似乎告诉我们一个骇人听闻的疑问。我们用这个大块的红色代表第三纪，第三纪这个时代的黏土处于我们看到的这个剖面当中的最底部。绿色代表同时期，也是第三纪的砂岩。黄色我们用来代表第四纪，蓝色同样也是第四纪的，不过蓝色是第四纪的沙子之类的东西。现在我们看到，如果说地层就是这么分布的话，没有问题，因为处于新时代的第四纪，是处在第三纪的上面，这一点是符合客观规律的。可是问题也就出在这儿了。因为这条龙的位置，决定了这个地方的情况，恐怕不是想象的那么简单。这条龙在哪个位置呢？这条龙按照游传泽先生的分析，它跟这块绿色的石头应该是一样的，都是属于第三纪的砂岩。按常理说它应该在哪儿呢？它应该是在这两个黄色和蓝色的色块下面，但它不是。它是一种什么样的状态呢？它是处于它们的包围之中。也就是说，我们现在看到在第三纪的黏土上面是第四纪的沙石，中间是第三纪的石龙，上面又是第四纪的沙石，然后再是黄土，呈现出来这样一个很奇怪的状态。第三纪的东西被第四纪的沙土完完全全给包裹起来。这么一看的话，我们就会发现，问题来了。石龙没有在属于自己的第三纪待着，反而是跟第四纪的物质纠缠在一起。也就是说，等于是我们到超市，今年是 2008 年，我们买了一袋方便面，一看日期是 2010 年生产的，说明我们在现在就已经拿到了未来的东西，这当然是一件很可怕的事情。游教授告诉我们的观点是什么呢？就是说石龙，恐怕是它的材质首先被人们挖掘出来，然后雕琢成了石龙的形象之后，再埋回地下去，不过埋的时候，埋到了第四纪中，于是就出现了这种奇怪的地质构造的剖面。因此，游传泽先生在那个时候就认为，这个石龙恐怕是人为修建的。

游传泽："两边有很明显的时代差异，那条龙是石头，旁边是黄土，不可能是同时期形成的。"

在这份成稿于1991年的《罗敷潭景区勘察报告》里，时任河北省地质矿产局第一地质大队总工程师的游传泽专门用了一个章节探讨"巨型石龙的建造问题"，既然用了"建造"这样的词汇，说明游传泽在那个时候就已经断定，巨型石龙阵是人为修建的！

游传泽："这条龙纯粹是从别的地方短距离搬运到那个地方，利用天然石头，利用天然山坡，把它的土层截掉，做了条石龙，做了以后在这儿再一节一节对上，所以它的好多纹能对起来。"

游传泽的结论让我们感到惊奇，姜窑村的石龙群规模实在是太庞大了，要人为将如此之多的石头雕刻成形并且搬运、衔接，在今天看来仍然不是件容易的事情，在古代，人们有办法做到吗？按照游传泽的说法，如果石龙确实是由人工修建而成，那么原始的龙头更应该是存在的。游传泽对这个问题也说出了自己的看法。

游传泽："我听说过一个传说，但是有没有记载就不知道了，他们这个地方曾经有一个人在沙河县当过县长，在哪个朝代和哪个时代不知道，这是传说的，他走了以后，犯事了，回来以后，他把那个龙头给翘了。"

村中声称见过龙头的老人如今大多数已离开人世，究竟有没有龙头，也就只能在村民的猜疑下一代代流传。很多人坚信这一点，而很多人却认为从来没有龙头的存在。

村民："石龙就这么长啊，原来往前出得远呢！"

村民："当时百姓可能把它的身体砸碎了，搬到村子里做成磙子、碾子、门墩、石槽、猪槽这些东西了。"

王岩岭："盖房子，垫房基，有的弄回去看石头不是太硬，用来做猪槽子、石碾子。"

村民："他崩坏了以后就破坏那条龙了，崩坏之后都没什么好下场。"

王岩岭:“现在大家一传十、十传百,可能都意识到这个东西不是一般的东西,没有人愿意去说自已破坏过这个东西。”

石龙在挖掘出来之前，只是显露在卧龙岗前的一段石头，当地人并不知道这是什么，有的人反而看中了这块怪石头的材质，把它毁坏成小块，带回家里做成猪槽、碾子之类的东西。而与此同时，石龙周围的沙子不断地被挖出来盖房子，长此以往，砂子每挖出来一点，土坡就向后退一点，石头就显露得多一点，就又被人破坏，直到 1988 年的挖掘和之后的保护，这样的情况才停止下来。

虽然破坏活动已经停止，石龙也获得了安宁，但是我们仍然思索着，既然当地一直信奉龙神，又为什么会破坏这块山中横亘的像龙骨一样的巨石呢?

看来我们此次对于姜窑村的走访，并不是一无所获，起码确定了一点，那就是在 1988 年，挖掘出整个龙的形状之前，这个形象就已经被人破坏掉了。龙头估计就是在那个时候被人给砸烂的。那问题就来了,村民们既然对龙这么尊崇,周围的很多庙宇、古迹，都可以看到龙的形象，可为什么，这条龙真的出现在自已的家门口的时候，却毫不吝惜地举起锤子就把它给砸了呢?这个村子的人的行为也太过矛盾了，砸碎的碎片又去哪里了?如果真的是按游传泽老先生所说的那样，这条龙是人为建造的话，建造如此大的工程不可能不留下任何痕迹，这些痕迹又在哪里呢?

4．群龙无首的秘密

邯郸石龙阵，出土 20 年。无数猜测使得原始龙头的去向更加扑朔迷离。在调查中我们得知，巨型石龙经历过村民们的保护，更经历过无情的破坏。崇尚龙神的姜窑村，在漫长的岁月里，与石龙发生了各种各样的故事，而其中最为蹊跷的是我们在石龙的正上方发现了一个离奇的盗掘坑，这个坑被姜窑村之外的不明身份的人，挖掘于 2003 年。我们试图分析盗掘者的想法，却发现越来越多的声音都指向了更让人惊讶的方向，甚至有人认为，当初的无头巨龙，就是古人刻意所为。

在前面我们给大家介绍了，1988 年的时候，在河北省邯郸市邯郸县的姜窑村，人们无意之中发现了一条看起来像是传说当中的龙的脊椎骨一样的东西。有人说，这就是龙存在的化石证据。这可了不得，这将揭开生物学史上的一个伟大的篇章，但是也有人认为，根本不是什么古生物的遗迹，这就是普普通通的石头做的，如果说是石头做的，那它是偶自天成，还是人为雕琢的呢？目前还没有一个定论，不过，20 年来，村民们又陆陆续续地相继挖掘出了剩下的 9 条，现在在村子里。一共是 10 条巨龙，有人把它称之为巨龙阵。要说这个东西出现在别的地方，当然也很神奇，出现在姜窑村，它就更加神奇了。为什么呢？因为在这个村子周围，有太多太多关于龙的文化遗迹了，像井啊、庙啊比比皆是，都是以“龙”字打头的。我们说，假如龙纯粹是文化想象中的一种符号的话，恐怕它也有一定的来源，所谓艺术来源于生活，这是不是就给我们提示，在姜窑村人人都信奉龙，在村子周围有很多龙的遗迹，是不是说，龙真的曾经在这里出现过，而这 10 条巨龙也恰恰是一个佐证呢？当然，这一切都只能是猜测，目前我们还在继续进行调查，这些龙到底是怎么形成的？

龙形雕刻

巨龙阵

俯卧山中的 10 条巨龙，自从被姜窑村民发现伊始，就给邯郸这个千年古城带来了无数的猜测与谜团。它们究竟从何而来，又为何出现在这里？有人怀疑它们是史前动物的化石，也有人怀疑它们是古代海洋的遗迹，当我们将调查中的这些说法一一排除，又陷入了新的疑惑。

时间一晃过了将近20年，姜窑村整体搬出了山里，落户平原。当初的碎片也已经不知去向，有的可能已经作为猪槽和地基被封存在了老村的土地中。尽管如此，我们还是在村里的各个角落，发现了和石龙同样材质的石块。这些石块静静诉说着石龙曾经的遭遇，但是却不能告诉我们，曾经的龙头究竟在不在它们中间，也不能告诉我们石龙的真实来历。

为了得到更多的证据，我们开始在石龙周边的山里进行寻找，但是却依然一无所获。因为时间过去太久，距离1988年石龙出土已有20年光景，而石龙被毁坏，早已经是那之前很久的事情了。但是我们在石龙所在土坡的上面，却发现了更蹊跷的东西。

记者在跟随景区工作人员找寻石龙被毁碎片的过程中，在卧龙岗石龙的正上方意外地发现了一个土坑。这原本是一个掩藏在杂草之间的并不太深的小坑，但是工作人员告诉我们，这个坑本来深度达到了8米，是被不明身份的人挖开的。

王岩岭："当地村民在这地里套兔子，也就是在逮野兔的时候，看到这儿有一个很深的土坑，而且有新挖出来的土，已经倒到他挖的那个坑的南边大概有15米多吧，倒到那个土坡那儿，用干草盖上了。当时我们也不知道，它隐藏得很深。"

这个令人匪夷所思的事件发生在2003年。当时石龙的保护区已经建成，村民们此时早已经不会破坏石龙了。姜窑村周边种着很多农田，人们白天没有看到可疑的人，晚上也没有听到任何怪异的声响，但是这个神秘的盗掘坑，就这样悄无声息地出现了。

据王岩岭介绍说，发现这个盗洞之后，民警们开始在这里值守，这些盗墓贼再也不来了。这就让人觉得很有意思，因为姜窑村本身并不富裕，历史上也没有出现过什么名人、达官显贵在这里下葬，不知道盗墓贼到这儿来到底是想挖什么。盗墓贼的嗅觉可以说是非常敏锐的，如果说他们盯上了某一样东西的话，肯定是有根据的，最让人觉得奇怪的是，当民警撤走了之后，按理说，盗墓贼可能再回来，可是他们再也没有来过。这又该怎么解释呢？难道说，他们一开始的判断是错误的？如果说他们一开始的判断是错误的话，那么毕竟也有一个思想、一个想法和动机的来源，这个动机和他们最初的初衷又会是什么呢？是不是真的预示着，这里有什么惊天的奇世宝藏呢？

随着调查的深入，我们越来越明显地感到，姜窑村和邯郸当地的很多人，似乎都对这些庞大的石龙有着非同寻常的关注。而这种关注，很可能已经超越了对石龙形成原因的好奇！

果然，随后我们就听到了一种声音，一种对于石龙来历的猜测，而这种猜测似乎可以很清楚地解释之前盗掘坑的存在！

当石龙刚刚挖掘出来的时候，邯郸当地的知名律师苗建国就曾经带着罗盘来到姜窑村，并且对石龙的方位排布有着自己的看法。

记者："罗盘上的方向是怎么显示的？"

苗建国："罗盘上的方向，尾部是西南，坤位。头的方向，是东北，艮位。方位直线几乎是正冲着赵王陵。"

邯郸是战国时代赵国的都城，而赵国的国君有5位死后就下葬在此，其中3个赵王的陵墓分布在邯郸县的三陵乡境内。姜窑村也正是坐落在三陵乡的西部，位置在3个王陵的西南，而姜窑村发现的10条石龙走向一致，显露在外、高高仰起的龙头，正好指向东北方向。但是，仅仅是这样的一个位置关系，是否能说明石龙与赵王陵之间有什么联系呢？

苗建国："把这条龙埋到地下墓地，如果是作为殉葬工程的话，龙有水则灵，那个地方有罗敷潭，地势比较低洼，在水边，龙得水就灵气大。山不在高有仙则名，水不在深有龙则灵。山上有仙就是名山了，龙要找有水的地方，我觉得是这个道理。"

苗建国所指的墓地，就是赵王陵。石龙所处的姜窑村不是什么文化遗址，但是这个村庄地处邯郸县西北的三陵乡，而这个乡之所以被称为三陵，正是因为这里有着3座古老的帝王陵墓。石龙群与3座帝王陵在地图上可说是咫尺之遥，两者实际的距离，也不过两三千米的路程。

如果石龙真的和赵王陵有着联系，那就不难理解为什么会有人在它上面的黄土坡上进行盗掘了。在邯郸，与苗建国的看法一致的人不在少数，而最早给石龙进行过勘察鉴定的原河北省地质矿产局第一地质大队总工程师游传泽也认为：如此庞大的石龙群，正是战国时期的古赵国给驾崩之后的国君所做的镇陵之宝。

为皇帝护驾

游传泽："埋到这个地方是什么意思？就是他死了以后，也要占有他的土地，这是他的领土，领土是怎么回事？我头枕紫金山，脚蹬滏阳河，左边是我的大地，右边扶着太行山。为什么要用龙？因为过去人们认为龙是皇帝的象征，进入坟墓以后，有震邪和护驾的作用，皇帝死了，有龙王在这个地方，不仍然给我护驾嘛。"

其实，大家也都知道，我们中华民族在丧葬文化上一向都是视死如生的。老百姓如此，帝王更是如此了。因此，我们古代的帝王陵，绝大多数都是令人叹为观止的，规模非常浩大。比如说秦始皇陵，比如说唐太宗的昭陵，比如说武则天的乾陵，甚至包括明清两代的帝王陵，也都是极尽奢华之能事。但是赵王陵，似乎我们都没有听说过，可能是因为赵国毕竟只是战国七雄中的一个诸侯国而已。虽然如此，赵国也曾经有过自己灿烂辉煌的文化。在那个年代，虽然天下名义上还是归周天子所有，但周天子此时已经约束不了任何人了，七国之间，你争我我打你，永远在上演一场冰与火的战争。

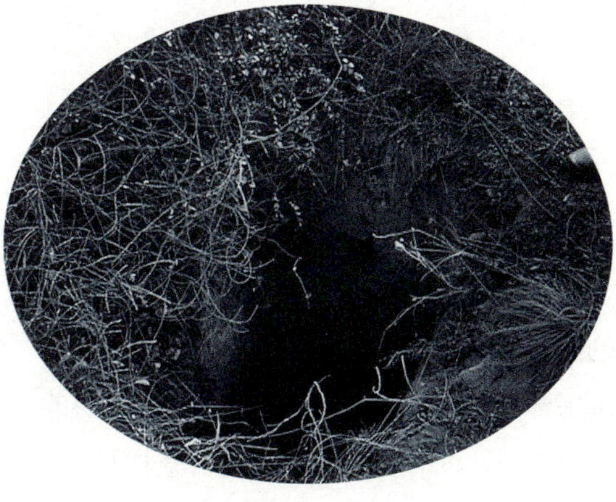

当地村民在这里套兔子

赵王陵并没有被破坏，这么多年一直被保护下来。鉴于目前的考古力量和技术水平，国家和有关部门一直对它保护有加，也可能正是因为没有对它进行过大规模的发掘，保存完好的赵王陵才会笼罩上很多神秘的色彩。因此，看到巨龙阵之后，人们很容易把它跟赵王陵联系在一起，展开无尽的遐想。

游传泽在他的勘察报告中认为，巨型石龙是相对质地较硬的砂岩体经人为粗犷加工、短距离搬运，按赵王墓群的整体布局，砌置成型，胶凝成一体，保留至今。但是在石龙周边的挖掘工作已经进行了 20 年，从来没有发现过任何有关建造的证据。

为了进一步考证那段历史，我们请教了邯郸市历史学会会长刘心长。他告诉我们，历史上最声名显赫的赵武灵王，死后并不是葬在邯郸县，而是在永年县。邯郸县三陵乡的 3 个赵王陵寝中，埋葬的是赵惠文王、悼襄王和孝成王。赵惠文王是赵武灵王的儿子，也是赵国史上很有作为的君主，赵国在战国七雄中保持强盛的岁月里，武灵王和惠文王都起到了巨大的作用。然而，即使历史文献资料中对于那段烽火岁月的记载再详细，也没有任何关于赵王陵寝与石龙关系的记载——甚至关于石龙，根本就没有任何记载。这与我们对于《邯郸县志》的调查结果是一致的。

如果石龙是古代赵国人为给赵王镇陵而建造的，因为种种原因不能被记载在史册中，那么龙的形象起码应该是完整的，为什么到了今天，龙身完好无损，而龙头却已经不见踪影，只剩下我们这个时代的仿制品了呢？在我们已知的调查结果中，能够确定的仅仅是在 1988 年之前，姜窑村的部分村民曾经破坏大石龙的前半部分，至于被破坏的部分是否包括龙头，没有人能说清楚。游传泽口中的县长犯案怒砸龙头的故事，根本就没有任何可信的证据。律师苗建国对于龙头去向的问题也有自己的看法。

苗建国："我认为原来它就没有头。如果早早露出来有龙头的话，中国老百姓是绝对不敢动它的，会得到保护的。"

苗建国告诉我们，他这样说的依据出自于对《周易》的研读，这部经典的一个核心内容就是八卦。八卦的第一卦为乾卦，而乾卦中有一句爻辞这样写道：

“见群龙无首，吉。”

苗建国：“在《周易》的文化里，认为见群龙没有头，无首为吉。就是说天上有6条龙就叫群龙了，3人为群嘛，6条龙就是群了，都把头隐在云雾里，光看到龙身子、龙尾巴、龙爪子翻腾，唯有龙头看不到，就是见群龙无首吉，吉利，我认为古人运用了这个故事，在埋葬6条龙的时候，就没有首。”

苗建国所说的6条龙，指的是爻辞中提到的“潜龙勿用”“见龙在田”“终日乾乾”“或跃在渊”“飞龙在天”“亢龙有悔”。这些流传甚广的爻辞，是否真的如他所说，能够证明无头的群龙是吉利的呢？

王大有：“见群龙无首指的是首领，不是没有脑袋。”

王大有一直致力于传统文化的研究，他告诉记者，“潜龙勿用”“见龙在田”“终日乾乾”“或跃在渊”“飞龙在天”“亢龙有悔”这6个乾卦爻辞表现的是苍龙从蛰伏到腾飞再到回归本初的6个阶段，形成了首尾相接的6条龙。

见群龙无首吉，这个龙指的是6条龙首尾相接，看不见头看不见尾，是指循环过程，这6条龙首尾相接，谁都不是领袖，这个“首”指的是首领，不是说没有脑袋的意思。首尾相接，是指这个龙头跟那个龙头，它们之间分不出谁是领袖，分不出谁是最小的，这种情况下才是吉。

苗建国是根据自己对于《易经》的一个理解做出这样的结论。但是我们请教了很多像王大有这样的资深的研究中国古典文化包括研究易学的专家，他们告诉我们说，苗建国的理解绝对是有偏差的。按照苗建国的说法，见到了没有脑袋的龙，是一件非常吉利的事情，这句话真的让人觉得有点说不通。没脑袋的话这东西就得死，如果你见到一个没脑袋还活着的东西，那它一定是一个怪物，这件事情怎么可能吉利，应该是晦气才对。关于这句话正确的解释应该是什么呢？“见群龙无首，吉”是说见到了这种没有领袖，大家处于一个非常和谐的状态，是一件很吉祥的事情，这里面的“首”，不是首级，不是脑袋，是指首领的意思。这样理解的话，这句话的解释才能够让人心服口服。不过，在历朝历代的墓葬中，我们都能够看到一些石刻的东西，比如刻着辟邪等传说中的生物的形象，它们的存在似乎就是为了保护帝王的陵寝不受外人侵犯，不受邪魔入侵的一种吉祥物，或者叫作厌胜。有人就提出来了，这个巨龙阵，是不是就是给赵王陵镇陵、起到厌胜作用的一种吉祥物呢？这一点，没有更多的历史典籍可以参考，恐怕我们只能结合一些相关的文字，再到实地去看一看，才能得出一个最终的结论。到底巨石阵与赵王陵之间，有什么样的关系呢？

5. 神秘的王陵

战国时代，金戈铁马。千百年后的今天，古赵国都城邯郸的故地，却出现巨型石龙阵。这些石龙在邯郸，笼罩着无数的神秘色彩，越来越多的人认为它们就是古人给赵王陵镇墓的神兽，辟邪的秘宝。那么事实是否如此呢？三陵乡的几个三陵村，村民世世代代守护王陵封土，这些守护王陵的传人，能不能解开巨龙来历之谜？记者走近这个从未开发的远古陵墓，去探索王陵与龙阵的秘密。

我们现在看到的，是一个硕大的龙头，当然这个龙头的工艺，实在是不敢恭维。不过为什么会有这个龙头呢？起因就是 1988 年在河北省邯郸市邯郸县的姜窑村，人们发现了 10 条似乎是由石头构成的巨龙的形象。可惜的是，这些巨龙都没有脑袋，后来的人就给它加上了这么一个硕大的龙头。这么多年来当地人对这个东西进行了大力保护，可他们在保护之余也非常困惑，那就是这到底是个什么东西，它的来历是什么？不同的人提出了自己不同的看法，我们也都觉得奇怪，这个东西为何就这么让人着迷，让人说不清楚呢？不管大家从哪个侧面来揣测这个事，都是好事，不存在是非的问题，因为这反映出中华民族是龙的传人这样一个情结。

龙，在中华民族的思想中，是吉祥与尊贵的象征。而这种情结在邯郸这个千年古城，在姜窑这个中原村落，体现得更加明显。在姜窑村周边，自古至今便留存着龙池、龙兴寺、五龙庙、输鼋河、卧龙岗等诸多遗迹，巨龙阵就在这片遗迹中破土而出。在进行了周密的走访与排查之后，我们的视线转向了姜窑村的东北方向，那里便是战国时代赵王的陵墓所在。

邯郸这个地方，作为赵国的首都，存在了158年之久，8位赵王至少5位埋在这个地方。所以这个地方就是赵王陵。

邯郸作为赵国的都城，历经了8代王侯，延续了158年的繁华。特别是一代英主赵武灵王开改革之先河，实行胡服骑射，富国强兵，国势大盛，雄踞战国七强之列，使赵国成为可与强秦抗衡的国家之一。

邯郸县三陵乡的3个赵王陵寝中，埋葬的是赵惠文王、悼襄王和孝成王。赵惠文王是赵武灵王的儿子，也是赵国史上有作为的君主，赵国在战国七雄中保持强盛的岁月里，武灵王和惠文王都起到了巨大的作用。然而，即使历史文献资料中对于那段烽火岁月的记载再详细，也没有任何关于赵王陵寝与石龙关系的记载——甚至关于石龙，也根本没有记载。

石龙是赵王镇陵之宝的说法，在邯郸当地影响深远，许多人坚信这一点。从事法律工作的苗建国一直对石龙十分关注，而他在实地用罗盘测量了龙头所指的方向后，更加坚信正对着东北方向的石龙，是为赵王陵建造而成的。

记者在调查过程中，在石龙的正上方发现了一个5年之前、由不知名的神秘人物挖掘出来的盗掘坑，如果石龙阵真的是赵王的镇陵之宝，那就不难理解为什么会有人在它上面的黄土坡上进行挖掘了，想必这个神秘的人就是想在此找到不为人知的王陵秘宝。而最早给石龙进行勘察鉴定的老地质工程师游传泽也认为，如此庞大的石龙群是战国时期的古赵国为驾崩之后的国君所雕铸的镇陵神兽。

说实话，如果这些所谓的石龙并不是出现在邯郸附近的话，恐怕引不起这么大的争议。因为邯郸这个地点实在是太敏感了，它在春秋战国时期曾经是烜赫一时的赵国的都城邯郸所在地，现在我们依然能够找到赵王城的遗址。赵国在春秋战国的时候可以说是一个强国，只不过在经历了3年的长平之战之后，赵括，纸上谈兵的那位，被秦将白起打得落花流水，身死阵前，最后40万赵军被坑杀于长平，从此赵国就再也没有恢复起来，直至最后被吞并和灭亡。虽然如此，但它毕竟在历史上创造过属于自己的赫赫战功以及辉煌的文明，因此有人把这个所谓的巨石阵、巨龙阵，理解成是赵王陵前的一些东西是完全可以理解的。同时代的秦始皇有自己的兵马俑，赵王就不能拥有自己的巨龙阵吗？这没准更是寄托了赵人的一种美好的愿望。但这只是后世人所附会的一段历史，真正的历史中，我们似乎找不到这样的记载，当然，也许是经过了历代的战乱之后，一些文书典籍已经无可考证，所以说我们必须要实地调查一番，看看这个所谓的巨龙阵跟真正的赵王陵之间到底有怎样的联系。

在石龙周边和已有的文字资料中，我们已经很难发现更有力的证据。记者决定赶赴赵王陵，去那里搜寻更有价值的线索。

三陵乡因 3 座赵王陵墓而得名，同时这里也有诸多以“三陵”命名的村落。这些村庄的名字由来则是因为在那里居住的村民世世代代承担着守护 3 个赵王陵墓的职责。记者来到了陈三陵村中。

而在这里，村民们虽然知道姜窑村挖出石龙的事情，但是也同样不知道石龙与赵王陵究竟有什么关系。在村民的指引下，我们驱车进山，很快我们到了 2 号赵王陵。

这个王陵有两座巨大的封土堆，至于其中埋葬的是哪位赵王，现在已经无法确认了。

这是 3 个陵墓中最大的一座，历经了两千多年的时间流逝，由于风雨侵蚀和人为损坏，地面建筑只剩下遗址和碎砖烂瓦，但整个陵台、陵墓封土、墓台、

地面只剩下遗址

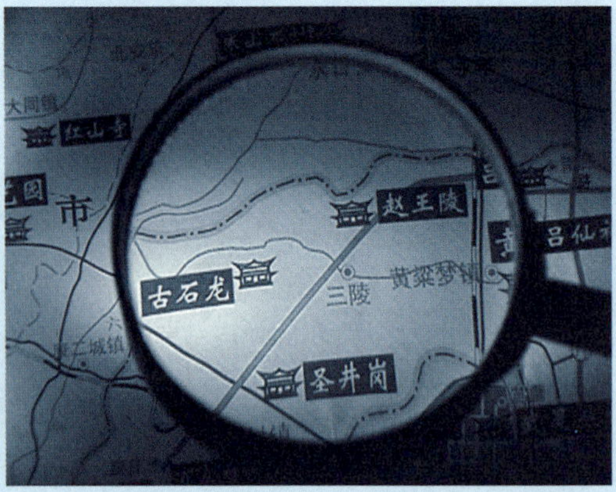

越王曾统领这里

神道等保存得十分完整。

这些远古的遗迹，如今已经长满荒草。曾经在几千年前统领赵国的国君们，连同那段辉煌的历史，就静静地沉眠在厚厚的封土中。在今天的人们看来，似乎被封存的不仅仅是尸骨和历史，很可能还有着巨龙阵的秘密！

在已有的文物和记载中，找不到任何证据证明这里与石龙有关。那么守陵的三陵村村民们会不会有什么流传下来的线索呢？

我们在王陵处深深地感觉到，守陵的三陵村村民们似乎并不在意外界的任何猜测，在他们眼里，一切都是合理的，一切都可以为了王陵而存在，一如他们一代代坚持下来的职责。

无论是石龙周边，还是从未发掘过的赵王陵墓，乃至整个邯郸范围，都没有找到任何能够证明这个猜测的实物。那么，我们能否从龙的形态上找到可以当作证据的东西呢？没有头的群龙，真的能给一国之君作镇墓之宝吗？

如果是龙头断了，没有脑袋的话，这对帝王来说绝对是一个很不吉利的东西。

王大有告诉我们，即使石龙有龙头，也无法支持石龙是王陵秘宝的说法。

王大有："在战国的时候，人们想象中的龙是一种爬行动物，就是现在所说的扬子鳄。"

我们现在看到的龙形象，按照早年闻一多先生所说的这种组合式的话，就是蛇的身子、猪的嘴、鹰的脚，或者是鸡的脚，加上鲤鱼的须，还有鹿的角，种种在古人看来长生不老的代表合成了一种龙的形象。但是鳄起源说认为，龙的形象恐怕是跟鳄有莫大关系的。当年中国的气候跟现在不一样，湾鳄依然在中国存在，而湾鳄的头上，本身是有一个隆起的像角一样的东西。另外，古人发现这些鳄在下雨之前会用胸腔排气发声，于是他们就认为鳄能招来风雨，鳄也是风雨的代表之一，李时珍也曾经记述过类似的话。还有一些人认为，这个鳄为什么会形成龙呢？是代表了民族融合。据传闻伏羲氏的父亲雷泽氏的氏族图腾就是鳄，代表了大龙。而伏羲氏的母亲华胥氏的部落，他们的图腾是什么呢？是蛇，也就是小龙。现在所说的这个龙的形象，就是用鳄鱼的脑袋，再加上蛇的身子，另外在融合过程中还有其他部落的一些图腾崇拜的影子加入进来，

罗盘

这样最终完成了龙的形象，这也代表了民族融合的一个过程。现在我们看到的龙，跟邯郸这条龙身子很相像，如果当时的赵武灵王是为了给自己做镇墓，应当按照真龙去做，不应该按小蛇去做，大龙就是按走兽做，不可能做成现在这个样子，从这个角度上来说，可以排除它是镇墓的东西。

现在的原始龙头已经不知去向，它的有或无甚至都没有明确的依据。但是我们发现，坚持认为石龙与王陵有关的人们，并不在意这样的证据。在游传泽的勘察报告中，除了认为石龙是加工搬运而成这些观点之外，还有着这样的补充：断层富水带被地表水冲蚀作用切割溢出地表，汇集成源、河、潭。潭就是现在已经干涸的罗敷潭，而源、河就是输鼋河的源头，这些都是姜窑村“龙的遗迹”的组成部分。在发现石龙的时候，甚至在更远之前，山体中露出的石杠中间有孔，孔中向外流水，游传泽对此也有相应的解释。

罗敷潭，那个陡坡下面应该长年流水；这条河是输元河的源头，也是长年流水。那个时候的环境跟现在的环境大不一样。在陡坡这个地方，龙头的下面就是水。

游传泽在勘察报告中认为，当地的地下水以断层上升泉形式在罗敷潭、巨型石龙处大量溢出。古人将石龙堆砌在上升泉眼处，并人工将其改道。

游传泽：“当时很可能在龙头里边做了一根管子，然后把这个河水吸到里面再从龙嘴里喷出去。”

游传泽向我们展示了河北省的地质构造图，他认为发现石龙的邯郸处于断层的富水带，由于上古地层的压力，使得地层出现破碎，而地层中包含的地下水就会顺着破碎的地方喷出。而断层存在的地方，正好处于邯郸县西北，也就是姜窑村及三陵乡所在的丘陵地带，因此在当地过去有很多利用上升泉打出的井眼，其中不少井眼就是游传泽勘察并划定位置的。因此他相信，战国时代的古人很可能也利用了当地这样的地质条件，将巨大的石块搬运到此，利用人工将泉水改道，最终从龙头处喷涌而出。

确实在石龙被大规模开掘之前，山体中显露的石头断面中间有孔，并且长年流水。后来便逐渐减少，断水之后，当地便给石龙塑造了新的龙头。然而我们无法找到任何石龙是人为建造的证据，如今石龙断面的地方水已经不再流出，罗敷潭与输鼋河的水，也已经消失无踪。

刘心长：“为什么干涸？地下水下降。地下水到很深的地方去了。挖煤时必须把水抽干以后才可以挖，这样地下水便大幅度下降。”

不过在大石龙的右侧，有一口自古以来便有的水井，这里的水却从来没有干涸过，水位长年保持不变，被当地人称为“龙井”。而我们在石龙周边调查时得知，就在石龙东面的不远处，还有一口这样的水井，年代更为久远，被当地人尊为“圣井”。

赵王陵

记者来到这个被称作“圣井岗”的地方。这里是邯郸当地的文化名胜，自古以来，关于这个长年不枯的井水有着诸多传说，在老百姓心中，这口神奇的水井中有龙神，正是它使得这里的水长年不枯，并且认为龙神能够使天降大雨。因此，从古到今这里都是人们祈雨的圣地。令人惊讶的是，我们在圣井岗的古庙石碑上看到了很多清代诗人在这里所题诗句的刻本，字里行间不但洋溢着对这口神奇水井的崇拜，并且每一首诗中，都包含着“卧龙”与“龙池”的字样。龙池便是近在咫尺的罗敷潭，也就是巨龙阵的旁边。

自古以来人们认为有龙必有水，这些水井加上逝去的输鼋河和罗敷潭，这些千百年来围绕着姜窑村的水和石龙是不是真的有什么联系呢？

对于这种即便是在旱季也不枯竭的井水，专家们有着自己独到的解释。我们利用一些简单的小道具来给大家说一下。我们说打出来的井，基本上用的都是地下水。有地下水的存在，就必须要有含水层的存在，这个含水层又是如何保证水源源不断地供应呢？我们首先来看第一种可能。我们模拟一块北方的土地，上面是厚厚实实的黄土层，下面用红色的，代表什么呢？一种密致的黏土层，它实际上就起到了一个防渗膜的作用。地下水也好，地表水也好，进入到地下，到了这个隔水层之后，再也渗不下去了，就是黏土把它阻隔了，因此在这片地下，永远是有水的状态，只要有远处的水来进行补充，水永远是源源不断的。我们可以来看一下，现在通过这个管道，我们把这个蓝色的水通过漏斗注射进去，到了下面它就淤积在表面，形成了一个离地表很近的含水层，假设一根塑料管就是井的话，你可以看到井中始终是有水的。还有一种情况是什么呢？就是说在地下有断层的存在，有断层就意味着底下有很大的压力，如果说这个断层的下面正好又是一个含水层的话，在这种压力的作用之下，就等于是我们自己使劲往下压，水自然就借着这股压力，从岩石的断层之中往上喷涌而出，水源自然也是源源不断的。浅绿色的这个部分，就是岩石的一个隔水层，但是两个岩石之间有一个断裂带，下面就是一个含水层，上面就是正常的土壤。同样我们也可以用实验来给大家展示一下。那个塑料小管依旧是我们能够看到的井，现在给它注水。水已经通过了这个断层，进入到了下方。我们看到现在井里的水也源源不断地喷涌而出。那么是不是说所有的有龙字的地方，都跟水有关系呢？目前还不好下这个定论，但是，百分之八九十都是有相当大的关联的。不过姜窑村周围，出现的情况似乎更加复杂，因为它是被龙的各种文化遗迹包围在一起的。就在我们百思不得其解的时候，有人告诉我们说，2007 年有一个人到这里进行了一趟走访之后，得出了一个结论，说这条石龙也好，当地龙的文化也好，根本不是什么镇邪的灵物，也不是人工制造的痕迹，更不是海洋遗迹，那它是什么呢？难道说真的是古生物化石？这个人也推翻了这种说法，在他看来，这只是由当地水系自然造成的一种自然现象而已，可以说是偶自天成。为什么这个人会讲出这么一个奇怪的理论呢？所谓天成又该如何形成呢？

6. 远古的龙脉

20 年来，关于邯郸巨龙阵的猜测，来历众多却无法拿出有足够说服力的真凭实据。而地理专家的考证，却一石激起千层浪！王陵秘宝还是古河遗迹，在地球科学里，引发不同的判断。两位从事地质地理工作多年的老专家，却分歧众多，记者与两位专家现场交流，这种碰撞能否使邯郸巨龙阵之谜拨云见日？我们分析了远古水脉演化成巨型石龙的可能性，但是在搜集证据的时候，却遇到了无法解释的困难。

之前大家都在猜测，邯郸的石龙究竟是怎么来的，我们通过前面的调查也知道，首先，村民们希望并且相信这些石龙就是龙的化石，这已经是不可能的了；也有人说是古代海洋形成的，我们也考证了，石龙与海洋没有任何关系；还有就是当地流传甚广的赵王镇墓之宝。我们之前对这些说法一一考证，结论就是没有一个足够的证据来证明它是成立的。有这么一个人，他来到邯郸县看了巨龙阵，提出了自己的看法，这个看法让所有人都大吃一惊！

李庆辰：“我认为是自然的，应了这句话，叫作天工巧成啊，把古石龙塑造得如此形象真是非常难得。”

前来考察的就是河北省地理研究所的老所长李庆辰。是什么让他能够如此直截了当地断定，石龙绝对不是人造，而是天然形成的呢？在交谈中我们

“龙脊”

发现，他对石龙周边情况的掌握超乎我们的预料，而且他显然有着足够的理由！

石龙在姜窑村被发现以后，这里与赵王陵之间的联系被反复提及，而就在2003年，一个神秘的盗掘坑就出现在石龙正上方的土坡中，当时所有人都认为，盗掘的人是想得到与赵王那个年代有关的宝贵文物。在被公安机关和文保部门发现之后，盗掘的活动就悄无声息了。

在李庆辰的眼中，这个盗掘坑的存在反而成了石龙并非镇陵之物的证据。这是为什么呢？为了了解他的推测，记者与李庆辰一同，再次来到这个荒废了多年的盗掘坑。

李庆辰："传说这里埋的是一条古石龙。他从这儿挖下去，因为从那儿挖他不敢，在这个地方他偷偷地挖下去，他盗一些龙身上的东西，结果挖到最后他放弃了，我估计是他发现下面是死土，不可能埋了什么东西。"

随后记者进入了这个神秘的土坑，想找到李庆辰所说的死土的证据。

李庆辰："在靠近右手的壁上挖，对，挖一块下来。你看这就是生土。"

记者："李老师，刚才咱们取了这个坑表层的土。"

李庆辰："嗯。"

记者："一个中间层的土。"

李庆辰："对。"

记者："还有一个底层的土。这 3 层土只有表层您觉得有耕作的痕迹。"

李庆辰："对。"

记者："中间层和底层有明显的区别吗？"

李庆辰："没有明显的区别，基本上都是一些生土层了。"

记者："从这些土上能看出这个东西本身就是死土，是吗？"

李庆辰："对。基本上没有人工扰动的痕迹，如果有人工扰动的话，它就是一个团，像旁边堆的那些土，挖出来就可以看到它是一团一团的。"

地理学出身的李庆辰通过土层的状态断定，掩埋在石龙上面高达 10 米的黄土坡，都是自然形成的"死土"，并没有任何人工影响的痕迹，当初的盗掘者并不是因为盗掘活动被发现而停止，而是因为他们发现了这一点而自动放弃了，石龙也是从一开始就没有经过所谓的雕刻加工、搬运和填埋，而是自然形成并原封不动保存至今的。

记者：“您觉得上面的人为雕刻痕迹重吗？或者说干脆没有？”

李庆辰：“不算龙头，后面雕刻的痕迹并不重，基本上是自然状态保存下来的。”

我们来仔细看一下石龙身上的这些纹理，一道一道，非常整齐，很像我们家里削土豆丝时留下的纹理。这个纹理在游传泽的鉴定报告中提到，是由水冲和粗犷加工而成的。但是在李庆辰眼里，这些根本算不上雕刻加工的痕迹。如果按照李庆辰的说法，会是什么样的自然原因造就如此之大的石龙群，它们又是如何在漫长的时间流逝中被完好保存的呢？这时一直坚称石龙是为赵王镇陵而人为修建的老地质工作者游传泽再次与我们联系，他很想知道，是谁，又为什么会提出石龙绝非人造的观点。就这样，两位研究地球科学的同行初次见面，他们对石龙来历的分歧能否在会面中得以解决呢？

在记者的介绍下，两位老同行在龙馆里第一次见面。游传泽一直坚持认为石龙是人为修建，并且是给赵王镇墓之用的；而李庆辰则一口认定，如此规模庞大的石龙阵，完全是自然形成的。

李庆辰：“如果这么大的个体是从外面搬来的，那整体肯定搬不过来，得一节一节地搬。这个沙体锯开裂缝有难度，而且你别看这么一节一节的，不是3吨5吨的事，在当时没有载重卡车的话，怎么能弄起来？”

体型庞大的石龙群俯卧在黄土覆盖的丘陵之中，这样的材质和如此之大的体积，在久远的古代能否顺利施工，确实是一个问题。很多人认为，这些石龙是为了战国时代的赵王陵墓建造而成的，作为一国之君，应该有足够的人力、物力去完成如此浩大的工程。游传泽在之前多次提到，他之所以坚信石龙不是自然形成，正是因为他认为石龙是岩石，而周围是沙子和黄土，这些物质有明显的时代差异，除非有过人工干扰的痕迹，否则不可能在同一时期的地层内同时出现。加上他把巨龙阵与近在咫尺的赵王陵相联系，才得出了石龙是王陵秘宝的说法。

李庆辰早在去年就曾经来邯郸考察过石龙，当时他的说法令所有人大吃一惊。人们疑惑不解，如果石龙阵是自然形成的，那是怎样形成的？是不是说根本就没有过人造的龙头呢？姜窑村周边遍布着如此之多的龙的遗迹，以及龙的传说，那又该如何解释呢？

李庆辰："我做的是沉积研究工作，它就是河道沙自然沉积形成的。"

李庆辰认为，石龙的表面有诸多倾斜的纹理，而这些纹理既不是人为冲刷的痕迹，也不能证明石龙的材质是水成的砂岩。他认为石龙的材质，就是自然发育而成的钙质结核！

游传泽："在这个环境形成这样的个体，是不相称的，在这个地方能不能形成这么大的钙质结合？物质来源在哪里？这么多的钙质，必须有来源。"

为了回答这种疑问，李庆辰做出了大胆假设。在石龙所在的这个地方，曾经有一条河流在此流过，而这些沙子就是河床内水流搬运过来的，只有河流和河床的存在，才能带来巨大规模的沙体，也就是钙质结核的物质来源！

让我们进入"腾岳科普实验室"，来看看为什么李庆辰说，一条河能变成一条龙。这回我们算是明白了为什么李庆辰跟我们说，这些石龙了不起，是大自然的杰作，是天工巧成。我们说，钙质结核这种东西虽然在地质上十分常见，但是更多的都是很小的个体，散落在干旱地区的黄土与红土之中，大一点儿的也不过就是形成一片板状的东西，地质上面叫作钙板，扁扁平平，长度不过几米，薄薄的一片。李庆辰敢说这么大的一片石龙也是钙质结核，是因为他认为，这是钙质把一条河给胶结起来了，说实话，在我们常人看来，这种想法是够大胆的。因为我们祖国幅员辽阔，要说河流那是太常见了，大的小的都有，怎么就这儿的河流被钙质胶结了变成石龙呢？而且还不是一条石龙，是 10 条石龙组成的巨龙阵！还有，河床里的沙子被钙质胶结，它应该和河床的形状是一样的，可是眼前的这些大家伙，惟妙惟肖的，说它们像龙也好，像蛇也好，还真就不像是河床。这些问题，李庆辰能给我们解释明白吗？

李庆辰："是由于沉积物在收缩脱水的过程中，收缩率不均匀造成的。"

李庆辰认为，被胶结的河床中不仅仅有沙子，还有大量淤泥和黏土，在胶

古河遗址

远古的“龙脉”

结过程中，由于砂子的收缩率小而河床边黏土的收缩率大，才造成了如此类似动物脊椎骨的形状。

如果真的是这样，那为什么会在同一条河流通过的地方形成如此之多的胶结体？古河道沙的说法能够解释一条石龙的成因问题，李庆辰能够解释 10 条石龙的来历吗？李庆辰告诉我们，河流始终处于变化和迁移之中，当河道迁移到别的地方的时候，或者说不同的时期，它可能分成多股水流来流动。随着古河道不断改道和分叉，越来越多的河床砂体被胶结起来，最终形成了 10 条长长的钙质结核。而在钙质结核固化收缩的过程中发生了断裂，由于内部沙粒分布均匀，因此便形成了一节一节像脊椎骨一样的结构。

断裂的同时，一些未蒸发的水从裂缝中流出，再次固化胶结，便形成了枝杈状的“龙爪”。

李庆辰：“这样就使得古河道沙体，既有像大石龙这么又宽又粗又高的一种，一条主流线的，也可以形成小的石龙，相当于一个小直流一样的，还可以形成多条流线并行的，就像靠近南面的 4 条小石龙在一块儿。”

这些推测听起来如同探案小说一般精彩，如果真如他所言，那么可以说石龙的来历也能就此定论了。可是，大自然要形成如此奇观，需要很多不可或缺的条件，这些条件在邯郸、在姜窑村是否具备呢？

钙质结核形态各异，大小不同，但无论形态如何，它们的共同点就是需要土壤中的钙质来充当黏合剂。但是如此之大沙体，需要多少的钙质来充当这个黏合剂呢？李庆辰告诉我们，大自然胶结出如此之大的石龙，所用的黏合剂的钙成分并不是来源于黄土，而是来源于周边的岩石！

井眼

李庆辰："这个地方是一个靠近中生代的红色石英砂岩，或者紫色石英砂岩这样一个地区，砂岩里面富含碳酸钙。"

李庆辰带领我们走进了石龙周边的丘陵，他认为石龙周边存在的岩石所孕育的地下水，就会带来足够胶结起数条河道并最终形成石龙的碳酸钙！我们将山上沿路采集下来的各个时期不同的岩石样品连同石龙碎片的样品一起带到了实验室，用稀盐酸对这些岩石中的钙质成分进行测验。

当盐酸遇到碳酸钙的时候，会发生化学反应，产生大量气泡。在实验中，几乎所有的岩石样本都能够呈现这样的变化，其中以石龙的碎片反应最为强烈。在这个十分基础的实验中，被证明的不单单是姜窑村周边岩石的钙质成分，更有力地说明了石龙本身钙质胶结的性质。

也许真的是上天的巧合，才使得邯郸的大石龙与我国历史上出现过的龙形象有如此之多的吻合之处。但是，发现石龙的姜窑村自古以来就流传着很多龙的传说，也留存下很多"龙的遗迹"，难道这些也是巧合吗？如果不是，那就只能说明，邯郸石龙并不是1988年被姜窑村民从山坡里挖出来的时候才与世人第一次见面。

我们在之前的调查中，印证了石龙上方覆盖的黄土并没有人为扰动过的痕迹，那么，作为一条被十余米厚的天然黄土所覆盖的巨型石龙，是否以什么别的方式曾经显露人前呢？我们仔细询问了村民和保护区的人，想得知石龙挖掘时和保护时的更多线索。就在这时我们发现，李庆辰的学说仍然存在疑点！

所有在姜窑村附近了解石龙的人都向记者证实，10条巨型石龙从发现到挖掘再到建馆保护，从来没有在几条石龙中间发现过沙子之外的物质，也就是说，李庆辰所说的黏土收缩率大、砂体收缩率小形成石龙今天这个形状的问题并不完全准确。只要存在这个疑点就意味着，关于石龙的来历还不能盖棺定论。

说实话，李庆辰给石龙来历所描绘出的美丽画卷，真的有很多已被证实的地方，比如，石龙是砂组成的，比如石龙富含碳酸钙等等，但是我们说，做科学上的研究和结论，即使有一百条是成立的，但是只要有一条仍然存在疑点，我们就有理由怀疑这个结论的可靠性。看来，似乎一切都解释得通了，其实还没完。没有黏土的存在，这些沙子就不应该像李庆辰所说的那样变成今天石龙的模样。还有，如果石龙是天然形成，从来没有过人工干扰，那为什么会有如此之多的关于原始龙头的传言？姜窑村如此之多的龙的遗迹和龙的传说，真的都仅仅是巧合吗？为了解开你我心中的谜，给大石龙来历一个更加真实可靠的说法，我们的记者决定邀请中国科学院的袁宝印老师和我们一道，再次赶赴邯郸县姜窑村，希望能够找到更多的线索，去揭开这个神秘的石龙的最终秘密。答案究竟如何？

7. 卧龙池的真相

20 年内，所有关于古石龙的猜测，最终都未能经受实证的检验，但是随着探寻的深入，我们不断靠近了真相。输鼋河与罗敷潭，这些已经消失的水脉，却隐藏着孕育这 10 条庞大的石龙的天然优势。清代古诗中的“龙池”，姜窑村流传的传说，都对这些可能性有着极好的印证，更让我们怀疑，巨龙阵在 1988 年之前，就曾经与人类有过非同寻常的接触。与中科院的地质专家一道走进深山，记者的足迹多迈出了一步，最终看清了事实的真相。

说实话，这个地方挖掘出来的这些石头如果不是形态像龙，很难引起大家的关注，因为龙这个形象对于我们国家、我们的民族来说，意义实在是太为深远了。可以说，龙是我们中华民族的图腾。正是因为这样，对于邯郸石龙，我们的调查工作丝毫不敢掉以轻心，可以肯定的是它的年代太久远了，以至于给它确定一个身份，所影响的不仅仅是一个科学上的结论而已。从自然化石到古海遗迹，再到赵王的镇陵之宝，我们的调查过程与这些形成已久的说法一一碰撞。现在，不单单是姜窑村和邯郸地区，整个河北省甚至全中国的学界都在关注着这些神秘的山中来客。

神秘的巨龙阵，出土于千年古城邯郸。20年来，无数的猜测围绕着这片古老的土地。

在调查中，河北省地理研究所的老所长李庆辰也来到了邯郸，他给我们讲述了他对大石龙来历的看法。

李庆辰："如果一定要说它是化石的话，那只能是一段古河道沙的化石，沙体的化石。"

李庆辰认为，在距今久远的地质年代，曾经有一条古河流经姜窑村前的这片土地。由于河流的冲积作用河床中带来了大量的沙，而这些沙被古河流搬运至此之后沉积了下来，后来河流改道，富含钙质的地下水流到这条已经没有水的河床。而后地下水蒸发，水中的碳酸钙析出并成为一种胶结物质，将古河道的砂子凝结在一起，最终形成长条状的整体。这样的作用一直在持续，随着古河道的不断改道和分叉，越来越多的河床砂体被胶结起来，最终形成了十条长长的钙质结核。而在钙质结核固化收缩的过程中发生了断裂，由于内部沙粒分布均匀，因此便形成了一节一节像脊椎骨一样的结构。

断裂的同时，一些未蒸发的水从裂缝中流出，再次固化胶结，便形成了枝杈状的"龙爪"。然而在随后的调查中，我们发现，李庆辰的说法仍然存在疑点！

同时，自然形成石龙的学说也无法解释姜窑村众多传说的来历，

古河道化石

除非这一切都仅仅是个巧合。1988年石龙出土的时候，上面就覆盖了厚达10米的黄土，至今仍然没有改变。我们在之前的调查中，印证了这些黄土并没有人为扰动过的痕迹，那么，作为一条被如此之厚的天然黄土所覆盖的石龙，是否以什么别的方式曾经显露人前呢？

带着这些问题，我们找到了中国科学院地质与地球物理研究所的袁宝印研究员。袁宝印是我国研究第四纪尤其是黄土地层的权威学者，他在听说了石龙的情况之后告诉我们，这些问题必须到了现场根据实证才能有确切的说法。就这样，我们再一次踏上了去往邯郸县姜窑村的路。

当袁宝印随我们来到了保存石龙的龙馆，见到这些庞大的山中来客的时候，不由得连连赞叹。

袁宝印："我看了以后非常兴奋，没见过这么大的，像龙一样，很想研究它是怎么形成的。"

说实话，如果这些石龙不是出现在中国，没准就被当成普通的石头了，即使是自然奇观，也不会让这么多人为之着迷，因为我们国家对龙的崇拜，是外国人难以理解的；同样，如果不是出现在邯郸这个千年古县，恐怕也就不会有这么多的猜测和这么广泛的关注了。袁宝印老师跟随我们来到邯郸，他在观察大石龙之后对我们说，石龙的确是非常罕见的，自然形成的巨大的钙质结核，以他在中科院地质所工作几十年所接触的全国乃至世界各地的土层中，都从来没有出现过如此之大的钙质结核，说石龙是一个天然奇观，一点都不为过。那么是不是说，李庆辰之前的推测就完全正确了呢？石龙究竟是不是被钙质胶结的古河道的沙子呢？

袁宝印："应当说沙层是河流带来的是没有问题的，在河床里才有这样的沙，这个也是对的，从它的层理结构来看，不像是正常在河床里形成的沙层。"

袁宝印认为，李庆辰判断错误的是10条石龙并不是因为河流改道而形成。每条石龙之间没有发现李庆辰所说的黏土，而且俯瞰10条石龙脊背上的纹理完全一致，这样的纹理的形成说明砂体是由同一条河流一次形成的。

袁宝印："如果是正常的河床，它应该是斜交的层理，不应该完全是一个方向的，它一定是河水进入到一个静水的环境下，在湖边形成的沙的沉积，可以叫作三角洲沉积。”

难道说，石龙前面曾经存在过一个湖泊？在保护区的现场，因为年代久远，而且现代人工干扰的痕迹很重，不但修建了龙馆，而且龙馆前面曾经是当地人烧砖的砖窑，后来被修成了人工的水塘，所以，我们并没有找到地质上的湖泊沉积的证据。但是袁宝印告诉我们，这个地方即使找不到地质上的沉积证据，也一定能够找到成湖的条件，因为多年的地质经验告诉他，姜窑村这个地方，肯定存在过一个湖泊，他在龙馆边上的土坡找到了证据！

袁宝印：“这就是正常的河流沙层的层理，和里面的龙的层理完全不一样，它是斜交的，一层一层地交错，里面完全是统一的，这就说明了石龙的沙层是由于河流进入静水环境堆积造成的。”

不可否认，袁宝印的推测与现实的情况完全吻合。因为在姜窑村的确曾经有过一个湖泊，这个湖泊在20世纪中期还存在并且有着相当大的水量，只不过由于随后的开采活动而消失了，这个湖泊就是罗敷潭。

“日出东南隅，照我陌上桑。秦氏有好女，自名为罗敷。”汉乐府诗中记载的贞洁烈女罗敷的故事，其发源地正是邯郸县姜窑村边的罗敷潭。根据年长的村民的讲述以及古本县志的记载，罗敷潭过去的名称正是龙池或卧龙池。经历了几千年的风雨，罗敷潭的水早已不见踪影，只留下深深的洼地，如今已经长满植被。

如果真的像袁宝印所说，石龙是由古河道进入一个湖泊时形成的三角洲沙层演变而成，那就和罗敷潭的原名——卧龙池有了惊人的巧合。河道携沙，池底卧龙，民间的传说竟然和久远的地质变迁相吻合，这能不能说得通呢？

从地形上看，罗敷潭遗址的深度并不算大，而且石龙所在的土坡也高出了罗敷潭本来的水面应有的高度，这样的高度关系，似乎直接给袁宝印的猜想做出了否定。记者向袁宝印说出了这样的疑问，但令人意外的是，袁宝印却并没有对此解释太多，而是问我们，这附近原来是不是还有一条河。袁宝印老师之前并没有来过邯郸这个地方，我们请他过来的时候，只是想探讨钙质结核的沙层问题，关于附近的龙的遗迹并没有提及，像罗敷潭，袁宝印完全是通过经验判断出来的，现在，他又提出了一条河，我们也必须承认，他说对了，就是我们在前面提到的那条输鼋河。虽然，袁宝印通过地形地貌，判断出了石龙前面的水系构成，但是我们仍然有疑问，这些早已经没有了的水文遗迹，和石龙又有什么关系呢？

当袁宝印得知了输鼋河的来历，并且知道输鼋河的源头就在姜窑村的旁边，马上便带着我们一起去寻找这个源头。他告诉我们，输鼋河、罗敷潭，包括石龙的秘密，可能就在这条已经干枯了的河的源头处。

这是一片被丘陵围绕的低地，袁宝印在这里四处寻找，我们在其后紧紧跟随。很快，袁宝印兴奋起来，原来，他在这里找到了一个断层。

断层是地壳岩层因受力达到一定强度而发生破裂，并沿破裂面有明显相对移动的构造。之前根据游传泽的考察，邯郸县正处在一个断层分布的地区。袁宝印告诉我们，正是输鼋河源头的断层存在，才使得地下水沿着断层向上流出地表，最终汇集成河，而罗敷潭的水，也就是这样来的。

罗敷潭的水汇集成河

虽然找到了断层，但是袁宝印告诉我们，这还不能构成全部的证据，还必须找到红土，才能解开石龙身上的全部谜团。就这样，在随后几天的调查中，我们跟随袁宝印走遍了姜窑村周边的丘陵沟壑，并且清楚地看到，在姜窑村这片丘陵的黄土之下，覆盖着大片的连续的红土层。就在这时，袁宝印告诉我们，我们走了这么久就是为了搜集足够的证据，有了这些证据，他就可以说出给石龙来历所下的结论了！

石龙所在的姜窑村，是太行山前的丘陵与平原的交界处。在距今几百万年前，姜窑村这个地方还是一片平坦的红土地。后来随着喜马拉雅运动的作用，太行山不断隆起，山前的地带也随之发生抬升，在地层抬升时，产生的断层处不断流出地下水,形成了诸多的河流和湖泊,这些水脉将抬升起来的平坦红土地切割,形成了高低不平的丘陵地形。

这时，卧龙池已经形成，一条河流携带大量砂体进入这个湖泊，在入湖处形成了大面积的三角洲沙层。随后的很长一段时间，河流改道，沙层被留下，新的河道在泛滥的时候在沙层上面年复一年地堆积了厚厚的黄土。切割和抬升作用仍在不断继续，就这样，原本处于湖底的三角洲沙层连同上面的黄土一起被抬高，脱离了湖面所在的水平位置，也脱离了有湖有河的湿润地表。沙层开始裸露在空气中，山后的石灰岩地层孕育的富含钙质的地下水流到这里，而沙层下面覆盖了厚厚的红黏土，因此地下水只有选择从砂体中流过。

袁宝印："地下水流出的时候不是不变的，枯水的季节流得少一点，原来水的地方外表就会干燥一点，碳酸钙就会析出，就会把沙层胶结变硬，水多的时候就在里面流，以后就是这样反复胶结，最后只剩当中一点没有胶结的地方水就从那儿流出来，所以当中是空的。"

就这样，经过漫长的地质作用，被胶结起来的沙层发生断裂，最终形成了类似脊椎骨一样长长的龙体。老乡们所说的，大石龙断面流水，正好印证了这一说法。

地下水流反复胶结形成百龙阵

也许有人会有疑问，中国这么大，为什么偏偏在邯郸这个地方会自然孕育出这样形态的东西呢？袁宝印告诉我们，还真就独此一份，因为如此形态的钙质结核的出现，需要的种种特殊地理条件，这个地方全具备了，缺一个都不行。当地正好有这么一个已经消失的湖，就是卧龙池，也就是罗敷潭，而这个湖正好就是断层泉水形成的，虽然我们不能百分之百断定，这些大石龙就是在罗敷潭里形成的，但是邯郸县周边没有更适合解释这个过程的水域了，所以，卧龙池里形成这些巨龙，是很有可能的。可以说，这么奇异的地质奇观，值得我们永远地保存，值得一代又一代的人去看，去感受大自然的神奇，去体验中华民族龙的情结。就像之前邯郸的历史学家刘心长所说，巨龙阵无论来历如何，都不影响人们对龙的崇拜，都不影响这些山中来客的价值，尤其是对于我们中国人的价值。不但如此，邯郸的大石龙身上的谜团，我们揭开的也仅仅是冰山一角。比如说，现在我们可能断定，石龙所在的沙层一直裸露在地表，也就是说，这石龙一直都在外面有个头，并且往外流水。古时候人们会不会见到过这些奇异的景象，并且加以利用，安放过龙头一类的东西，现在还真无法排除这种可能。或许，在接下来的很多年，石龙群以及姜窑村的所有秘密才能全部解开。

在离开邯郸县之前，我们才得知，现在的人造龙头并非用大石块整体雕刻而成。在重修龙头的时候，村民们自发地搜集到大量过去被破坏的石龙碎块，拼成了龙头的形状，最后采用青石补齐缺口，再用水泥雕刻成形。就这样，有些秘密也许将永远被封存在这些龙头之中了。

如今的姜窑村已经离开窑洞，搬到了交通便利的平地上，村民们不再像过去一样，远远望着山坡中探出的长长的怪石，在输鼋河畔耕种灌溉、在罗敷潭旁洗衣采摘。但是龙的传说，将会在这个村庄世世代代流传下去。

（王敏阳）

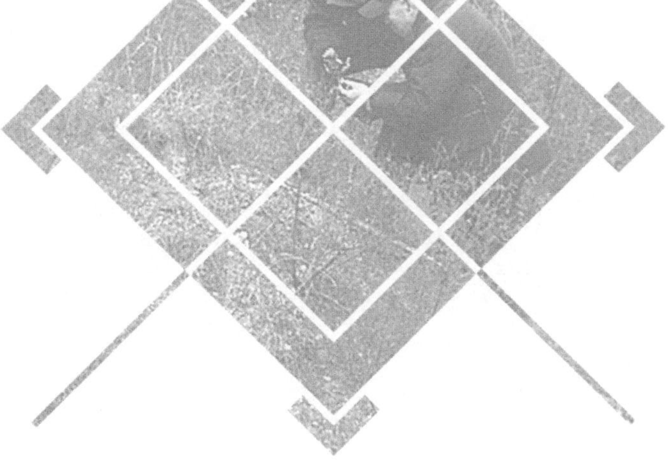